열일곱 가지

소비자 이슈

Consumer Issues

열일곱 가지

소비자 이슈

Consumer Issues

이기춘 외 지음

(주)교 문 사

| 시작하는 글 |

2년 전 어느 날, 이기춘 교수님께 가르침을 받은 제자들이 한자리에 모였습니다. 제자들은 어느덧 정년을 맞으신 선생님의 발자취를 기념하기 위해 무언가 함께 작업하는 것이 좋겠다는 데 뜻을 같이 하였습니다. 이기춘 교수님은 우리나라에 소비자학을 처음으로 소개하시고 또 발전시키신 한국 소비자학의 창시자이십니다. 지난 20여 년간 계속 발전을 거듭하며 성장한 소비자학은 이제 사회 각 분야에서 많은 기여를 하고 있습니다. 소비자학은 단순히 개인의 구매의사결정을 돕거나 소비자보호를 위한 정책기제를 만드는 것만을 목표로 하는 학문이 아닙니다. 기업, 정책결정기관, 그리고 소비자단체 등 소비자와 관련된 다양한 분야의 의사결정과정에서 소비자의 입장과 이익을 대변함으로써 소비자복지를 증진시킬 수 있도록 노력하는 학문입니다.

저희 제자들은 두 가지 작업을 추진하기로 하였습니다. 우선, 대학에서 소비자학을 가르치는 사람들은 소비자학의 시각에서 현재 우리 사회에서 문제가 되는 중요 이슈들을 진단하고 그 해결방안을 모색하는 글을 엮기로 했습니다. 또 한편 현재 소비자학의 현장에 진출해 일하고 있는 제자들은 소비자학과 세상이 어떻게 접목되는가를 본인의 업무를 중심으로 진솔하게 풀어나가 보기로 했습니다. 목표했던 첫 번째 작업의 결과가 바로 열일곱 가지 소비자 이슈이며, 두 번째 작업의 결과는 '소비자학이 만나는 세상'이라는 제목으로 출간되었습니다.

이 책은 소비자의 삶을 연구대상으로 하는 소비자학자들에 의해 최근 급변하고 있는 사회의 모습이 어떻게 소비자에게 영향을 미칠 것인지, 또 소비자들은 이러한 변화에 어떻게 일조를 하게 될 것인가에 초점을 두고 기술되었습니다. 이 책에서 저희는 현대사회 속의 소비자의 모습을 크게 '생각하는 소비자', '계획하는 소비자', '선택하는 소비자', 그리고 '변화하는 소비자'의 네 부분으로 구성하였습니다.

'생각하는 소비자'에서는 일상적이라고 여겨지던 소비생활 내지는 구매의사결정이 새로운 형태로 우리 생활 속에 들어오는 모습을 설명합니다. 삶의 양식까지도 결정짓게 되는 소비윤리, 도구였던 구매행동이 목표가 되어 소비자를 압도하는 강박구매와 중독구매, 그리고 개개인의 소비의 모습이 모여 사회현상으로 나타나게 되는 소비트렌드 등에 대해 다룹니다.

'계획하는 소비자'에서는 단순히 시장노동을 통해 주어지는 것으로 생각해졌던 화폐자원에 대해 새로운 시각에서 접근합니다. 미래의 소득을 미리 앞당겨 사용할 수 있는 소비자신용, 미래 특히 노후의 소비를 준비해야 하기 위해 남겨야 하는 자원, 내가 아닌 다른 사람의 소비를 위해 쓰이는 자원, 그리고 시간과 화폐가 결합된 새로운 의미의 자원에 대해 다룹니다.

'선택하는 소비자'에서는 시장과 소비자가 만나는 접점에서 발생하고 있는 바람직하지 않은 문제들에 대해 함께 고민합니다. 기만광고, 불공정약관 등 소비자문제를 발생시키는 시장기제와 그 문제를 해결하기 위해 도입된 소비자상담과 기업의 소비자불만자율처리기구 등 관련제도들을 다룹니다.

마지막으로 '변화하는 소비자'에서는 급변하는 환경의 변화 속에서 다시금 변화하게 되는 소비자의 모습을 그려 보았습니다. 소비사회, 그리고 정보화사회가 도래하면서 변화하게 되는 소비자 힘의 지평과 새로운 소비자문제들, 미래의 소비 주역인 청소년의 소비하는 모습과 이들을 위한 교육방안 등에 대해 다룹니다.

특별히 이 책을 준비하면서 저희들은 중요한 문제들에 대해 소비자학의 기본 개념들을 사용해 접근하되 전공자가 아닌 일반인들도 읽기 쉽게 기술하고자 노력하였습니다. 더불어 학부 수준의 소비자학 강의에서도 논의를 끌어낼 수 있는 유익한 읽을거리로 활용될 수 있으리라고 생각합니다.

이 책이 나오기까지 바쁘신 중에도 시간과 노력을 아끼지 않고 소중한 글을 만들어주신 각 장의 저자 여러분께 진심으로 감사드립니다. 특별히 직접 '서장'을 집필해 주심으로써 작업에 동참해 주신 저희들의 은사, 이기춘 교수님께 큰 감사를 드립니다. 선생님께서는 언제나 그러셨듯이, 이번 작업에서도 성심을 다해 작성하신 원고를 가장 먼저 저희들에게 전해 주셨습니다. 그리고 기획팀으로 함께 힘을 모아 준 김성숙, 김경자 그리고 나종연 교수님께 각별한 고마움을 표합니다. 마지막으로 책의 모습을 갖출 수 있도록 손질해 주신 (주)교문사의 류제동 사장님과 양계성 상무님께도 감사드립니다. 개인적으로는 지난 2년간 작업을 진행하며 정말 오랜만에 그 옛날 함께 학창시절을 보냈던 분들을 만나 얘기를 나누는 시간이 얼마나 즐거웠는지 모릅니다.

2008년 2월
여 정 성

| 추천의 글 |

21세기의 화두는 단연코 소비자이다

글로벌 사회, 디지털 사회의 소비자로서 세계인류가 새로운 사회의 패러다임과 새로운 소비환경에서 공유하는 다양한 소비자 이슈가 매일 매일의 뉴스를 장식하고 있다.

1960년대 초반 한국의 경제는 거의 빈곤을 면치 못한 시절이었고 대부분의 국가경제에 있어서 소비생활의 목표는 국민생활을 유지하는 생활필수품의 충분한 조달과 물가 안정, 그리고 소득의 안정을 위한 것이었다.

1970년대부터 1997년 IMF를 맞기까지 우리 경제가 끊임없이 발전될 것이라고 믿으며 기업이 시장을 지배하던 시절, 우리사회의 소비자 문제는 개발경제의 그늘에 가려진 사업자위주의 시장으로부터 소비자를 보호하는 것이 주요 이슈가 되어 왔다. 뿐만 아니라 어려웠던 시절의 한풀이라도 할 것처럼 대량생산시대의 무분별한 마케팅으로 인한 자원낭비적 소비관행의 습관에 젖어 자원의 낭비를 주도하는 소비자의 문제가 이슈가 되었던 시절이기도 하였다.

이제 전 세계적인 에너지의 부족과 글로벌화 된 시장에서의 정보의 중요성, 그리고 시민사회의 소비자주권에 대한 인식이 자리 잡기 시작한

21세기는 더 많은 다양한 소비자이슈가 제기되고 있으며 다원화된 세계에서의 다양한 이슈는 인간의 행복추구의 가장 기본적인 욕구가 소비생활에 있음을 부인할 수 없다.

일상적인 생활에서 소비자의 소비패턴 변화를 추구하는 지속가능 소비의 이슈는 우리의 가치관과 라이프스타일 자체를 변화시켜야 하며, 시장에서의 공정한 거래를 추구하는 사업자와 소비자의 정직성과 윤리에 대한 문제가 새로운 이슈로 떠오르고 있다.

그러나 한국에 소비자학을 도입하고자 시도했던 1960년대는 '소비자'라는 용어조차 생소하던 시절이었다. 이 시기부터 앞으로 다가올 풍요의 시대를 대비한 소비자이슈를 생각하여 소비자학의 학문적 기초를 정립하고 소비자학전공자들의 진로를 개척하며, 오직 소비자학의 발전에만 관심을 쏟아 오신 이기춘 교수님의 소비자학에 대한 열정은 우리 후배들과 제자들은 감히 따라갈 수 없음을 고백하지 않을 수 없다.

소비자학의 정립을 위해 열정을 가지고 노력하였던 그 시절을 항상 동참했던 후학으로서 이기춘 교수님의 정년퇴임을 맞아 소비자이슈의 올바른 이해를 위한 논의를 중심으로 한 이 책의 추천사를 쓰게 됨을 무한한 영광으로 생각한다. 앞으로 21세기의 새로운 화두인 소비자이슈에 대한 연구와 소비자정책, 그리고 교육 등에 많은 후학들이 참여하여 우리 사회의 소비자이슈를 진단, 처방하고 이를 정책적으로 실천하는 현장에까지 소비자학 전공자들의 활발한 활동이 기대된다.

한 알의 씨앗이 뿌려져서 그 싹이 자라고 꽃을 피우기까지는 적어도 몇 십 년의 세월이 필요하다. 이제 40여 년간 씨를 뿌리고 성년의 나무로 키워놓은 소비자학이란 나무가 아름다운 꽃을 피우기까지 지속적으로

공과 정성을 쏟으신 이기춘 교수님의 정년을 맞아 새로운 열정을 가지고 소비자학의 후학들은 소비자주권시대의 새로운 패러다임을 추구하는 일에 정진할 것을 약속하면서 이기춘 교수님의 새로운 인생에 갈채를 보내고자 한다.

2008년 2월

한국소비자원 원장 박 명 희

(동국대학교 교수)

| 글 싣는 순서 |

PART III. 선택하는 소비자

PART IV. 변화하는 소비자

서장 소비자이슈의 올바른 이해를 위하여

이 기 춘

서울대학교 사범대학 가정교육학과를 졸업하고, 동 대학원에서 소비자학 박사학위를 받았다. 현재 서울대학교 소비자학과 교수로 재직하고 있으며, 대표적인 저서로 ≪소비자교육의 이론과 실제≫, ≪소비자상담≫ 등이 있다.

떠오르는 '소비자'

세계적으로 유명한 마케팅학자나 글로벌 경쟁력을 갖춘 일류기업의 CEO들이 최근에 인터뷰한 것 중에 힘주어 강조하는 단어가 '소비자'이다. 마케팅의 아버지로 불리는 노스웨스턴대학교 석좌교수 코틀러Phillip Kotler는 "오늘날 세계에서 가장 성공적인 기업들의 비법이 무엇이라고 생각하느냐"는 질문을 받은 한 인터뷰에서 "소비자들의 열광적인 사랑"이라고 대답하였으며, 사랑을 얻는 방법은 "아직까지 충족되지 않은 소비자들의 불만을 끊임없이 찾아내 해소해 주는 것"이라고 하였다.

세계 생활용품 1위 기업 P&GProcter & Gamble의 역사를 새로 쓴 인물로서 P&G 170년 역사상 최초의 여성 부회장인 아놀드Susan Arnold는 세계적인 기업의 부회장에 오를 수 있었던 요인에 대한 인터뷰 질문에 대해 "소비자 마음을 읽어내는 집중력이 나의 힘"이라고 강조하였다.

소비자학을 전공하는 사람으로서 대중매체에서 '소비자'라는 단어를 강조하는 것을 보게 되거나 귀에 들려올 때 일단은 눈과 귀가 번쩍 뜨이고 주목하게 된다. 지금은 소비자라는 말이 일반 대중에게도 아주 익숙한 용어이고 일류기업의 CEO들이 그 중요성과 가치를 강조하지만 이 단어가 대중에게 너무나 낯설고 기업인들에게 저항감이나 반기업적인 단어로만 여겨졌던 시대가 있었다.

'소비'라는 단어가 '탕진', '낭비', '고갈' 심지어는 '폐병'까지 의미했던 1900년대 초기까지 거슬러 올라가지 않더라도 미국에서 케네디J. F. Kennedy 대통령이 의회에 보낸 메시지에서 소비자의 4대 권리가 부각되고, 네이더Ralpf Nader 변호사의 소비자를 위한 소비자옹호운동이 활성화되기 시작했던 1960년대 초에도 소비자주의Consumerism에 대해서 기업계에서는 부정적인 시각을 가졌다. 아직까지도 일부 학계에는 소비를 부정적으로, 그리고 소비자주의를 물질지향주의로만 여기는 편향된 시각이 존재하고 있다.

그러나 역사적으로 볼 때, 금욕주의 가치관을 강조했던 기존의 프로테스탄트 윤리와 마찰을 빚어 처음에는 물과 기름의 관계였던 것이 서서히 소비윤리와 자기실천의 윤리가 20세기 자본주의시장에서 공동토대를 발견하게 되었다. 도저히 조화될 수 없어 보였던 두 가치를 하나로 묶은 힘은 문화전달의 핵심수단인 예술이었다. 1920년대에 소비자문화라는 용어가 등장했을 때 젊은 작가, 화가와 같은 새로운 세대의 보헤미안 예술가와 지식인이 이를 수용하기 시작하였던 사례도 있었다.

소비는 이제 자신이 누구이며, 어떤 사람이 되기를 원하는가에 관한 의식을 형성하고 유지하는 방식에 영향을 미치게 되었다. 즉, 소비자 정체성 의식의 발달을 둘러싼 과정과 깊은 연관을 가지게 되었다. 따라서 오늘날 '소비'와 '소비자'를 바라보는 시각에서는 소비의 개인적인 측면과 아울러 소비자 상호간, 소비자와 소비환경 간의 상호의존성에 기초한 사회적 행위를 간과하지 말아야 하며, 경제적 행위에 그치지 않는 심리문화적 행위로 간주해야 함은 물론, 부상하는 소비자역할에 대해서도 확대된 새로운 개념이 적용되어야 한다.

한편, '소비자'가 떠오르고 관심의 대상이 된 시대적 배경 이면에는 소비자의 권익이나 복지증진을 목표로 하는 소비자학이라는 학문의 발전적 관심보다는 오늘날 막강한 파워를 갖고 있는 기업세계에서의 소비자 전략적 관심이 워낙 커졌기 때문임을 유념할 필요가 있다.

소비자는 어떤 존재이며, 왜 중요한가?

소비자는 어떤 가치와 속성을 가지고 있으며 현대 소비사회에서 어떤 모습으로 보이는가? 이에 대한 해답을 찾기가 쉽지 않지만 소비자가 왜 소비하며 소비자에게 어떤 욕구와 소망이, 그리고 강점과 약점이 있는가를 생각해 보기로 한다.

소비는 인간의 생명이 형성되는 순간부터 사망 후까지도 이어지는 삶의 과정으로서 소비자는 일단 생존하기 위해서 소비를 필요로 하며, 생존의 개념에는 인간의 기본적인 욕구를 충족시킬 뿐만 아니라 삶의 만족을 증대시키려는 소망이 내재함을 인정해야 한다.

현대의 소비자는 자의적 소비력을 가진 개인인 동시에 그룹으로서의 파워를 갖는 다양한 개인과 그룹이 각기 다른 관심사를 추구하고 다른 라이프스타일을 수용하면서 다양한 재화를 선택한다. 또한 오늘날의 세상은 너무도 빠르게 움직이므로 소비자들의 취향과 선호도 한 곳에 오래 머물지 않는다. 소비자의 결정 또한 항상 이성적, 합리적인 것이 아니어서 그들의 선택행동이 확률과정이나 논리적 이유로 설명되지는 않지만 그렇다고 그 이면에 어떤 의도나 의미가 없는 것은 아니다

오늘날의 소비자, 특히 20~40대의 소비자들은 과거 기성세대 소비자에 비해 자신의 욕구, 취향, 선호를 충족시킬 수 있는 자원과 능력으로 다양한 선택을 하고자 한다. 그러나 한편, 소비자로서 의사결정을 하면서도 자신의 구체적인 욕구를 알지 못하는 경우도 있다.

오늘날의 소비사회는 세대, 성, 사회계층, 기호, 취향 등 다양한 축에 의해 사회적 가름이 이루어지는 복합사회이며, 이러한 사회에서의 소비

자의 모습과 소비자가 겪는 문제는 상황이나 입장에 따라 여러 측면이 포착될 수 있고 이에 대한 해석도 다양할 수 있다. 글로벌화와 디지털화로 치닫고 있는 오늘날의 소비환경으로 인해 이러한 현상은 더욱 심화되어 나타나게 될 것이다.

소비자는 흥미로운 존재이며, 예측하기 어려운 존재로서 때로는 너무 논리적으로 제품정보를 캐고, 가격을 꼼꼼히 비교하나 항상 그런 것은 아니다. 인간이란 본래 이성적이기도 하지만 감성적이기도 한 심리상태가 복잡한 존재로서 강점과 약점을 동시에 지니고 있다.

마케터들의 입장에서는 소비자가 원하고 필요로 하는 것을 제공하기 위해서 소비자를 알아야 하고 자신들이 무엇을 해야 할지 배우지 않으면 안 된다. 즉, 소비자에 대한 철저한 이해가 있어야 한다. 세계적 홍보전략컨설팅회사 회장 에델만Richard Edelman은 "세계 경영의 화두는 소비자로부터 신뢰를 얻는 것"으로서 지난 100년 동안 기업의 역사를 분석하면 광고를 잘한 기업보다는 소비자에게 신뢰를 준 브랜드만 살아 남았다고 강조하였다. 석학 코틀러도 소비자들이 이제 진정한 주권을 쥐고 있으며, 기업을 한순간에 무너뜨릴 수도 있고, 한 기업의 CEO를 바꿀 수도 있다고 경고한 바 있다.

21세기 사회, 인류가 공유하는 소비자문제들

인류는 20세기 후반에 들어서면서 역사상 어느 시기보다 빠른 속도의 사회변동을 겪어왔으며, 디지털 혁명, 글로벌화로 인해 세계 지구환경과 인간의 삶의 방식이 더욱 급격히 변하는 21세기에 와서는 또 다른 새로운 문제들을 경험하고 있다.

21세기가 특별히 중요한 이유는 문명사적으로 하나의 전환기가 될 것이라는 점에 있다. 21세기는 어떠한 측면을 강조하느냐에 따라 여러 면에서 접근할 수 있으나 급변하는 사회 속에서 소비자들을 위해 어떠한 문제제기를 하고 대응방안을 강구해야 하는지에 대한 이해를 높이기 위해서 다음의 몇 가지 특성이 지배하는 사회의 모습으로 고찰해 보자.

세계사회

과학기술과 정보통신의 발달로 시간과 공간의 장벽이 극복되고 있으며, 세계가 하나의 지구촌으로 그 모습을 지니게 되었다. 선진국들의 개방 압력으로 개발도상국과 후진국들도 세계화의 장으로 나가지 않을 수 없게 되었으며, 세계 각국은 고립과 폐쇄보다 개방과 상호교류 속에서 공존을 누릴 수 있다고 느끼게 되었다.

세계적인 교류는 물질, 화폐, 사람, 정보 등을 통해 이루어질 수 있는데, 물질 교류의 확대로 인해 백화점뿐만 아니라 동네 문구점에까지 수입품이 전시되면서 소비자선택의 폭이 넓어지게 되었다. 인터넷을 이용한 세계 각종 생활정보도 시간과 공간의 장벽을 넘어서 소비자 개인에게 빠르게 침투하고 있으며, CNN 뉴스를 통해 지구상에서 일어나는 모든 사건이 순식간에 보고되면서 세계 인류의 소비자문제에 대한 공감대도 빠르게 확산되고 있다.

세계화는 정보화와 더불어 국경을 초월하는 e-컨슈머리즘 시대를 열게 하였다. 예를 들어, 광우병을 일으키는 소고기나 유전자재조합식품의 문제와 같은 소비생활상의 문제들이 인터넷을 통해 빠르게 노출되고 전파되면서 세계 소비자시민으로서의 문제의식이 높아지고 이에 대한 대처도 공동으로 하지 않으면 안 되게 되었다.

글로벌 사회에서는 경제를 비롯하여 정치, 사회, 종교, 문화, 생활 등 모든 영역에서 다양한 행위 주체들 간에 상호의존성이 더욱 심화되고 있다. 세계가 하나임을 실감하게 되는 글로벌 사회가 펼쳐지면서 이에 따라 더불어 공동의 이슈들을 풀어가야 할 기회가 점점 더 증가할 것이다.

디지털사회

세계화와 더불어 21세기 사회를 만들어가는 또 하나의 커다란 추세는 정보화였으며, 인간의 생활에 급격한 변화를 야기했다. 정보화는 생산양식을 획기적으로 변화시킬 뿐만 아니라, e-컨슈머의 탄생 등 소비자들의 일상생활방식과과 행동에도 중대한 영향을 미친다.

기술의 발달로 도래된 디지털사회에서는 정보의 접근성과 정보처리과정이 생산자들에 의해 지배되었던 과거와 달리 지식의 교환과 공유가 활발하게 일어남으로 인한 조직화 및 세력화에 의해 소비자들이 더욱 능동적, 주체적으로 변화되기 시작하였다.

디지털사회에서는 커뮤니케이션의 확대와 자동화의 물결로 생활이 효율화, 신속화, 활성화되고 창조성과 개성이 발휘되며, 사회전반에 풍요로운 삶과 질적으로 향상된 삶을 가져올 것이라는 낙관적인 면과 함께 정보화로 인해 인간이 해오던 많은 일을 대체함으로써 대규모 실업 발생, 정보를 많이 가진 자와 그렇지 못한 자 간의 정보격차와 소외감 문제, 과다한 정보의 공급으로 인한 정신적 혼란과 이에 적응하지 못하는 사람들의 부적응 문제, 소비자의 사생활이 보장되지 않는 등 부정적인 면을 동시에 초래함으로써 새로운 소비자문제들이 발생되고 있다.

정보기술의 역기능적 측면으로 인해 디지털사회가 또 하나의 비인간적 불평등사회로 전락하지 않기 위해서는 인간이 이 기술을 어떻게 사용할 것인가에 대한 윤리에 바탕을 둔 자율적인 규제 및 새로운 교육패러다임으로의 전환 등 대한 대책 등에 여러 가지 관련 이슈들에 대해 논의할 필요성이 증대된다.

다원사회

21세기는 지식기반 경제사회로서 토플러Alvin Toffler는 "21세기의 부wealth는 고객가치를 창출할 수 있는 차별적인 지식을 먼저 확보한 개인이나 기업, 국가가 차지하게 될 것"이라고 하였다. 정보기술의 발달로 사회 전반에 분산화가 촉진되고 선택의 폭이 넓어지며, 개성의 추구로 소비자의 생활양식이 다양해지면서 다원사회pluralistic society가 전개되고 있다.

산업사회에서는 하나의 표준과 처방으로 사회 여러 문제에 효율적으로 대처할 수 있었지만 다원사회에서는 집단간, 분야간 이해가 다르기 때문에 하나의 자로 진단하고 처방하는 것이 불가능하다.

소비자들은 더 이상 기존의 것을 수용하지만은 않으며 자신의 소비스타일을 스스로 창조하기 좋아하고 능동적으로 참여하면서 변화를 즐기는 프로슈머 성향이 강해진다. 프로슈머 성향의 소비자들은 시장에서의 소비자주권을 생산자에서 소비자에게로 이양시키는 데 기여하며, 생산자와의 관계도 대항적, 호전적 관계를 지양하고 협력적 관계로 발전시키고자 노력한다. 기업에서도 고객맞춤형 제품과 서비스 생산에 주력하게 되고 소비자 개개인의 개성과 취향, 요구를 더욱 중시하게 되며, 소비자의 니즈와 요구, 주장에도 더욱 힘이 실리게 된다.

이제는 정치적 이념보다 경제적 이해관계나 생활방식에 따라 집단 간 생산자와 생산자, 생산자와 소비자, 소비자와 소비자 등 갈등이 나타나며, 소비자이슈도 더욱 다양한 양상을 띠게 될 것이다.

다원사회에서 소비자들이 다양성을 잃지 않으면서 전체로서의 조화를 이루기 위해서 어떠한 가치관이 필요하며, 조정과 타협이 이루어지도록 하는 제도적 장치와, 소비자교육의 새로운 패러다임은 어떤 것인지를 모색해 나가는 것이 중요해진다.

환경친화사회 또는 지속가능 소비사회

오늘날 환경문제가 더욱 중요하게 부각되는 것은 인간의 생존과 관련된 생태계의 파괴와 이로 인한 기후변화와 온갖 환경오염의 심각성 때문이다. 즉, 전 지구 공간에서 생태계 파괴현상이 환경위기를 초래하고 있으며, 인류의 생존을 위협할 만큼 절박한 상황에 이르렀다. 환경위기를 근원적으로 보면 끊임없이 새로운 것, 편리하고 안락한 것, 더 많은 것, 더 좋은 것을 추구하는 인간의 무한한 욕망에 근거한다.

인간의 전반적인 행동양식에 대한 대대적인 수정 없이는 환경문제 해결은 불가능하다. 해결의 가장 중요한 핵심은 인간의 소비생활양식이 얼마나 환경친화적으로 변화될 수 있을 것인가의 문제로 귀결됨을 의미하는 것이다. '환경친화'라는 개념은 인간과 환경이 서로 상호작용하는 존재로서 더불어 조화를 이룬다는 의미를 내포한다.

국제소비자연맹CI에서 새로운 소비자행동의 이념으로 탄생시킨 '지속가능한 소비Sustainable consumption'의 개념이 이러한 시각으로부터 나온 것이다. 최근의 환경 논의는 환경친화적 소비행태가 새로운 소비문화로 정착되어야 한다는 보다 근본적인 소비양식의 문제로 접근하는 경향이다. 21세기 사회는 환경친화사회, 또는 지속가능 소비사회로서 인간이 자연과의 조화를 추구하기 위해 소비자로서의 규범과 소비자 정책적 방안으로 대응하는 문제가 더욱 중요하게 부각될 것이다.

시민사회

커뮤니케이션기술의 발달은 민주적 시민의 권리의식을 제고시키는 데 기여하고 정치사회에도 영향을 미쳐서 시민사회의 형성을 촉진시켰다. 시민사회는 시민들의 자발적 조직과 참여에 의해 형성되고 상호 이해와 동의를 목표로 한 만남으로 이루어지며, 국가와 시장의 지배가 초래할 역기능을 방지할 수 있는 견인차의 역할을 한다. 이러한 역할을 다하기 위해서는 연대와 협력이 중시되는 새로운 질서가 필요하게 된다. 시민사회에서 개인이 정치를 통해서 담아내는 정체성보다 일상적 소비를 통해 드러내는 의사소통적 정체성으로 전환되고 있다는 사실을 고려할 때, 오늘날의 개인은 '소비자'라는 정체성의 발현을 통해 시민적 참여와 적극성을 실천하게 된다.

소비자시민성의 대두와 이에 대한 논의는 오늘날의 급변하는 소비환경 속에서 소비자의 올바른 사회적 역할에 대한 소비자학이라는 학문의 자성적 성찰이라고도 할 수 있다. 소비자시민성은 소비자의 사회적 책임, 윤리의식, 참여를 내포하는 소비자의 시민적 자질이다. 가치관이 다양하게 분화되는 다원주의적 사회에서 올바른 덕목을 위한 유대와 협력이 이루어지기 위해서는 새로운 질서가 필요하다.

일상적 소비생활의 문제제기로 시작하는 소비자주의적 철학은 소비자시민성을 통한 소비자 개개인의 사회적 책임을 강조한다. 소비자주의는 소비자시민성의 이념적 토대로서 소비생활에 대한 윤리적 인식의 근거가 되는 동시에 소비자시민성이 궁극적으로 지향하는 바로서 오늘날의 시민사회를 실천적으로 바르게 인도할 수 있는 힘을 갖는다. 지금은 미래 시민사회의 단단한 구축을 위해 소비자주의와 소비자시민성에 대한 논의와 문제제기가 더욱 활발하게 이루어져야 할 시점이다.

소비자이슈를 진단하고 대응하는 소비자학

소비자학Consumer Science은 1960년대의 가정경제학Household Economics에 학문적 뿌리를 두고 있으나 학문적 역할, 교육목표, 비전 등에 있어서는 급변하는 환경과 새로운 사회 패러다임에 부응할 수 있도록 재구축된 학문이다.

서울대학교 '가정경제학연구실 세미나'에서 출발하여 '한국소비자학연구회', '한국소비자학회'로 확대 발전된 30년의 과정에서 소비자학이 독립과학으로서 단일 학문의 모습을 갖출 수 있었고, 많은 소비자전문가를 양성해서 대학교 소비자관련학과 교수로, 정부의 소비자정책·교육을 책임지는 공무원으로, 다양한 기업의 소비자고객업무 및 마케팅담당 요원 및 조직을 이끄는 임원과 연구원 등으로 배출하였다.

소비자학은 생활 속에서의 소비현상과 소비자 삶의 양식을 연구대상으로 하며, 글로벌화, 디지털화, 다원화 등으로 급변하는 소비생활의 장에서 시장, 기업, 정부, 민간단체 등 환경과의 상호작용을 탐구하는 학문이다.

소비자학의 교육목표는 첫째가 급변하는 세계, 자유시장경제와 사회문화, 디지털 소비환경에서 요구되는 소비자정책, 소비자교육 콘텐츠 및 소비자정보를 개발하고 제공하는 것이며, 둘째가 새로운 사회의 패러다임에 부응하는 소비자문제의 해결 및 소비자생애재무설계 연구와 교육을 통해 국민의 삶의 질 향상에 직접적인 기여를 하는 것이고, 셋째는 미래를 보는 통합적인 소비자시각과 마인드로 소비자, 소비사회 및 트렌드를 분석할 수 있는 능력을 갖추게 하는 것이다.

소비자학과에서는 소비자, 소비, 그리고 소비자를 둘러싼 환경 등에 대한 현상파악 능력뿐만 아니라, 끊임없이 발생하는 소비자문제에 대한 진단과 처방능력을 겸비한 소비자관련 전문가를 배출하는 것을 목표로 한다.

따라서 오늘날과 같이 세계 인류가 새로운 사회의 패러다임과 새로운 소비환경의 대두 속에서 공유하는 다양한 소비자이슈를 진단하고 대응방안을 강구하는 데 적합한 소비자학전공 인력풀이 공동집필한 ≪열일곱 가지 소비자이슈≫는 이 시대가 필요로 하는 지침서가 될 수 있을 것이다.

Part 1
생각하는 소비자

소비에 옳고 그름이 있는가?

소비자의 의사결정, 다시 생각하기

소비자는 왜 쇼핑에 빠질까?

소비트렌드 분석: 소비자 읽기

1 소비에 옳고 그름이 있는가?

송 인 숙

서울대학교 가정대학 가정관리학과를 졸업하고, 동 대학원에서 소비자학 석사와 박사학위를 받았다. 현재 가톨릭대학교 소비자학과 교수로 재직하고 있으며, 대표적인 저서로는 ≪토론으로 배우는 소비자의사결정≫, ≪생각하는 소비문화≫ 등이 있다.

내 돈 내가 쓰는데 누가 뭐래?

“내 돈 내가 쓰는데 누가 뭐래!”라고 외쳐도 하등 이상할 것 없는 세상, ‘최소 지출, 최대 만족’이라는 자본주의 기본원칙이 확고해진 세상이다. 이 와중에서 소비에 ‘윤리’니 ‘도덕’이니 하는 무거운 단어들을 갖다 붙이는 게 타당할까? ‘상도덕’이란 말은 익숙해도, ‘소비도덕’이란 말은 아직 낯설다경향신문, 2007년 5월 31일.

그렇다. 우리는 어떤 사람의 소비에 대해 다른 사람들이 이러쿵저러쿵 말하는 경우 “내 돈 가지고 내 맘대로 쓰는데 무슨 시비야?”라고 대꾸하

네팔 굴미마을에서 생산되는 커피는 ‘아름다운 가게’를 통해 정당한 값을 주고 수입된다. 사진 오른쪽 위부터 반시계방향으로 빨갛게 익은 커피열매, 네팔 굴미마을 여성노동자들, 굴미마을 어린이들의 모습이다. ‘YMCA’도 동티모르 샤메지역(왼쪽 아래사진)에서 공정무역 방식으로 커피를 수입해 판매하고 있다./사진: 아름다운재단 · YMCA 제공

는 말을 가끔 듣는다. 자신의 소비에서 완전한 자유를 누릴 수 있다고 주장하는 것이다. 정말 소비는 완전한 그 사람만의 자유영역이며 다른 사람은 가치판단을 할 수 없는 것인가? 아니면 규범적 판단을 할 수 있는 것인가?

또 사회 전체의 소비현상에 대해서 이런 의문이 들기도 한다. 노동자에게 비인간적인 처우를 하거나 값싼 아동노동을 이용해 생산된 줄 알면서도 값이 싸다는 이유로 구입해서 사용해도 되는가? 부유한 사람들의 소비는 지나친 것인가? 아니면 자신의 노력에 의해 얻어진 돈이므로 어떻게 소비하는가는 온전히 그 사람들의 자유인가? 현재 우리들의 자원사용과 환경오염은 미래세대를 고려할 때 정당화될 수 있는가? 또 일상적인 상거래에서 소비자의 권리를 어디까지 주장할 수 있을까? 그에 대응하는 소비자로서의 책임은 무엇인가?

소비와 관련하여 제기되는 이와 같은 질문들은 소비자로서 자신이나 타인의 소비생활에 대해 도덕적 정당성을 생각하는 소비윤리 또는 소비자책임에 관한 질문이다. 즉 소비생활에 대해 옳고 그름을 판단하고자 하는 규범적 논의의 출발이라 할 수 있다.

현대 소비사회에서 사업자는 자신들의 상품에 어떤 특정 가치를 특별히 부각하거나 이미지를 형성해 광고하고, 소비자는 여러 상품 중에서 자유롭게 선택해 소비활동을 함으로써 자신의 다양한 욕구를 충족해 나가고 있다. 소비생활의 각 영역별로 펼쳐지는 소비문화의 다양한 양상을 보면 소비자들은 얼핏 자신의 구매력 범위 내에서 자유롭게 소비활동을 할 수 있고, 이것은 타인이나 사회의 규범적 판단 대상이 될 수 없는 것으로 보인다.

그러나 개인의 소비는 자신의 삶의 복지를 결정하는 중요한 요인이며, 타인의 삶에도 영향을 미친다. 또, 한 사회의 집단적인 소비방식은 그 사회의 현재와 미래방향에 영향을 미치기 때문에 논의의 대상이 된다. 예를 들면, 어떤 사람이 담배나 마약을 소비하는 것은 건강에 해를 끼치기 때문에 본인의 자유의사에 맡겨두지 않고 소비를 억제하도록 하고, 성매매와 같은 경우도 사회적으로 불법으로 규정하여 단속하고 있다. 이런 극단적인 경우가 아니더라도 우리는 지구 전체의 자원과 환경을 고려할 때 현재와 같은 낭비적인 소비방식이 문제가 됨을 알고 있다. 또 충동구매나 쇼핑중독과 같은 소비행위를 비판하기도 하고, 혼례나 상례에서 허례허식적인 소비방식이 지적되기도 한다.

그러면 사람들은 어떤 기준을 가지고 소비행위에 대해 옳고 그름을 판단하는가? 우리들의 소비행위가 개인적으로, 사회적으로, 또는 더 넓게 전 지구적으로 과연 바람직한 것인지를 어떤 기준으로 판단해야 하는가?

소비의 옳고 그름에 대한 기준 : 소비윤리

소비에 대해 옳고 그름을 판단하는 기준을 찾는 것은 결국 소비윤리가 무엇인지를 찾는 것이다. 소비윤리란 규범윤리의 원칙을 인간의 소비활동분야에 적용하여 도덕적 정당성을 평가하고자 하는 응용윤리학의 한 범주다. 응용윤리학의 공통된 목표가 인간의 존엄성 확립과 행복추구를 위한 최선의 윤리적 대안을 찾는 것이다. 따라서 소비윤리 역시 소비분야에서 최선의 윤리적 대안을 모색하는 것이라 할 수 있다.

또 소비윤리는 사회구성원으로서 개개인이 생활함에 있어서 모든 의사결정과 행동의 옳고 그름을 판단하는 기준이 되는 규범체계인 사회윤리의 하나다. 즉, 무엇을 하고 무엇을 해서는 안 되는지 개개인의 행동에 대한 잘잘못을 그 사회의 도덕적인 원칙이나 가치체계에 기초를 두고 판단하는 사회윤리로서 소비행동에 대해 잘잘못을 판단할 수 있는 기준이 곧 소비윤리인 것이다.

이러한 소비윤리는 기업윤리, 광고윤리, 마케팅윤리가 각각 기업경영, 광고, 마케팅 활동에 대한 비판적 시각에서 출발하듯이 소비윤리에 대한 논의도 소비행동 내지 소비문화에 대한 비판적 관점에서 논의가 시작된다. 또 소비윤리는 소비자의 권리에 대응되는 의무, 또는 책임이라 할 수 있다.

소비가치란 소비자가 소비행위를 통해 추구하고자 하는 것을 의미한다. 모든 인간활동의 문제는 가치판단의 문제, 즉 선택의 문제이고, 소비도 역시 마찬가지이다. 그렇다면 '가치'라는 개념을 빌려 '소비윤리'를 설명하면 어떻게 될까? 결국 사회전체가 추구하는 가치가 '윤리'라는 형태로 표현되는 것이므로, '소비윤리'란 소비생활에서 사회구성원 전체가 추구해야 할 가치인 것이다. 즉 소비자가 추구하고 있는 현상으로서의 가치와 추구해야 할 당위로서의 가치를 구분할 수 있으며, 소비자 개개인이 추구하는 소비가치의 다양성을 인정하면서도 소비생활에서 사회 전체적으로 구성원들이 추구해야 할 바람직한 가치를 무엇으로 보는가가 바로 소비윤리의 내용이 될 것이다.

그러면 소비윤리의 근거가 될 수 있는 것은 무엇인가?

첫째, 공리주의다. 공리주의는 '최대 다수의 최대 행복'을 도덕적 판단의 기준으로 한다. 즉, 각 개인이 행하는 행위의 도덕성 여부는 사회전체의 복지를 증가시키는 정도에 달려 있다. 사회전체의 모든 구성원의 효용이 극대화되어야 한다는 공리주의에 비추어 소비윤리의 기준을 찾을 때, 자신의 소비활동이 타인에게 해를 끼치지 않아야 한다는 것과 자신의 만족을 순간적으로가 아니라 장기적으로 극대화시키는 소비여야 하는 두 가지 기준을 찾을 수 있다.

공리주의의 원칙 중 소비윤리와 관련하여 특히 주목되는 내용은 도움을 받는 자에게 돌아가는 혜택이 도움을 주는 자가 입는 손실보다 클 때 도움을 주는 것이 전체복지 향상에 기여하므로 도와야 할 의무가 있다는 '자선의 의무'와 소득을 부유한 사람에게서 가난한 사람에게 재분배할 때 사회전체의 복지가 극대화되는 분배가 가장 정의롭다는 공리주의 '분배정의론'일 것이다.

공리주의 분배정의론은 모든 개인의 효용함수를 동일한 비중으로 고려하며 한계효용체감의 경향이 지켜진다고 가정할 때 결국 어느 정도 사회적으로 소득이 평등하게 분배되고 따라서 소비생활수준이 비슷하게 되는 것이 사회적으로 바람직한 것으로 보는 것이다. 그러나 소득분배는 소비자 개인의 소비생활을 통해 달성되기보다 전체사회시스템의 문제로 보고 논외로 한다면, 개인소비생활에서 공리주의에 의한 소비윤리 항목으로는 자선의 의무가 확인된다. 이와 같은 공리주의를 적용한 소비윤리의 내용은 소비자학에서 개인소비자 선택이론으로 대표적으로 다루어지는 한계효용이론을 적용하여 설명할 수 있기 때문에 소비자들이 쉽게 이해하고 받아들일 수 있다.

둘째, 경제윤리다. 경제윤리에 관한 학자들의 주장을 종합해보면, 자본주의시장경제제도가 개인의 이기심에 기초하여 거래가 이루어지는 가치중립적이며 기계적인 제도가 아니라 절제된 이기심, 정직성, 진실성, 신뢰성, 책임의식, 공정성과 같은 일련의 윤리적 가치가 구성원에게 생활화, 습관화되어 있어야 제대로 작동되는 윤리적 가치에 기초한 제도임을 강조하고 이러한 윤리적 가치가 각 경제주체에게 체현되어야 한다는 것이다. 또 경제윤리에서 강조되는 점 중의 하나는 분배의 문제이고 이는 과소비나 사치의 윤리적 문제를 제기할 때 소득분배의 공정성이 연관되기 때문에 소비윤리와 밀접하다. 따라서 소비자의 활동을 단순히 상품의 구매와 소비에 국한시키지 않고 다양한 경제활동을 포함한다고 본다면 이러한 경제윤리의 핵심내용이 소비윤리의 내용에 포함될 것이다.

셋째, 종교의 가르침이다. 불교에서는 열 가지 악의 근본원인을 빈궁에 있다고 보고 빈궁을 벗어나기 위한 노동과 부의 축적을 바람직한 것으로 보았고, 재물을 축적하기 위해서는 자타自他를 괴롭히지 않는 바른 법에 의해 자신의 업業에 열심히 노력하여야精勵 하며 가능한 절약하여야 한다는 것이다. 그러나 열심히 노력하여 부를 축적한다고 해도 자기 혼자 독점해서는 안 되고 그것을 타인에게 나누어주어야 한다. 이는 결국 사람들에게 복리福利를 나누어 주는 것이 축적의 목적이며 흔히 말하는 '보시布施'의 윤리이다. 즉, "법에 어긋남이 없이 얻은 부를 시여施輿하면서 마음을 청정淸靜케 한다"는 점이 강조되었고, 시여는 특히 출가자에 대한 것이 높이 평가되지만 가난한 사람에 대한 것도 역시 존중되었다.

결국 불교의 소비윤리는 열심히 일해서 부를 축적하되 남에게 베푸는 '보시의 정신'이 핵심이며, 보시하기 위해서는 사치와 방탕하지 않는 금욕적 정려精勵의 정신이 요구되고, 이를 바탕으로 부의 재분배로 사회악의 근원이 되는 빈곤을 없애야 나와 남이 더불어 사는 건전한 사회가 된다는 것이다.

일반적으로 유교에서는 물질적 재화를 도덕사회의 실현을 위한 토대로서 필요하다고 여기고 있으나 근본 주장은 덕본재말德本財末, 즉 정신적 가치를 물질적 가치보다 상위의 것으로 규정하는 위상정립을 강조하고 있다. 또 유교의 안빈安貧사상은 부당한 방법으로의 부의 축적을 철저히 거부하고, 오히려 가난함 속에서라도 인륜人倫을 지켜야 한다는 것을 강조하는 것이다. 그리고 유교사상에서는 모든 사람의 내면에 천부적인 존엄성이 간직되어 있으므로 이를 인식하고 서로에게 유익함을 베풀어주는 윤리의식을 삶의 근본으로 삼아야 한다고 본다. 어질고 능력있는 사람들이 최선을 다해 검소한 생활을 함으로써 그 여력으로 능력이 없는 사람들을 돌보아야 사회가 안정된다는 율곡의 대동사상도 역시 같은 맥락이다.

기독교의 소비에 대한 윤리적 가르침은 무엇인가? 한 마디로 청지기 정신, 즉 우리가 가진 물질은 하느님이 맡기신 것이라는 것이다. 따라서 자신이 소유한 물질의 사회윤리를 의식하고 실천하기 위해 다른 사람과 나누고 사회로 환원하는 것을 이상적으로 생각한다. 재물은 개인에 의해 사유화될 수 있으나, 공공성을 지니기에 사회적 기능을 외면해서는 안 되며 그 사회적 기능의 절정은 청빈정신으로 재물을 이용하고 이웃과 나무며 복지사회, 곧 하느님 나라를 구현하는 데서 드러난다고 함으로써 소비의 사회적 책임이 중요함을 강조하고 있다.

결국 종교의 가르침은 부를 축적하기 위한 근면을 강조하면서 물질적 재화의 소유나 소비에 대한 욕구는 절제하고 사회적으로 나눌 것을 공통적으로 강조하고 있다.

넷째, 환경윤리이다. 소비를 위한 재화의 생산과 소비양식은 환경문제의 발생이나 해결과 직결되기 때문에 환경윤리는 실천적 차원에서 소비윤리로 연결된다. 환경윤리의 핵심은 인간뿐 아니라 생물의 종, 생태계, 경관 등에도 생존권이 있으므로 함부로 그것을 부정해서는 안 된다는 것, 현재 세대는 미래세대의 생존가능성에 대해 책임을 져야 한다는 것, 지구 생태계는 열린 우주가 아니라 닫힌 세계라는 것이다.

이러한 환경윤리와 관련하여 소비윤리의 내용을 생각하면 결국 현재 사람들은 미래세대를 고려하여 소비하여야 한다. 현 세대와 미래 세대 사이에는 자원의 배분이라는 관계가 성립하는데 기본적으로 이해가 대립하고 있다. 과연 현재 사람들에게 미래 사람들에 대한 의무가 있는가? 이 미래 세대의 문제는 환경윤리와 관련하여 가장 중요한 요소이기 때문에 철학적·윤리학적 입장에서 광범위하게 논의되기도 하였으나 공리주의를 적용하여 간단하게 생각해 볼 수 있다. 앞서 공리주의 원칙에 의해 자선의 의무를 개인이 행하는 세대 내內의 분배를 이루는 소비윤리라면, 현재사람들의 미래 사람들에 대한 의무는 세대 간間의 분배문제다. 요약하면 환경윤리는 소비자들이 자연자원이나 환경을 고려하여 소비하도록 요구하고 있으며 이는 현 세대의 미래 세대에 대한 윤리적 책임의 하나로 이해될 수 있다.

다섯째, 상거래윤리다. 일상적 소비생활에서 소비자의 윤리성이 가장 쉽게 드러나는 부분이 상거래윤리이며, 사업자들이 가장 관심을 갖는 부분이기도 하다. 소비윤리에 관한 기존 연구자들의 관심은 대부분 이 상거래윤리에 집중되어 소비자들이 비윤리적인 상거래행동을 하는 정도와 이에 영향을 미치는 변수들을 찾아내기 위해 실증조사를 하곤 했다. 소비자는 상거래 시 거래상대방인 사업자에게, 또는 다른 소비자에게 적극적이든 소극적이든 해를 끼치는 비윤리적 행동을 하지 말아야 하고, 사업자에게 소비자불만을 제기할 때 지나치지 않게 정당한 권리주장을 하여야 하며, 소비자로서 사용상의 주의책임을 다하는 노력이 필요한 점 등을 포함한다.

소비윤리 적용과 실천

이상에서 제시된 소비윤리의 근거에 기초하여 소비윤리의 내용을 정리하면 다음의 표와 같다.

종적 차원에서는 시간적 차원으로 미래세대의 소비를 희생하는 현재 세대의 소비는 비윤리적이라 할 수 있다. 따라서 종적 차원에서의 윤리적 소비는 지속가능한 소비, 즉 미래 세대의 요구에 대응할 능력도 유지하면서 현 세대의 요구도 충족시키는 수준으로 현재 수준의 소비를 해야

소비윤리의 각 차원과 구체적 내용

소비윤리 차원	구체적 내용
종적 차원-세대 간 분배	환경과 다음 세대를 고려한 소비
횡적 차원-세대 내 분배	동시대의 자발적 소득 재분배, 절제와 나눔, 자선, 기부
사업자와의 거래차원-상거래 윤리	계약관계 이행의무, 주의의무, 소비자권리에 대응한 소비자책임
시장경제의 기초적 윤리	절제된 이기심, 정직성, 진실성, 신뢰성, 책임의식, 공정성과 같은 일련의 윤리적 가치가 구성원에게 생활화, 습관화

하는 것이다.

횡적 차원은 공간적 차원으로 동시대의 인류 간에 빈곤과 부유계층 간의 소비능력의 차이를 고려할 때 사회적 분배시스템에 의해 정당하게 획득한 소득이라 할지라도 자신만을 위해 소비하는 것은 비윤리적이다. 자신의 생활 안에서 가능한 방법으로 소득의 재분배를 통해 자원의 총 효용을 극대화하는 방향으로 소비하는 것이 윤리적인 것이므로 한 사회, 나아가 인류전체의 소비수준으로 고려하여 자신의 소비수준을 절제하여 나눔을 실천하는 것이 윤리적인 소비라 할 것이다. 이런 점에서 과소비나 과시소비는 비윤리적 소비라 할 수 있다.

거래상대방으로서의 상거래윤리는 소비자가 사업자와 상거래를 할 때 윤리적으로 행동하는 것이다. 이는 판매자에게 적극적으로 또는 소극적으로 손해를 입히는 행위를 하지 않아야 할 뿐 아니라 사용자로써 필요한 주의의무를 다해야 하고 거래 시에 다른 소비자에게도 피해를 입히지 않아야 한다.

그리고 기본적으로 시장경제 활동자로서 시장경제의 윤리를 체화할 필요가 있다. 자본주의시장경제제도가 개인의 이기심에 기초하여 거래가 이루어지는 가치중립적이며 기계적인 제도가 아니라 절제된 이기심, 정직성, 진실성, 신뢰성, 책임의식, 공정성과 같은 일련의 윤리적 가치가 구성원에게 생활화, 습관화되어 있어야 제대로 작동되는 윤리적 가치에 기초한 제도임을 인식하고 자신의 가치체계에 내면화할 필요가 있다.

이상에서 다룬 소비윤리의 내용을 근거로 한 개인 또는 집단의 소비에 대해 옳고 그름을 판단하는 기준이 될 수 있는 것을 생각해보면 다음과 같다.

첫째, 소비사회의 구성원들이 시장경제의 활동자로서 절제된 이기심, 정직성, 진실성, 신뢰성, 책임의식, 공정성과 같은 일련의 윤리적 가치를 내면화하여 실천하고 있는가?

둘째, 현재 우리의 소비문화가 미래 세대의 소비를 희생하며 누리는 것은 아닌가?

셋째, 동시대의 인류 간에 또는 빈곤과 부유계층 간의 소비능력 차이를 고려할 때 적절한 소비수준인가?

넷째, 일상의 소비제품을 구매하여 사용할 때 사용자로써 필요한 주의 의무를 다하고, 거래상대방으로서 사업자에게 손해를 입히는 행위를 하지 않으며 다른 소비자에게도 피해를 입히지 않고 있는가?

소비자는 자신의 소비활동에서 이러한 기준을 충족시킨 윤리적 소비를 실천할 수 있다. 먼저 소비자는 어떤 제품을 구매할 때 윤리적인 결정을 내릴 수 있다. 즉, 공정한 거래에 관심을 갖고 불공정한 처우 속에서 생산된 제품을 구매하지 않거나, 환경에 도움이 되는 제품을 구매하는 것이다. 소비자들의 구매동기는 경제적, 정치적, 영적, 환경적, 사회적 동기 등으로 다양할 수 있고 또 어떤 구매행위가 옳은지 그른지에 대해 서로 일치하지 않을 수 있다. 그러나 윤리적 구매에서 공통점은 어떤 구매선택을 했을 때 자신에게 미칠 결과만 생각하지 않고 자신을 둘러싼 외부세계에 미칠 결과까지 고려한다는 것이다. 예를 들면, 유기농 식품을 구매할 때 농약 독성이 자신의 몸에 해로운 점을 생각해 이를 피하려고 구매한다면 이는 엄격히 말하면 윤리적 구매가 아니다. 왜냐하면 구매결정을 내리는 일차적 관심이 구매자 자신의 건강이라는 내적 관심이기 때문이다. 독성 농약이 다른 야생 생물이나 농장 환경에 미칠 외부 영향 때문이라면 윤리적 구매가 될 것이다.

한편 소비의 최상위 윤리적 기준 중 '절제와 나눔'을 강제적으로 실천하도록 하기 위해 사회제도를 만들자는 제안도 있다. 즉, 장두환은 소득이 국민 평균소득 이상인 경우 사회적 합의로 일정부분사회구성원 평균 소득액의 5배, 10배 혹은 20배 등만 개인의 소유나 소비로 인정하고 나머지 과잉소득에 대해서는 소득자 자신의 뜻대로 사회를 위하여 환원하도록 하는 것이다. 일정정도 이상 초과하는 개인소득은 제반 사회체제적 요인들에 의해 비롯된 소득이기 때문에 비록 분배시스템에 의해 어떤 개인에게 귀속되었으나 실은 사회적 소득이며 따라서 사회를 위해 소비되어야 한다는 것이다. 이를 조세제도로 해결하려 한다면 사회적 성취동기가 상실되는 역기능적 결과를 초래할 수 있으므로 사회적인 소비를 강제하되 그 소득자 개인을 소비의 주체로 인정하여 사회적 소비의 내용을 결정하는 권한, 즉 용도 선택권을 부여함으로써 고양된 성취동기를 부여해 나갈 수 있다고 주장한다. 이러한 제도로 자본주의적 생산방식을 취하면서 사회주의적 소비를 통한 평등분배를 지향하자는 것이다. 이와 같은 주장은 절제와 나눔을 강제적으로 실천할 제도를 만들자는 것이다. 이에 비해서 스스로 간소하게 살고자 하는 여러 운동들은 자발적으로 절제하고 나누려는 흐름으로 볼 수 있다. 다운쉬프트 운동, 심플라이프 운동 등도 모두 지나친 성장과 소비주의에서 벗어나고자 하는 노력이다.

소비윤리의식 높이기

소비윤리의식을 발달수준에 따라 구분하면 어떨까? 다음 그림의 내용처럼 상거래에서 불법행위를 하거나 적극적으로 해를 미치는 가장 낮은 윤리의식의 수준부터 최소한 불법행위를 하지 않고 정직하게 소비행위를 하는 단계를 거쳐 자신의 소비가 사회에 미치는 영향을 인식하고 책임을 느끼며 나아가 횡적·종적 분배를 고려하여 적극적인 절제와 나눔을 실천하는 높은 수준의 윤리의식에 이르는 발달이 가능하다.

결국 소비윤리의 발달과정은 소비자가 자신만을 생각하는 개인 차원에서 이루어지는 소비활동이 아니라 거래환경이라는 시장, 그리고 국가, 인류, 나아가 다음 세대와 우주적 차원까지 고려하여 소비하는 것으로 나아가는 것이라 생각할 수 있다.

최근 소비시장의 새로운 트렌드로 웰빙이 언급된다. 그러나 그 웰빙

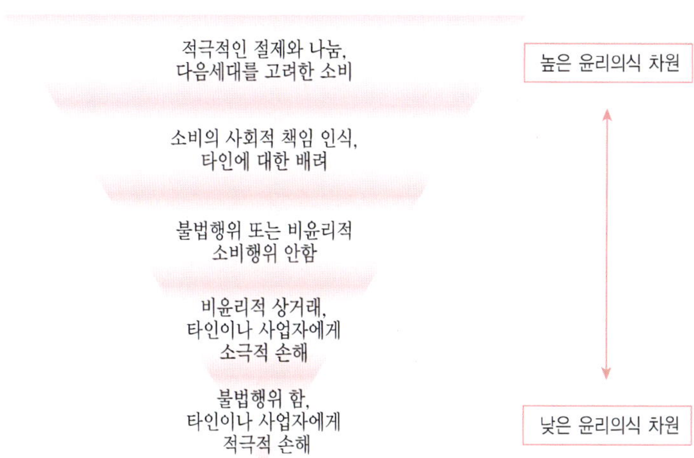

소비윤리의식 발달정도에 따른 구분

이후의 소비자의 라이프스타일로는 건강, 환경, 사회정의, 자기발전과 지속가능한 삶에 가치를 두는 소비집단의 라이프스타일인 LOHASLifestyle of Health and Sustainability가 대두되고 있다. 이는 개인적 웰빙이 사회적 웰빙으로 이전되는 것으로 결국 사회적 웰빙이 이루어지지 않으면 개인적 웰빙이 보장될 수 없다는 점을 인식한 것이다. 이 역시 각 개인의 소비윤리가 개인적 차원의 불법적인 행위를 하지 않고 합법적인 거래를 한다는 낮은 차원의 소극적 윤리의식에서 사회적 책임과 타인에 대한 배려 나아가 다음 세대를 배려한다는 적극적 고차원의 윤리의식으로 발전되어야 하는 것과 같은 맥락이다.

오늘날의 우리 소비문화를 전체적으로 평가한다면 '현재'와 '나 자신'에 관심이 집중된 것이라 할 수 있다. 예를 들면, 몸을 둘러싼 소비문화나 의생활 영역의 소비현상을 보면 자신의 몸과 외모 가꾸기, 의복착용을 통해 자신을 드러내기 등에서 특히 이러한 특징이 잘 드러나고 있다. 이런 '현재'와 '나' 자신에 관심이 집중된 소비문화 속에서는 미래 세대나 동시대의 다른 소비집단에 대한 배려를 기대하기는 어렵다. 또 자신의 구매가 자신 외에 외부적으로 어떤 영향을 미칠지를 고려하여 윤리적 구매결정을 하기 쉽지 않은 분위기다. 소비윤리의 가장 높은 차원이라 할 수 있는 다음 세대를 고려한 소비라든가 적극적인 절제와 나눔을 실천하기 위해서도 소비자는 과도하게 현재의 자기 자신에 집착되어 있는 시각에서 벗어나 시간적·공간적으로 자아를 확대해 나갈 필요가 있다.

윤리적 소비의 실천은 아직은 소비사회의 주류적인 소비패턴이 아니기 때문에 소비자가 윤리적 소비를 하기 위해서는 매일 매일의 소비생활에서 내적 성찰을 통해 결단을 해야 하는 행동일 것이다. 또 소비사회의 변화를 원한다면 한 개인의 행동으로는 그 결과가 쉽게 나타나지 않기 때문에 인내심이 필요한 행위이기도 하다. 그러나 현대 소비사회에서는 소비가 개개인의 주된 활동이므로 소비를 통해 자신의 신념을 드러내게 된다. 풍요로운 사회에서 살아가는 우리는 쾌락적 소비를 통해서 만큼 윤리적 소비를 통해서도 자아실현을 꾀할 수 있을 것이다.

2 소비자의 **의사결정**, 다시 생각하기

김 영 신

서울대학교 가정대학 가정관리학과를 졸업하고, 동 대학원에서 소비자학 석사와 박사학위를 받았다. 현재 충남대학교 소비자생활정보학과 교수로 재직하고 있으며, 대표적인 저서로 ≪새로 쓰는 소비자법과 정책≫ 등이 있다.

우리는 매일 수없이 많은 의사결정을 하고 있고 또 해야만 한다. 우리가 최선의 의사결정을 하고 있는가? 우리 자신이 합리적인가? 하는 의문이 들 때가 많다.

특히 오늘날과 같이 복잡한 현대사회에서 의사결정을 하는 것이 얼마나 어려우면 'decidophobia'라는 말이 있을까. 이는 decision의사결정과 phobia공포의 합성어로 의사결정을 하는 것에 대한 두려움, 공포감을 의미하는 용어다. 이 용어는 Walter Kaufmann이 ≪Without Guilt and Justice; From Decidophobia to Autonomy1973≫이라는 책에서 처음으로 사용하였다.

우리는 살아가면서 의사결정을 하는 것에 대한 두려움이나 공포감을 한 번쯤 경험해 본 적이 있다. 이러한 두려움이나 공포감으로 인해 많은 사람들은 가능한 의사결정을 하지 않고 생활하기를 강하게 원하고 있으나, 현실적으로 가능한 일인가?

소비자로서의 의사결정도 과거 20~30년 전에 비해 훨씬 더 어려워졌다. 소비자로서의 의사결정은 시장에서 상품이나 서비스를 구매하려고 할 때 여러 대안 중에서 하나를 선택하거나 또는 자신이 좋아하는 것 중에서 하나를 선택해야 할 때 일어나게 된다.

일반적으로 소비자들은 최선의 선택을 하려고 노력하지만, 최선의 선택을 하기 위해서는 의사결정을 해야 하는 순간마다 선택가능한 대안과 가격을 고려하면서 자신의 가치관, 태도에 맞추어 결정해야 한다.

Maynes1969는 효율적인 의사결정의 이점을 다음과 같이 언급하고 있다. 첫째, 효율적인 의사결정은 품질은 동일하면서도 가격이 가장 저렴한 제품을 선택함으로써 실제구매력을 향상시킨다. 둘째, 이 과정에 절약된

돈은 세금이 부과되지 않기 때문에 그 만큼의 돈을 번 것보다 더 큰 효과가 있다돈을 더 많이 번 경우에는 추가로 벌은 것에 대해 세금을 더 내야 하기 때문이다. 셋째, 의사결정을 잘 하는 사람은 사기나 기만에 희생당하지 않게 되므로, 기만에 의한 소비자손실을 줄일 수 있다. 미국의 경우 소비자들이 소비자기만에 의해 $50억 이상을 손해 보는 것으로 보고되고 있다. 넷째, 효율적인 의사결정을 하는 것은 기업의 자율경쟁을 촉진시킴으로써 사회·경제발전에 기여하게 된다. 왜냐하면 더 좋은 조건에 더 좋은 상품을 생산하는 기업은 경쟁에 우위를 차지하여 계속 발전할 것이나, 그렇지 못한 기업은 존재할 수 없기 때문에 소비자가 효율적인 의사결정을 한다는 것은 모든 기업들이 소비자에게 더 많은 가치를 제공하려는 동기부여가 된다.

이번 장에서는 오늘날의 소비자가 의사결정을 하기 어려운 이유를 생각해 보고, 특히 소비자교육에서 관심을 가져야 할 소비자의사결정 스타일과 소비자의사결정에 영향을 미칠 소비자트렌드에 대하여 살펴보자.

소비자의사결정이 어려운 이유

효율적인 의사결정이 많은 장점을 가지고 있음에도 우리가 효율적인 의사결정을 할 수 없는 이유는 무엇인가? 소비자와 소비자를 둘러싸고 있는 환경에 초점을 두고 알아보자. 우선 소비자 주위에 너무도 많은 변화가 일어나고 있기 때문이다. 제품이 다양해지고, 기술이 발달되고, 제품이 복잡해지고, 소매시장구조가 변화됨에 따라 정보탐색과 의사결정을 하는 것이 점점 더 복잡해지고 있다.

오늘날 소비자시장은 과거보다 훨씬 거대해지고 복잡해져서 선택해야 할 상품이 무수히 많아졌다. 미국의 경우 매년 2,500개 이상의 새로운 상품이 시장에 나오고 있으며, 이 가운데 90% 이상은 3년 안에 사라지고 있다고 하나, 여전히 시장은 새로운 제품으로 넘쳐나고 있다.

선택해야 할 상품이나 서비스의 수가 많아진다는 것은 사회가 발전하고 있다는 의미일 수도 있으나 소비자입장에서는 혼돈이 가중되고 있다. 소비자는 상품이나 서비스를 선택할 때 가격, 품질 등의 경제적인 요소뿐 아니라 아름다움, 안락감, 또는 유일함 등과 같은 비경제적인 요소도 고려해야 하는데, 상품이나 서비스의 수가 많아지면 이러한 것을 고려한다는 것이 쉬운 일은 아니다. 소비자들은 선택을 잘하기 위해서 정보를 수집해야 하고 이를 위해 시간, 에너지, 돈을 투자하고 있다. 간혹 이러한 탐색비용에는 건강, 행복감을 희생해야 하는 경우도 있다.

이러한 변화로 인해 소비자들은 이해하고 감당할 수 없을 정도의 많은 정보부족 문제에 부딪치고 있다. 우리 소비자들은 전문가의 도움 없이는 제품의 어떤 특성이 품질, 안전, 성능에 영향을 미치는지를 이해하기조차 어렵게 되었다. Snider1993에 따르면 미국인은 노동시간과 수면시간을 제외한 시간의 9%를 소비자의사결정을 위한 정보수집에 보내고 있다고 한다여기에는 TV 광고를 보는 시간도 포함되어 있다. 또한 그는 정보가 불충분한 상태에서 내린 의사결정은 소비자에게 혼돈과 좌절감을 주며 20%의 추가 비용 부담이 되고 있다고 하였다. 다시 말해, 완전한 정보는 비용 면에서 효율적인cost-effective 의사결정을 하게 하여 소비자에게 비용을 20% 절약하게 해주거나 20% 이상의 가치가 있는 선택을 하게 한다고 하였다[1].

Silber1990의 말처럼 "인간은 선천적으로 정보를 처리하는 능력에 한계가 있으며, 모든 가능성을 정확하게 추정할 수 있는 능력도 가지고 있지 못하기 때문에, 완전한 정보가 주어져도 의사결정을 잘 하기가 어려운" 데 완전한 정보조차도 제공되지 못하고 있다. 따라서 많은 소비자들은 정보탐색 비용을 줄이기 위해서 자신들만의 다양한 경험적인 방법을 사용하고 있다. Cude에 의하면 소비자들이 품질에 대해 사용하고 있는 경험적 방법으로는, "상표명이 좋은 것을 사라"실제는 상표명이 좋은 것이 품질이 반드시 좋지는 않다, "인증표시가 된 것을 사라"때로는 효과가 있다, "최상 제품을 사라"질은 좋은 편이나 불필요한 제품 특성이 있는 것을 살 수도 있다 등이 있다. 가격에 관한 경험적인 방법으로는 "크기가 큰 것이 더 싸다"이나, 간혹 그렇지 않을 수 있다.

효율적인 의사결정을 하기 어려운 또 다른 이유로 우리가 매우 바쁘게 생활하고 있어서 시간의 제약을 많이 받고 있다는 점이다. 우리들은 과거 우리 부모세대보다 더 바쁘고, 더 많이 일을 해야 하기 때문에 시간에 쫓기고 있다. 맞벌이 부부, 특히 자녀를 가진 맞벌이 부부가 점점 늘어나면서 그들은 자신들의 바쁜 생활을 한탄하곤 한다. 한 조사에 의하면 맞벌이 부부가 상점에서 시간을 보내는 시간은 15% 정도 적은 것으로 나타나고 있다. 몇몇 소매점들은 이러한 부부들을 유인하기 위하여 점포 입구에 점내 지도를 설치하고 있다. 배달식품산업의 경우 그 성장 속도가 포장식품산업, 드라이브인 식품산업drive-through service에 비해 2배 가까이 되는 것으로 나타나고 있으며, 제품목록 및 전문대리구매자professional shoppers에 의존하는 것도 기대 이상으로 증가하고 있다고 한다.

그래서 우리는 시간의 제약과 정보처리 능력의 한계로 인해 "지칠 만큼 충분한 정보를 얻은 후에 쇼핑을 해라"라는 말에도 불구하고 모든 사람들이 제품정보를 얻기 위해서 많은 시간을 소비하고 있지는 않다. 결국 많은 소비자들은 비교구매를 하지 못하고, "나는 이것을 원해"라고 말하면서 가끔 자신의 감정에 따라 행동을 하거나, 많은 사람들이 한두 시간 쇼핑을 하고 나서는 스트레스를 받거나, 기진맥진하고 심지어는 짜증까지 내고 있다.

그래서 많은 사람들이 비교쇼핑을 하지 않고 있으며, 심지어는 고가품을 구매하는 경우에도 그렇다. 왜냐하면 비교쇼핑을 위해 얻는 한계효용이 정보탐색에 드는 한계비용보다 크다고 생각하기 때문이다. 정보탐색에 관한 연구들은 정보탐색이 어느 정도까지만 효과가 있기 때문에 그 이상 정보를 탐색한다는 것은 비생산적임을 보여주고 있다. 즉 시간에 대한 기회비용opportunity cost이 커질수록 비교쇼핑을 위한 노력은 줄어들게 되며, 특히 고소득층에서 더욱 그렇다.

일부 소비자들은 전통적인 비교쇼핑예를 들어 모델, 제품 특성, 판매자, 보증, 가격 등을 비교하기 위해서 의도적인 노력을 하는과는 다른 단순 비교쇼핑을 사용하기도 한다. 예를 들어, 가격이 의사결정에서 가장 중요한 요소인 소비자는 자신이 받아들일 만한 품질수준이나 성능수준을 정하고, 괜찮은 구매가 되도록 가격만을 탐색한다. 즉 자신이 선택가능한 상표들을 정해 놓고 여러 제품들과 가격에 대해 계속 정보탐색을 하면서 만족스럽지 못한 상표와 제품을 제거해 나간다. 이때 적정한대부분은 최저가격의 제품을 발견하거나 또는 가격흥정을 통해 마음에 두고 있는 제품을 판매자가 가격을 낮추면 구매를 결정한다. 이러한 방법을 사용하는 소비자는 최선의 구매best buys 대신에 괜찮은 구매good buys에 만족을 한다.

관심을 가져야 할 소비자의사결정 스타일

소비자는 여러 대안에서 상품을 선택해야 할 때 많은 요인에 의해 영향을 받고 있으며 자신만의 독특한 의사결정스타일을 갖고 있다. 즉, 소비자가 제품이나 서비스를 선택할 때는 거의 하나 이상의 특정 의사결정 기질에 의해서 영향을 받는데, 이러한 기질은 항상 존재하며 예측가능한 의사결정의 주된 동기가 되고 있다.

소비자의사결정 스타일을 소비자학 관점에서 처음으로 연구한 Sproles와 Kendall1986은 Consumer Styles InventoryCSI을 사용하여 고등학생을 대상으로 소비자의 의사결정 스타일을 연구한 결과 ① 완벽주의·고품질지향형, ② 상표지향형, ③ 유행지향형, ④ 여가·쇼핑을 즐기는 형, ⑤ 가격·화폐가치지향형, ⑥ 충동형, ⑦ 많은 선택으로 인한 혼돈형, ⑧ 습관적·상표충성형 등 8개의 유형으로 분류되었다. 그 후 많은 연구자들이 CSI척도를 보완하여 연구가 이루어지고 있으며, 소비자의사결정스타일은 나라, 조사대상연령, 성별 등에 따라 차이를 보이고 있다[2)]. 이러한 의사결정스타일을 Shim1996은 스타일의 특성을 고려하여 실용적 스타일, 바람직하지 못한 스타일, 사회적·과시적 스타일로 나누었다. 즉, 완벽주의·고품질지향형과 가격·화폐가치지향형은 실용적utilitarian스타일로, 충동형과 많은 선택으로 인한 혼돈형은 바람직하지 못한undesirable 스타일, 상표지향형, 유행지향형, 여가·쇼핑을 즐기는 형, 습관적·상표충성형은 사회적·과시적social/conspicuous 스타일로 구분하고, 바람직하지 못한 스타일과 사회적·과시적 스타일에 소비자교육 차원에서 많은 관심을 가져야 한다고 했다.

여기서는 충동형, 과시형, 쇼핑을 즐기는 스타일과 최근 Walso 등2001의 연구에서 의사결정 스타일의 한 유형으로 나타나고 있는 다양성 추구 행동에 대해 살펴보기로 한다.

충동적 스타일

충동적 스타일impulsive style은 계획이 없고 필요로 하지 않은 제품이나 서비스를 즉흥적인 순간에 구매하는 형이다. 계획과 충동을 범주화하는데 있어 미리 얼마나 계획하는 데 따라 세 가지로 나누고 있다. 자신들이 미리 구매하게 될 제품과 특정 상표를 알고 있는 경향이 있으면 계획적planned 스타일로, 자신이 필요로 하는 특정한 제품은 알고 있지만 점포에 가기 전에는 특정한 상표를 결정하지 않는 부분적인 계획partial planned 스타일, 그리고 어떤 것도 미리 결정하지 않는 충동적 스타일이 있다. 충동적 스타일은 보통 소비자가 점포 방문 전까지는 구매의도가 없었으나 점포에서 좋아하는 것을 보면 즉각적으로 구매를 하게 되는 것을 말한다.

충동적 스타일은 가끔, 특히 사려고 했던 품목이 세일을 하고 있거나 또는 자신이 전에 잊고 있었을지도 모르는 것을 보았을 때 구매를 한다면 문제가 되지 않는다. 예를 들어, 우리는 가끔 슈퍼마켓에서 쇼핑을 할 때 쇼핑리스트에 없었던 것 품목을 보고 구매를 결정할 때가 있다. 또 어떤 사람들은 TV홈쇼핑에서 광고되고 있는 제품을 보고 생각이 나서 구매를 하는 경우가 있다.

충동구매가 우리 일상생활에서 빈번하게 발생한다는 것은Weinberg and Gottwald에 의하면 백화점 구매의 39%, 그리고 식품점 구매의 67%가 계획 없이 이루어지는 것으로 나타나고 있다. 충동적으로 구매의사결정이 많이 이루어지고 있다는 것을 의미하고 있다. 물론 필수적인 재화나 서비스를 구매할 여유도 없기 때문에 충동구매를 하지 못한다는 사람도 많이 있다. 정말 충동적인 사람은 극소수이지만 사고 싶다는 충동을 통제하는 것에는 어려움을 가지고 있는 사람들은 너무 많다고 O'Guinn은 말한다.

충동적 스타일의 소비자들은 구매행동의 결과를 전혀 의식하지 않고 단지 제품을 구매해야 한다는 느낌이 강하다. 이런 유형의 소비자들은 구매를 불유쾌한 무드가령, 우울함, 좌절, 무료함를 벗어나기 위한 수단으로 활용하기도 하며, 실제로 이런 유형의 소비자들은 90%가 구매에 의한 즉각적 욕구충족으로 행복감을 느낀다고 한다Gardner and Rook, 1988. 이러한 연구결과들이 시사하는 점은 사업자들은 점포내 머천다이징, 디스플레이, 판매원의 판매노력 등을 통해 충동구매의 가능성을 높이기 위해 노력한다는 점이다.

충동적 구매스타일이 특히 문제가 되는 것은 지불능력을 초과한 경우이다. 우리는 분에 넘치는 특히 신용카드를 이용해서 충동구매를 한 경우 심각한 재정적 문제를 경험하게 된다는 것을 너무 잘 알고 있다. 따라서 '내가 왜 이것을 구매했는가?', '내가 이것을 구매할 여유가 있는가?'를 자신에게 물어보는 것은 쇼핑리스트를 작성해서 그것을 지키려고 하는 것과 마찬가지로 충동구매를 줄여줄 수 있을 것이다.

과시적 스타일

사람들은 자신, 직업적 성공, 물질적 안녕 등을 다른 사람들과 비교하여 평가하려는 뿌리 깊은 경향이 있다. "이웃 사람에게 지지 않으려고 허세를 부린다"라는 말은 자신과 이웃 간의 생활수준을 비교한다는 것이다. 우리는 항상 변화하고 있는 타인들에 의해 정의된 기준에 의해 우리 자신을 집어넣는 경향이 있다. 제품구매에 대한 주요 동기도 그것들을 즐기기 위해서가 아니라 그것을 즐길 수 있는 여유가 있다는 것을 다른 사람들에게 알리려는 것이다. 즉 자신의 지위를 나타내기 위한 것이다.

소비자들의 이러한 동기는 남의 시샘을 받기 쉬운 구별invidious distinction, 즉 구매한 제품과 서비스를 통해 부, 힘을 나타냄으로써 다른 사람들의 부러움을 얻고자 하는 것이다. Thorstein Veblen은 이러한 동기를 일컫기 위해서 과시적 소비conspicuous consumption라는 용어를 사용하였다. 그는 노상강도 귀족에 관한 책을 서술하였는데 그 저작에서 많은 사람들이 거대한 경제적 제국을 건설하여 사치스러운 파티로 그들의 부를 과시하기 좋아한다고 썼다.

과시소비의 근원은 자기존경self esteem 욕구와 가장 큰 관계가 있다. 자기존경 욕구는 자신이 남들과 달리 더 뛰어난 사람이라는 것을 스스로 느끼고 싶어 하는 욕구로, 이 욕구를 느끼게 되면 남들이 안하는 무엇인가를 하고자 한다. 과거에는 학식이 있는 사람이 다른 사람으로부터 존경을 받았으나 현대는 소비를 통해 얻으려고 한다. "당신이 무엇을 소비하느냐가 누구인지를 말해준다"라는 말처럼 현대사회에서는 자신이 누구인지를 가장 강력하고 신속한 방법으로 표현할 수 있는 방법이 소비이다. 프랑스 사회학자로 ≪소비의 사회≫나 ≪시뮬라시옹≫ 등의 책을 쓴 Baudrillard는 현대는 실제의 세계보다도 시뮬라시크모방세계, 소비의 대상이 되는 물건가 더 중시되는 세계라는 의견을 제시하고 있다.

특히 우리 사회에 과시소비가 강한 이유로 체면문화가 강하다는 점을 들 수 있다. 과시소비에서 문제가 되는 것은 단지 가격 비싸다는 이유만으로 상품을 구매하거나 명품소비에 집착하는 과시적 낭비conspicuous waste이다. 높은 가격 자체를 그 상품의 매력으로 받아들여 자신이 지불할 능력이 있다는 것을 보여주기 위해서 고가제품을 구매하거나, 상표를 구매 속성의 대표적인 지표로 생각하고 다른 사람이 선망하는 상표의 제품을 구매하려는 성향이다. 이러한 소비스타일은 과소비로 연결되어 개인적인 문제뿐 아니라 계층 간의 위화감, 자원의 낭비 등 사회적인 문제를 야기하고 있다.

쇼핑을 즐기는 스타일

구매를 위한 쇼핑과는 달리 쇼핑 자체를 즐거워하는 스타일이다. 구매를 위한 쇼핑은 상점을 방문할 때 상품을 취득할 목표를 가지고 있으며, 상품지향적, 실용주의적인 것과는 달리 쇼핑 자체를 즐거워하는 스타일은 경험적, 쾌락적, 기분전환, 내적·자극지향적 쇼핑동기가 작용을 한다. 쾌락적 동기에 관심을 가지고 있는 Arnold와 Reynolds2003는 쾌락을 추구하는 동기를 크게 6가지로 나누고 있다. 즉, ① 새로운 자극, 모험, 다른 세계에 존재하고 있다는 느낌의 추구, ② 친구, 가족과 함께 쇼핑한다는 것, 쇼핑을 하는 동안의 사회화, 다른 사람과 결속되어 있다는 것을 즐기는 것, ③ 스트레스를 해소하기 위해 자신을 특별히 대함으로써 부정적인 감정의 해소를 위한 것, ④ 트렌드와 새로운 유행을 읽고 새로운 제품을 탐색한다는 즐거움, ⑤ 다른 사람을 위해 쇼핑을 함으로써 즐거움을 얻는 것, ⑥ 세일품, 할인품의 탐색 및 흥정에서 얻는 경제적 이익과 관련된 즐거움 등이다.

실제로 쇼핑은 사람들에게 만능이 될 수 있다는 것이다. 쇼핑은 외로

움과 지루함을 완화시킬 수 있으며, 스포츠일 수도 있고, 사냥의 짜릿함을 맛볼 수 있게 한다. 쇼핑은 탈출과 환상의 충족을 가능케 하며, 우울함을 벗어나게 한다. 이 범주를 자세히 살펴보자Wall Street Journal, 1987. 9. 4..

- 외로움의 완화 : '나는 아무 할 일도 없고 이야기 할 사람도 없을 때는 쇼핑센터에 가서 사람들을 본다.', '쇼핑은 인간관계의 대체물인 것으로 생각된다.'
- 지루한 감소 : '나는 지루함을 느낄 때나 내게 새로운 무엇인가 필요하다고 느낄 때는 쇼핑을 한다.'
- 스포츠로서의 쇼핑 : '나에게 있어 쇼핑은 야구를 하는 것과 같다. 오늘의 홈런은 원래 가격은 50달러라고 적혀 있는 13달러 양말 14켤레이다. 나는 구경을 하며 많은 시간을 보내고 다른 가게보다 싼 물건을 찾는 것을 좋아한다.'
- 사냥의 역할 : '보호자이자 가장인 남자는 집으로 코끼리를 잡아가지고 올 수는 없을지 모르지만 VCR이나 컴퓨터를 가지고 올 수는 있다'
- 탈출로서의 쇼핑 : '쇼핑은 일상적 과제에서 벗어나게 하는 작은 휴가이다', '나는 이 가게로 들어갈 수 있고 그것은 치료이다. 나는 황홀감을 느낀다.'
- 환상충족 : '나는 보통 무엇을 먹으려고 쇼핑몰에 온다. 그리고 나서 나는 내가 얻을 수 있는 것, 내가 미래에 가지고 싶은 것, 내가 기대할 수 있는 것을 찾는다. 그것은 내가 무엇을 위해 저축해야 할 것인가 하는 목표를 준다.'
- 울증 구제 : '쇼핑은 내가 우울할 때 아주 좋은 것은 아니지만 그런대로 나를 기분 좋게 만들어 준다.'

다양성 추구 스타일

소비자가 그동안 구매해 오던 상표에 싫증이 나서 또는 현재의 상표가 자신의 욕구를 충족시키는 경우라도 흔히 상표를 변경하는 것으로 관찰되고 있다. 사람들은 새로운 제품이 판매되는 경우 단지 새로운 것을 추구하려고 하는데, 이것은 소비자들이 다양성 추구variety seeking에 관심이 있음을 보여주고 있다. 예를 들어, 미국 맥주시장의 경우 소비자들은 어느 한 가지의 상표를 고집하기보다는 2~6개의 선호하는 상표 중 상황에 따라 한 개를 취하는 경향이 있거나, 특정 상표의 제품을 반복구매하다가도 새로운 제품이 판매되는 것을 보고 단지 변화를 추구하기 위해 다른 상표의 제품을 구매하기도 한다.

이러한 다양성 추구행동은 최적자극화이론optimum stimulation theory에 의해 설명될 수 있다. 이 이론에 따르면 소비자들은 적정수준의 활성화를 유지하려고 하기 때문에 활성화수준이 너무 낮거나 너무 높으면 이를 변화시키려고 한다. 소비생활에서 다양성을 추구하려는 행동은 소비자의 일상생활에 새로움을 불어넣어 줌으로써 자극수준을 상승시키는 수단이 될 수 있을 것이다.

다양성 추구행동은 크게 직접적 다양성 추구direct variety seeking와 파생적 다양성 추구derived variety seeking로 나누어진다. 직접적 다양성 추구는 익숙하지 않은 상표를 새로이 경험하고자 하거나, 친숙한 상표의 대안들을 번갈아 구매하려고 하거나, 또는 새로운 상표를 구매함으로써 자신이 알지 못하는 새로운 제품정보를 획득하려는 동기에서 비롯된다. 파생적 다양성 추구는 상황, 용도, 사용자가 다수이거나 선택의 변화로 나타나게 된다. 예를 들어, 소비되는 장소, 시간적 압박, 소비량에 따라 구매하는 상표가 달라질 수 있으며상황에 따른 다양성 추구, 베이킹소다를 요리의 재료로 구매하는 경우와 냄새제거나 청소용으로 구매하는 경우 상표가 다르다용도에 따른 다양성 추구. 또한 가족구성원들의 선호하는 상표가 서로 다르거나다수의 사용자에 따른 다양성 추구, 선택 가능한 대안이나 기호의 변화선택의 변화에 따른 다양성 추구가 있을 때 나타나게 된다.

합리적인 의사결정을 위하여

앞서 우리는 구매와 관련된 불확실성이나 위험을 줄이기 위해서는 충분한 정보탐색, 계획된 구매의사결정이 이루어져야 한다는 것을 알았다. 특히 오늘날과 같이 구매하려는 제품이 복잡해지고 다양한 서비스예를 들어 보험, 투자 등의 금융 서비스 등를 선택해야 하는 경우에는 소비자들은 조금 더 합리적인 구매의사결정을 하지 않으면 안 된다. 소비자들이 합리적인 의사결정을 위해서는 어떻게 해야 하는지를 살펴보자.

구매의 필요성을 생각해 본다

구매가 왜 필요한가를 생각해 보는 것으로, 예를 들어 자동차를 한 대 사고 싶다면 제일 먼저 "왜?"라는 질문을 해본다. 출퇴근을 위해서 필요한 것인가, 아니면 가족과 조금 더 편안한 주말여행을 위해서 필요한 것인가를 생각해 본다. 구매의 필요성에 따라 정보탐색 등 의사결정과정의 내용이 다를 수 있기 때문이다.

필요한 것과 원하는 것의 우선순위를 정한다

구매를 통해 자신이 필요로 하는 것과 원하는 것이 어느 정도 충족될 수 있는가를 생각해 본다. 이를 위해서는 "우리 예산에 적합한가?" 또는 "그것을 구매함으로써 얼마나 많은 것을 얻을 수 있는가?" 이러한 질문을 해본다. 이를 통해 필요한 것needs과 원하는 것wants을 모두 충족시킬 수 있는가, 아니면 필요한 것은 모두 충족시킬 수 있으나 원하는 것은 부분적으로만 충족되는가 결정된다.

가능한 대안을 모색해 본다

우리가 대안에 대해 이미 약간은 정보를 가지고 있을지라도 이 단계에서는 제품이나 서비스를 평가하는 데 있어 중요한 기준이나 특성에 대해 더 많은 정보를 가질 필요가 있다. 정보수집에 경제적 지출이 들더라도 현명한 의사결정에 영향을 미칠 중요한 정보를 수집하는 것이라면 바람직하다.

비용과 효익을 비교한다

각 대안의 +와 -를 비교해 보는 것으로 매우 중요하다. 평가를 위해서는 적절한 평가기준을 선택하고 자신에게 중요한 평가기준이 무엇인가를 결정해야 된다. 평가기준에는 안전, 편리함, 성능, 가격, 디자인, 스타일, 내구성, 보증, 경제성, 재질, 서비스, 상표, 상점이미지, 위치, 배달, 수리서비스, 색상 등이 있다.

최적의 대안을 선택한다

자신의 목표와 가치에 비추어 가장 최적의 대안을 결정하는 것으로 선택을 위해서는 선호의 순위를 정해야 한다. 소비자의사결정은 이용 가능한 대안에서 가장 바람직한 대안을 선택하는 정신적 과정이다. 따라서 만약 알고 있는 사실에 기초하여 논리적으로 의사결정을 했다면 합리적이고, 정확하고, 정상적인 소비자의사결정이 된다.

비합리적인 의사결정은 의사결정이 정확했느냐 아니면 정확하지 않았느냐가 아니라 의사결정이 어떻게 이루어졌느냐에 의해 결정되는 것이다. 비합리적인 의사결정을 하게 되는 것은 다음 네 가지 경우이다. 즉,

의사결정이 정확하지 않은 가정에서 이루어지거나, 충분하지 않은 사실에 기초하거나, 정확하지 않은 사실에 기초하거나, 소비자판단이 건전sound하지 않은 경우이다.

의사결정행동에 대해 평가해 본다

합리적인 소비자라면 구매 후 어느 정도 시간이 흐른 뒤에 의사결정에 대해 다시 생각하게 된다. 그 의도는 그 결과를 확신할 수 있느냐, 의사결정을 의심하지 않느냐 또는 다른 방법이었다면 얼마나 절약할 수 있었는가를 검토하는 것이 아니다. 의사결정에 대한 평가는 자신의 행한 의사결정의 과정에서 현명하게 행동했는가를 재확인하고, 앞으로의 의사결정에서 경험의 한 요소로 반영하는 것이다.

다음의 사례는 우리 모두가 노력을 하면 합리적인 의사결정을 할 수 있다는 것을 보여주고 있다.

브랜드 중독자인 영국의 닐 부어맨은 어느 날 자신이 갖고 있던 브랜드 제품을 몽땅 불태워버렸다. 부어맨은 깨어있는 시간의 대부분을 유명 브랜드에 정신을 쏟았고, 번 돈의 대부분은 유명 브랜드제품을 구입할 정도로 자타가 공인하는 브랜드 중독자였다.

부어맨은 1년간 브랜드 제품 없이 살기로 결심했다. 고가의 구치 · 루이뷔통 같은 신발과 값비싼 명품 의류를 불에 태웠다. 그동안의 소비생활과 결별을 선언한 것이다. 생활필수품인 로레알 샴푸와 스타벅스 커피도 끊었다.

브랜드 제품을 사지 않기 위해 가공식품은 재래시장에서 구입했다. 옷은 중고품 가게에서 아주 싸게 사 입었다. 브랜드 제품을 광고하는 TV와 DVD 보는 것도 끊었다. 브랜드 제품의 유혹에서 벗어나기 위해 브랜드 광고가 나오는 TV 시청도 멀리 한 것이다.

브랜드 중독자가 브랜드 중독에서 벗어나기 위해 벌인 눈물겨운 노력은 말로

다 할 수 없을 것이다. 부어맨도 처음에는 "지옥 같았다"고 고백했다. 익숙한 것과의 결별이 고통스러운 것은 당연하다. 돌아보면 오히려 고통이 약이 되는 경우도 많다.

1년 뒤 부어맨의 의식과 행동은 환경운동가 수준에 이르렀다. "브랜드 없이 1년을 지내는 동안 몸무게가 빠졌고, 옷차림은 실용성 위주로 단순해졌으며, 바닥났던 은행잔고는 흑자로 돌아섰다"고 털어놓았다.

자료: 조선일보, 2007. 9. 6

1) Maynes는 이와 같은 정보의 긍정적인 효과를 소비자 구매이득(consumer payoffs), 즉 더 낮은 가격, 더 나은 품질 등 효율적인 구매를 통해 얻어진 이득으로 부르고 있다.

2) 그 예로 Lysonski 등(1966)은 미국, 뉴질랜드, 인도, 그리스 등 네 나라를 대상으로 조사한 결과 상표지향, 유행지향, 습관적, 상표충성형은 모든 나라에서 공통으로 나타나고 있으나 다른 스타일은 나라마다 차이를 보이고 있다.

Reference

김영신 외(2000). 소비자의사결정. 교문사.

김영신(2003). 소비자의사결정 유형 및 관련변수에 관한 연구. 소비문화연구, 6 (4).

문숙재 · 여윤경(2004). 소비트랜드와 마케팅. 신정.

신한리뷰(2001, 봄). 신한종합연구소.

이학식 외(2000). 소비자행동. 법문사.

E. Thomas Garman(1995). *Consumer Economics Issues in America*. Dame Pub.

Michael R. Soloman 저. 리대룡 · 이상빈 역(1998). 소비자행동론. 영풍문고.

Frank Feather(2000). *Future Consumer. Com*. Warick Publishing.

3 소비자는 왜 **쇼핑**에 빠질까?

손 상 희

서울대학교 가정대학 가정관리학과를 졸업하고, 동 대학원에서 석사학위를, 미국 일리노이대학교에서 소비자학 박사학위를 받았다. 현재 대전대학교 아동벤처산업학과 교수로 재직하고 있으며, 대표적인 저서로는 ≪생각하는 소비문화≫, ≪소비자재무설계론≫ 등이 있다.

중독의 위기

실키 벨벳 소재에 차분한 파랑색 무늬를 박고 진줏빛 영롱한 비즈로 장식을 한 스카프다. 멍청히 그 스카프를 바라보는 사이에 눈에 보이지 않는 줄이 나를 그 스카프 쪽으로 소리 없이 끌어당기는 듯하다. 만져봐야만 한다. 걸쳐 봐야만 한다. 이제껏 본 것 중에서 가장 아름다운 스카프다… 점원 아가씨가 내게로 다가와서는 목에 스카프를 둘러준다. 나는 거울 속의 내 모습을 멍하니 바라본다. 의심의 여지가 없다. 무슨 일이 있어도 이 스카프를 손에 넣으리라. '기필코' 갖고 말리라. 이 스카프를 하니까 눈도 더 커 보이고, 헤어스타일도 더 세련되어 보인다. 나를 전혀 딴 사람처럼 보이게 한다. 아무 것이나 받쳐 입어도 좋을 것 같다. 사람들은 나를 가리켜 '데니 앤드 조지 스카프를 한 그 아가씨'라고 부를 것이다… 나는 무심결에 그 스카프를 꼭 쥔다. "살게요." 나는 누가 뒤쫓아 오기라도 하듯 말한다. "내가 살게요."… 오, 신이시여, 부디 제가 그 스카프를 차지하게 해주소서!

미국에서 베스트셀러가 된 대표적인 칙릿소설, 《쇼퍼홀릭: 레베카, 쇼핑의 유혹에 빠지다소피 킨셀라 저, 노은정 역, 황금부엉이》 중에 나오는 에피소드다. 쇼퍼홀릭shopaholic이란 쇼핑중독자를 지칭하는 신조어로, 패션과 소비를 즐기면서 자신의 일을 가지고 있는 세련된 여성을 주인공으로 하여 소비의 유혹에서 벗어나지 못하는 현대인의 모습을 그려 독자들로부터 많은 공감과 논의를 자아내었다. 미국의 아마존닷컴과 우리나라 모 서점의 웹사이트에 올라온 독자평을 보면, '바로 나의 이야기이다, 내 속마음이 들킨 것 같다, 그녀를 비난하면 이 세상 여성들 대부분이 비난받아야 할 것'이라는 반응과 '너무 심하다, 너무 바보 같다, 그녀는 미쳤다'라는 반응이 공존하고 있다. 실제로 책을 통해 자신의 문제가 혼자만의 문제가 아니라는 위안을 받거나, 문제해결을 위한 교훈을 얻었다는 경우도 있어 흥미롭다.[1] 그런데 문제는 카드빚으로 인한 신용불량이 문제가 되어 직장에서도, 애인에게서도 버림받을 위기에서 획기적인 기회를 찾아 문제를 해결하며 유쾌하게 살아가는 소설의 주인공 레베카와는 달리, 현실 속의 주인공들은 대부분 그 삶이 행복하지 못하다는 데 있다. 갚을 수 없는 엄청난 빚, 가정과 직장에서의 갈등, 자신의 삶에 대한 통제 불능과 죄책감, 자기혐오, 우울증 등 부정적인 결과들이 속출하고 있다.

멀티미디어 시대라는 말에 걸맞게 다양한 자극의 홍수 속에 빠져 있는 현대사회의 사람들은 점점 더 강하고 다양한 자극을 추구하게 되어 새로운 이름의 중독들에 빠지는 위기를 맞고 있다. 그 중 쇼핑중독과 강박구매는 최근 몇 년간 상당한 관심과 우려와 논의를 낳고 있다. 술을 마신다고 해서 다 알코올중독에 걸리는 것은 아니듯이, 쇼핑을 한다고 모두 중독자가 되는 것은 아니다. 대부분의 소비자들에게 구매는 필요를 충족시키고 기쁨을 주는, 정상적이고 일상적인 생활영역이다. 그러나 강박구매자에게 있어서는 구매에 대한 통제할 수 없는 충동이 삶을 지배하며, 좋은 결과보다 나쁜 결과들이 더 많은 데도 멈출 수가 없어 개인의 삶뿐만 아니라 가족, 사회에까지 커다란 부정적인 영향을 미친다. 우리 사회의 큰 문제인 채무불이행자의 양산도 강박구매와 무관하지 않다. 단순히 현대 소비지향적 사회에서 초래된 작은 보편적인 문제로 취급할 일은 아닌 것이다. 그렇다면, 강박구매와 중독에 대해 그동안 알려진 것은 무엇인가? 무시해도 좋을 특이한 부분적 현상에 불과한가, 아니면 계속 커지고 있는 문제인가? 그에 대해 우리는 적절하게 대처하고 있는가? 이러한 문제들에 답하기 위해 이번 이슈에서는 강박구매와 중독에 대한 관점들을 정리하고, 이 문제의 중요성 및 해결방안을 생각해보고자 한다.

도시 여성들의 삶과 욕망을 가볍게 풀어냄으로써 금세기 초 주요한 문화현상으로 간주되는 칙릿(chick-lit)에서 소비는 한결같이 삶의 중요한 영역으로 부각된다.

강박인가, 중독인가?

사전적 정의에 따르면, 중독은 '어떤 습관이나 행위에 속박되어 끊기 어려운 상태', 강박은 '어떤 행위를 하게 하는 저항할 수 없는 충동'을 말한다. 공통점은 '통제력의 상실'이다. 통제능력을 상실한 문제 있는 구매행동을 우리는 강박구매compulsive buying, 중독구매addictive buying, 소비중독spendaholism 등으로 불러왔다. 같은 현상에 대해 종종 중독과 강박을 혼용하고 있지만, 두 용어의 초점은 다소 다르다.

충동조절장애로서의 강박구매

통제능력을 상실한 구매행동을 강박구매라고 할 때, 행동의 강박적인 측면, 즉 충동조절장애에 초점을 두게 된다. 강박구매에 대한 선구적인 연구를 시작한 Faber와 O'Guinn은 스스로 구매행동을 통제할 수 없다고 도움을 요청한 소비자들의 행동에서, 필요치 않고 지불할 수도 없으며 개인적·사회적·재정적 어려움을 초래하는 물건 구매를 반복적으로 하게 하는 저항할 수 없는 충동이 존재함을 보았다. 이는 저항할 수 없는 충동으로 초래되는 반복적 행동으로 결국 해악을 가져오는 약물남용, 알코올중독, 식사장애, 흡연, 도박 등과 같은 여타의 강박적 소비행동의 특성과 일치하며, 따라서 광범위한 강박적 행동의 범주에 속하는 한 부분으로 볼 수 있다고 하였다. 즉, 강박구매는 다양한 종류의 강박적 소비행동과 마찬가지로, 강요된 생각이나 강박관념에 의해 초래된 긴장이나 불안, 불편함을 경감시키기 위해 행해지는 행동으로서, 처음에는 단순히 긴장의 해소나 감정적 고통으로부터의 해방 등 긍정적 보상이 있으나 점점 더 자주 구매를 하게 됨에 따라 부정적 결과가 나타나는 데도 멈추거나 완화시킬 수 없을 정도로 통제력을 상실해가며, 이는 또 다른 불안과 좌절감을 초래한다. 이에 따라 Faber와 O'Guinn은 강박구매를 '부정적 사건이나 감정에 대한 일차적 반응으로서의 만성적, 반복적 구매이며, 궁극적으로는 해악된 결과를 초래하나 멈추기 어려운 구매'로 정의하였다.[2] 강박구매는 사람들이 불쾌한 상황으로부터 도피하려는 욕구로 인하여 구매를 행하고, 구매 후에는 금전문제 등으로 인한 불안감이나 죄책감이 뒤따르게 된다는 측면에서 역기능적 소비행동이라고 할 수 있다. 강박구매가 일반적인 과소비나 충동구매 등과 구별되는 중요한 특성은 멈출 수 없는 반복적인 행위라는 것과 부정적 결과를 초래한다는 점이다. 이후 여러 연구들에 의해 확인된 강박구매현상은 구매에 자주 압도당하는 것, 견딜 수 없고 이해할 수 없는 구매에 대한 충동, 지불할 수 있는 능력 이상으로 필요치 않는 물건들을 자주 사는 행위, 개인적 고통과 사회적 관계, 부부관계, 직업에서의 역기능, 재정적 혹은 법적 문제의 경험 등으로 나타난다. 정신의학자들은 강박구매가 우울증이나 불안장애와 같은 정신적 장애만큼 고통을 가져올 수 있다는 점에 주목하며, 미국정신의학회American Psychiatric Association, 1994가 발간한 정신질병진단 매뉴얼 DSM-IV의 '달리 분류되지 않는 충동조절장애'impulse control disorder not otherwise specified의 분류에 속할 수 있다고 보고 있다.

중독으로서의 강박구매

어떤 전문가들은 강박구매를 중독의 일종으로 보기를 좋아한다. 독일의 소비자경제학자인 Scherhorn은 '강박'은 자신의 의지와 상관없이 원하지 않는 압력에 통제받는 것을 뜻하는 반면, '중독'은 처음에는 환영할 만한 욕망이 지나치게 되어 저항할 수 없는 충동에 의해 지속적으로 하게 되는 행위로, 통제할 수 없는 구매의 경우 중독으로 보는 것이 더 적합하다고 보았다.[3] 중독의 라틴어 어원인 'addicene'은 '양도하거나 굴복하는 것'을 뜻하는 것으로, 중독이란 자신의 의지로는 절제할 수 없는 병적인 의존상태를 말하며, 약물, 행위, 또는 감정의 지배에 속박을 당하는 것이다. 특정행위나 대상에 대한 갈망이 지나쳐 일상생활에 지장을 초래하는 현상이다. 중독은 점점 더 강한 자극을 필요로 하는 내성과, 끊을 경우 견디기 힘든 고통이나 금단증상을 지닌다. 중독의 판단기준 중의 하나는 강박의 경우와 마찬가지로 지속성의 여부다. 즉, 결과적으로 해가 되는데도 행동을 계속하는지 여부이다. 중독은 크게 물질중독과 과정중독행위중독으로 구분된다. 물질중독substance addiction은 의도적으로 우리 몸 안에 섭취된 물질들, 예를 들어, 알코올, 마약, 약물, 음식, 니코틴, 카페인 등에 대한 중독을 말한다. 과정중독process addiction은 어떤 행동이나 활동을 반복하는 것으로, 일, 관계들, 로맨스, 섹스, 돈, 종교, 쇼핑, 소비, 도박, 운동, 걱정 등에 대한 중독이다. 과정중독은 중독되었다는 사실을 의식하지 못할 뿐 아니라 때로는 극찬될 수도 있으며, 물질중독보다 회복이 더 어렵다. 강박구매는 과정중독에 속한다.

중독을 초래하는 요인과 조건들이 어디에나 존재하는 현대사회에서는 많은 사람들이 다양한 중독에 빠져 있고, 이에 따라 그동안 축적된 중독 관련 연구와 이론은 강박구매를 분석할 때 의미 있는 단서를 제공할 수 있다. 예컨대, 중독이론에서 제시하는 중독의 단계addiction cycle는 강박구매가 어떤 단계를 거쳐 형성되고 진행되는가를 유추하는 데 도움이 된다. 중독자들은 크게 4단계, 즉 몰입, 의례화, 강박적 행위, 절망이라는 중독순환주기를 거치면서 전인적 인간의 병리적, 점진적, 만성적인 붕괴가 초래된다고 파악되고 있다. 또 중독자들에게서 발견되는 특정한 행동패턴은 강박구매자들의 행동을 이해하는 데 시사점을 제공한다.

정신적 장애인가, 사회적 결과물인가?

강박구매를 충동조절장애나 중독으로 간주한다면, 강박구매를 정신적 장애라고 보아야 하는가? 아니면 현대 소비사회의 역기능적 결과라고 보아야 하는가? 어떻게 보는가에 따라 그 원인과 해결책은 달리 제시될 것이다. 그동안 강박구매는 소비자학, 경영학, 심리학, 의학 등에서 연구되어 왔는데, 크게 3가지 모델로 설명된다.

의학적 모델

의학적 모델은 강박구매를 정신적 병리현상으로 이해함으로써 강박구매의 원인을 일반적인 정신장애의 구체적인 구현으로 간주하고 직접적인 약물을 포함한 의학적 치료를 통하여 치유가 가능하다고 본다. 최근 정신의학자들을 중심으로 의학적 모델을 주된 접근으로 하는 강박구매에 대한 연구들이 활성화되고 있다. 의학적 모델에서는 강박구매가 유전적 소인과 뇌 화학물질 이상 등에 기인할 가능성을 다분히 가지고 있으며, 따라서 우울증, 불안장애, 섭식장애 등과 같은 다른 정신장애를 동시에 가지고 있는 경우가 많음을 지적한다.[4] 지난 10여 년 간 강박구매를 연구해 온 미국 아이오와대학 의대교수인 Dr. Black은 한 뉴스 인터뷰에서, 몇 년간 걸친 임상경험으로 볼 때 강박구매는 단순히 어떤 환경의 산물이 아니며, 그 증상패턴이 환자들 간에 거의 동일하게 나타나므로 질병의 형태로 보는 것이 적절하다고 말했다. 또 강박구매는 현재 급속히 퍼져가고 있고 앞으로도 지속될 것이므로, DSM의 5번째 개정판에는 독립된 유목으로 분류되어 정신의학자들의 집중적인 관심과 연구대상이 되어야 한다고 주장하였다.[5]

현대사회에서 쇼핑은 보편적인 것이고 사람들이 때때로 지혜롭지 못한 구매를 하는 것은 흔한 일이라는 생각으로 인해 의학적 모델은 비판을 받기도 한다. 사소하고 도덕적인 문제를 장애로 간주함으로써 인간의 자연스러운 성향을 진단이나 치료를 받도록 강요한다는 것이다. 또한 강박구매를 질병으로 취급하는 것은 강박구매와 관련된 사회적 이슈에 대한 관심을 잠재우고, 문제의 원인을 개인적인 것으로 돌린다는 점에서도 문제가 제기된다. 그러나 최근의 연구결과를 놓고 볼 때, 특정한 소비자

집단에서는 생물학적 취약성이 통제의 상실을 결과하여 강박구매를 이끌고, 심각한 수준의 고통과 기능적 장애를 가져올 수도 있다는 점을 인정하지 않을 수 없다. 강박구매를 의학적 모델로 볼 때 Dr. Black이 지적한 것처럼 정신의학자들의 관심과 연구를 증진시켜 효과적인 치료방법의 개발이 활성화될 것이며, 또 강박구매자를 진단하고 실제 편재정도의 정확한 파악을 용이하게 할 것이라는 점에서 이점이 있다고 볼 수 있다.

심리사회적 모델

강박구매를 삶의 다양한 상황들에 대한 복잡한 반응체계로 이해하는 것이다. 낮은 자존감, 분노, 역기능적 가족체계, 사회적 기술들의 결함 때문에 환경에 적절하게 적응하지 못하기 때문에 생긴다고 본다. 질병이라기보다는 증후symptom로 본다.

소비자연구에서의 강박구매에 대한 실증적 탐구는 1980년대 후반 미국, 캐나다, 독일에서 거의 동시에 시작되었으며, 몇 년 늦게 영국과 우리나라에서도 연구되기 시작하였다. 주요 초점은 강박구매와 관련된 심리적·사회적 요인을 탐구하는 것이었다. 이러한 연구들에서 강박구매는 부정적 생활사건이나 내적 결핍감 혹은 부정적 감정에 대한 즉각적 반응으로 나타나는 것이라 알려져 왔다. 구체적으로 자율성autonomy의 왜곡, 자아불일치, 자존감의 결여로 초래되는 스트레스, 불안, 좌절에 대한 보상으로 이용된다고 하였다.[6)] 또한 강박구매자는 공통된 인지적 특성을 갖고 있는 것으로 보고되었는데, 우울한 기분, 손상된 자아인식과 완벽한 자아에 대한 기대, 상품과 구매기회

에 대한 잘못된 신념, 구매의 심리적 유익에 대한 잘못된 믿음 등이다. 이는 잘못된 믿음이 기대를 형성하고 갈망욕구를 발생시킴으로써 중독에 이르게 한다는 중독에 대한 인지적 접근과 맥락을 같이한다.

심리사회적 모델에서는 강박구매가 심리적 요인뿐 아니라 사회적 요인에 의해 초래되는 것임을 시사한다. 현대사회에서 구매는 사회적으로 용인될 뿐 아니라 장려되는 행위이며 라이프스타일이다. 현대 소비문화의 중심가치가 물질의 소유를 행복의 열쇠로, 성공을 재는 도구로, 삶의 주요목표로 여기는 물질주의에 있기 때문이다. 물질주의적 가치는 물질의 획득자체뿐만 아니라 재화가 가져다주는 심리적·사회적 유익에 대한 신념과 연결되며, 이는 어디에나 편재하는 설득력 있는 광고로 강화된다. Baudrillard가 언급한 것처럼 미디어를 통한 재화의 끝없는 상징과 시뮬레이션의 재생산은 소비의 자극적 속성을 강화하고 심미적 환각을 낳아, 거대한 집단적 자기도취에 이끌려 사회가 만든 이미지를 통해 자신의 존재를 확인하는 인간을 양산한다.[7] 그 결과 사람들은 점점 더 많이 소비를 자신의 지위와 정체성을 표현하고 창출하는 수단으로 삼게 되었다. 자아의 아름다움을 표현하기 위해 아름답게 보이는 재화를 소유하면 되는 것이다. 이러한 물질주의는 강박구매를 낳는 근원적인 요인으로 밝혀져 왔다.[8] 또 다른 사회적 요인으로 사회의 발전과 함께 커져가는 불확실성에 따른 불안과 두려움의 증가를 들 수 있다. 개인주의로 인한 사회관계의 붕괴, 가족의 해체, 경제문제, 범죄의 증가 등으로 사람들의 삶에 대한 불안은 증가하고 있고, 이는 강박구매를 위한 우호적인 환경을 제공하는 것이다.[9] 또한 신용의 용이한 사용은 강박구매를 가속화시키는 중요한 요인으로 간주된다.[10]

종교-도덕적 모델

종교-도덕적 모델은 강박구매를 질병으로 볼 때 잘못된 행위를 변명하는 도구로 왜곡될 수 있으며, 자신의 실패를 자신이 아닌 외부의 다른 요인으로 돌리게 함으로써 선택에 대한 책임을 희석시킨다는 비판에서 출발하며, 강박구매자의 도덕적, 실존적인 책임을 강조한다. 종교적 접근에서는 중독이나 강박을 인간의 죄의 증후로 보는데, 그 뿌리는 존재의미의 상실에 있다는 것이다. 인간의 마음 속 깊이에는 불안이 있는데, 즉 신경증적 불안, 역사적 불안, 실존적 불안이다. 이 중에서 가장 근원적인 것은 실존적 불안으로, 무의미함의 불안이라는 것이다. 정신의학에 최초로 영spirit의 개념을 도입한 Victor E. Frankle은 현대 정신의학은 인간을 정신psyche과 육체soma의 개념에서만 다루고 있지만, 인간에게 영적 차원이 있다고 보았다. 인간은 삶의 의미를 추구하는 의지를 가지고 있는데, 이것이 좌절될 때 실존적 공허감이 오고, 실존적 욕구불만에 직면하면 자신을 도취시켜 줄 것을 찾으므로 정신적 진공상태를 메우기 위해 중독에 빠진다는 것이다. 실존적 좌절의 주요한 표시인 권태와 무감각은 현대의 문화를 중독문화로 바꾸어 그 문화 속에 사는 사람은 성, 쇼핑, 인터넷, 마약, 도박 등 헤아릴 수 없이 많은 중독증에 빠져든다. 따라서 그 회복은 실존적 불안과 인생의 무의미함을 해결하는 데에서만 가능하며, 여기에는 신의 은혜와 인간의 선택의 책임을 기본으로 한다. 종교-도덕적 모델은 강박구매에 대한 연구들에서 많이 적용된 것은 아니지만, 중독에 대한 중요한 설명모델로 간주되며 중독문제의 해결을 위한 근거로 활용되고 있다.[11)]

누가 강박구매자인가?

강박구매자를 정확하게 파악하는 것은 개인과 사회를 위해서 매우 중요하다. 강박구매의 위험에 처한 사람과 그를 도우려는 가족들에게 있어서 빠른 진단은 문제의 인식을 가능하게 하며 문제해결의 가능성을 높인다. 또, 한 사회에서 강박구매자가 얼마나 되는지, 강박구매가 계속 커지고 있는 문제인지를 아는 것은 사회적 비용의 정도와 사회적 관심의 필요성을 결정하는 데 중요하다. 여기서는 강박구매자를 판별하는 척도와 강박구매자와 인구학적 변수와의 관계를 살펴본다.

척도의 문제

강박구매자가 얼마나 되는지는 사용한 척도와 기준, 대상에 따라 다르게 나타난다. 미국의 경우 강박구매자는 1.8~16%, 한국의 경우 4.1~15.5% 등으로 나타났다. 최근 표본의 대표성을 확보한 미국의 한 연구에서 강박구매자는 1.4~5.8%로 측정되었다. 이러한 수치는 우울증1.5%이나 불안장애1.5~3.0%처럼 치료와 연구의 관심이 높은 장애들보다도 훨씬 높은 수치이거나 최소한 유사한 수치로, 상당수의 사람들이 강박구매로 고통받고 있음을 나타낸다.[12)]

그동안의 연구에서 가장 많이 사용된 척도는 Faber와 O'Guinn1992의 척도와 Valence 등1988의 것이다. Valence 등의 척도는 캐나다와 독일, 영국의 연구들에서 사용되어 왔으며, 강박구매의 심리적 측면에 초점을 두고 있다. 척도의 문항은 강박구매의 정도를 나타내는 소비성향, 즉각적인 반응으로서의 심리적 측면, 구매 후 죄책감, 청소년기를 포함한 가족환경으로 구성되어 있다. Faber와 O'Guinn은 다른 장애와 구별된, 강박구매만을 확실히 가려낼 수 있는 척도를 개발하기 위해 강박구매자들의 진술과 치료자들의 의견, 경험과 전문성 등을 바탕으로 문항을 개발하고, 강박구매자 집단과 일반 집단을 대상으로 판별정도를 측정하였으며, 문항의 가중치를 고려한 척도와 판별기준을 제시하였다. 문항은 충동과 재정에 대한 통제능력의 상실, 구매하고자 하는 긴장감과 욕구, 사회적 평가불안 등의 내용을 포함하는데, 요인분석 결과 한 가지 개념을 측정하는 단일 차원임이 확인되었다. 강박구매자의 판별기준은 매우 중요한데, 왜냐하면 장애로서의 강박구매는 정상적인 과도한 구매와는 구분되어야 하기 때문이다. Faber와 O'Guinn이 제시한 판별기준평균에서 두 표준편차 차이은 강박구매자의 치료적 진단기준에 거의 부합되는 것으로 검증되었고, 다른 연구들에서도 확인되었다는 측면에서 신뢰도가 높다. 이 척도는 미국과 한국의 연구들에서 주로 사용되어왔으나, 미국과 한국에의 적용가능성을 검토한 한 연구에서 미국 소비자들은 이 척도를 단일 차원으로 인식하는 반면, 한국에서는 2개의 차원으로 인식함을 밝힘으로써 강박구매행동과 관련된 특별한 행동, 동기, 감정을 규정하기 위해 미국 소비자들을 사용하여 개발한 척도가 타문화 국가, 특히 한국과 같은 동양문화권에도 똑같이 적용될 수 있는가에 의문을 제기했다.[13] 이러한 결과는 한국 소비자, 특히 강박구매로 고통 받는 자들을 대상으로 타당성이 검증된 척도가 필요함을 시사한다.

여성과 강박구매

강박구매자를 이해하는 데 있어서 인구학적 특성을 아는 것은 중요한

데, 이는 성격이나 행동특성보다 쉽게 파악할 수 있기 때문이다. 많은 연구에서 여성이 강박구매자가 될 가능성이 크다는 결과가 나왔다. 정말 그럴까?

여성에게 쇼핑은 기분전환을 위해 술이나 담배, 혹은 다른 약물에 비해 사회적으로 용인되는 대안이 된다는 점에서 설득력이 있다. 일반적으로 여성은 가족을 위해 구매하는 주 소비자이므로 여성에게 쇼핑은 스트레스와 일상적 문제로부터의 해방도구로 작용할 가능성이 크다. 눈에 띄는 표시도 없고, 타인의 눈에 이상하거나 특별나게 비치지도 않는다. 구매는 여성의 사회적, 개인적 정체성 형성에 핵심적인 부분으로 인식되고 있기도 하다. 그러나 최근의 한 연구는 남성도 여성만큼 강박구매자가 될 수 있음을 밝힘으로써 대부분의 강박구매자가 여성이라는 것은 사실이 아닐 수 있음을 시사하였다. 연구대상으로 여성의 선택가능성이 높은 것과 여성이 문제를 드러내고 치료를 받는 경우가 더 많기 때문일 수도 있다고 말했다.[14] 최근 성역할 변화와 인터넷쇼핑과 TV홈쇼핑을 이용하는 소비자가 증가함으로써 구매에 있어서 남녀구분이 사라지고 있으며, 따라서 여성뿐 아니라 남성도 강박구매자가 될 위험에 처해 있음을 지적하는 보고도 늘고 있어 정확한 결론을 내리기 위해서는 더 깊은 고찰이 필요하다고 하겠다.

청소년과 강박구매

많은 연구들은 젊은 연령층에서 강박구매자가 많음을 밝히고 있다. 이는 젊은이들의 경우 신용이나 돈 관리에 대한 지식과 경험이 부족하고, 과도한 구매의 원천이라고 할 수 있는 자신의 실제와 이상적 자아 간의 괴리로 직장이나 결혼 등이 정립되지 않은 젊은이들이 더욱 괴로워하기 때문일지도 모른다. 또 많은 연구들에서 강박구매는 어린 시절의 경험과 관계가 있는 것으로 나타났으며, 이는 중독경향이 어린 시절과 청소년기에 부모에 의해서 생성된 낮은 자존감과 돈과 관련된 특별한 경험에 의존한다는 중독이론에 부합한다. 따라서 강박구매를 유도하는 심리적 요인이 어디로부터 왔는지 파악하기 위해서는 어린 시절과 청소년기의 경험과 사회화의 맥락을 추적하는 것이 중요하다. 영국에서 스스로 구매중독자로 여기는 61명을 대상으로 한 연구에서도 구매중독이 어린 시절의 환경, 특히 청소년기의 박탈과 밀접한 관련이 있음을 밝힌 바 있다.[15] 한편, 원하는 것을 쉽게 이룰 수 있는 환경이 과도하게 소비하는 데 익숙하게 만들어, 오히려 어린이들과 청소년들이 구매중독에 걸릴 수 있는 커다란 위험이 되고 있다는 견해도 있다.[16]

청소년기는 집단에 소속되어야 하며 또래의 흐름과 함께 해야 한다는 강한 압박감을 가지는 시기다. 청소년들은 타인을 끊임없이 의식하는 소비행태를 보이며, 비싼 옷이나 유행상표가 규범적 표준으로 작용하여 그것을 입지 않으면 소외당하는 상황들을 경험한다. 특히 오늘날처럼 소비를 통해 정체성 형성을 추구하도록 독려하는 문화 속에서는 두려움, 불안, 낮은 자존감 등으로 내적 긴장감에 싸여 있는 청소년 가운데 강박구매의 위험이 커질 수 있음을 짐작할 수 있다. 청소년들은 어떤 물질의 중독적 사용이나 중독적 행위를 통해서 정체성을 발전시켜 나가는 자유를 추구하며, 감정적인 고통, 스트레스와 불안에서 위안을 찾을 수 있는 유일한 수단으로 의존하게 된다. 중독은 청소년기에서 성인기에 이르기까지 증상이 진전되며, 호기심에서 비롯된 실험적인 사용이 습관적인 사용이 되는, 점진적인 의존형태로 나아가는 경우가 많다고 지적되고 있다.[17] 그러므로 중독의 역동성을 이해하기 위해서는 어린 시절, 특히 청소년의 경우 어떤 이유와 단계를 거쳐서 강박구매로 발전되어 가는지, 혹은 어떻게 이 문제를 해결해 나가는지에 대한 더 많은 연구가 필요하다. 문제의 조기발견이 빠른 해결을 가져다준다는 점에서도 중요하다고 하겠다.

해결을 위한 시도

지난 10여 년 간 강박구매는 거시적 현상으로 확산되어 왔다. 부채상환 연체로 인한 채무불이행 및 파산, 과소비, 소비자의 재무상담 요구의 증가, 쇼핑중독에 대한 대중매체 보도 등을 통해 대중의 관심을 끌기 시작했다. 실증적 연구들에 의해 강박구매의 특성과 영향요인 등이 보고되었고, 쇼핑중독과 관련된 소설들도 생겨났다. 강박구매의 심각성과 발생률이 커지고 있음에 틀림없는 상황이지만, 강박구매에 대한 표준화된 치료법은 아직 없다.

강박구매문제를 해결하기 위한 접근은 크게 약물치료, 인지치료, 소비자교육 및 상담으로 구분할 수 있다. 약물치료의 경우 최근 약물의 효과에 대한 연구가 증가하고 있으나, 뚜렷한 성과는 보이지 않고 있다. 항우울제를 비롯한 다양한 약물의 긍정적인 효과가 검증되었으나,[18] 위약placebo효과를 통제한 실험연구에서는 약물의 효과가 유의하지 않은 것으로 나타났다.[19] 인지치료는 강박구매의 감소에 보다 효과적인 것으로 보고되고 있다. 인지치료는 믿음이 개인의 감정과 행동에 많은 영향을 준다는 가정하에 잘못된 생각과 믿음을 고치며 조절하는 기술을 가르침으로써 자기파괴적인 행동을 줄이는 정신치료의 한 방법이다. 우선 강박구매와 관련된 잘못된 믿음과 자동적 사고를 찾아내고, 그러한 믿음을 없애고 욕구를 통제하고 관리하기 위한 특정기법들을 가르치는 것이다. 특히 인지치료를 위한 집단프로그램이 효과가 있는 것으로 검증되고 있으며, 이를 위한 프로그램들이 개발되고 있는 실정이다.[20] 강박구매자가 쉽게 도움을 받을 수 있는 통로는 미국의 경우 어느 지역에나 존재하는 신용상담서비스기관을 통해서이다. 부채상환에 문제가 있는 소비자들은 대부분 의무적으로 이들 기관에서 상담을 받게 되어 있으며, 그 중에 강박구매자가 많이 포함되리라 짐작할 수 있다. 그러나 강박구매자를 위한 특별한 지침을 가진 경우는 거의 없어 강박구매의 효과적인 해결책으로 활용되지 못하고 있다. 우리나라의 경우에도 소비자교육 및 상담영역에서 강박구매자를 위한 특별한 프로그램이 개발된 적은 없어 신용문제를 가진 강박구매자를 접할 기회가 있는 신용상담이나 재무교육을 통해 강박구매자에게 적극적으로 다가가는 노력이 필요하다고 생각된다.

강박구매에 대한 관심과 연구의 증가에 반해, 해결책에 대한 모색은 매우 부족한 형편이다. 특히 우리나라에서는 소비자학 외의 분야에서 강박구매에 대한 관심이 매우 저조한 상황에다가 대부분의 연구가 강박구매 현상을 파악하는 것에 그치고 있다. 강박구매의 심각성에 대해서 어느 정도 사회적 동의가 이루어졌다면, 이제는 강박구매의 확산을 방지하기 위해 예방과 치료를 위한 프로그램 개발에 힘쓰는 것이 타당할 것이다. 유의해야 할 점은 강박구매자가 하나의 통일된 집단이 아니라 여러 하위집단으로 구성되어 있다는 것이다. 어떤 강박구매자는 신용과 금전관리를 위한 자기조절 기술을 습득하는 것만으로도 구매충동을 극복할 수 있는 반면, 우울증이나 섭식장애 등의 합병증적 증상을 가지고 있어 본격적인 의학적 치료를 요구하는 경우도 있다. 따라서 정확한 진단과 함께, 강박구매의 심각성과 특성에 적합한 해결방법의 개발이 요구된다. 소비자교육과 재무상담은 치료와 동시에 예방적 차원에서 매우 중요한데, 증가하는 광고와 손쉬운 신용 등에 의한 구매압력에 대항한 '자기통제'라는 새로운 소비자기술을 포함하는 것이어야 한다. 하지만 강박구매의 근본적 문제에 접근하기 위해서는 인지적 접근과 심리적 요인의 고려가 함께 이루어져야 할 것이다. 강박구매의 감소를 위해서는 강박구매의 구조적 원인도 함께 고려되어야 한다. 특히 구매충동을 유발시키는 데 목적을 두고 있는 판매촉진활동의 윤리와 부적절한 신용카드산업 활동에 대한 규제 등과 같은 사회적 관여에 대해서도 충분한 연구가 이루어져야 할 것이다.

1) '적어도 나와 비슷한 레베카들이 이 세상에 꽤 많이 있을 거라는 동지의식이 나를 살짝 안심시켰다(한국)', '레베카는 나의 영웅이다. 우리 모두는 중독과 나쁜 습관으로 고통 받고 있다. 이 책에서 그런 것들은 고통을 주기보다 재미있고 즐거운 것으로 그려져 있다. 책을 읽은 후 내게 있는 부채를 정리하고, 스트레스에서 해방된 즐거운 삶을 살기로 결단하는 동기를 가지게 되었다(미국)'.

2) O'Guinn, T.C. & Faber, R.J.(1989). Compulsive buying: A phenomenological exploration, *Journal of Consumer Research*, 16, 147-157.

3) Scherhorn, G.(1990), The addictive trait in buying behaviour, *Journal of Consumer Policy*, 13(1), 33-51.

4) Black, D.W., Repertinger, S., Gaffney, G.R., & Gable, J.(1998), Famiy history and psychiatric comorbidity in persons with compulsive buying: Preliminary findings. *American Journal of Psychiatry*, 155, 960-963; Faber, R.J., Christenson, G.A., de Zwaan, M., & Mitchell, J.E.(1995). Two factors of compulsive consumption: Comorbidity of compulsive buying and binge eating. *Journal of Consumer Research*, 22, 296-304 등 참조

5) Compulsive Buying Deserves Greater Consideration: University of Iowa Psychiatrist, US Fed News Service, Including US State News. Washington, D.C.: Mar 13, 2007.

6) Valence, G., d'Astous, A., & Fortier, L.(1988). Compulsive Buying: Concept and Measurement. *Journal of Consumer Policy*, 11(4), 419-433; Faber, R. J. & Christenson, G.A.(1996). In the Mood to Buy: Differences in the Mood States Experienced by Compulsive Buyers and Other Consumers. *Psychology & Marketing*, 13(8), S03-S19; Dittmar, H.(2005). A New Look at "Compulsive Buying": Self-Discrepancies and Materialistic Values as Predictors of Compulsive Buying Tendency. *Journal of Social and Clinical Psychology*, 2(6), 832-859; 송인숙(1991). 도시주부의 강박적 구매행동 및 그 관련변인. 대한가정학회지, 29(3), 263-274; 송인숙·이기춘(1994). 도시여성소비자의 구매중독성향. 소비자학연구, 5(1), 163-179 등 참조

7) Baudrillard, J. 저·이상률 역(1992). 소비의 사회: 그 신화와 구조. 서울: 문예출판사.

8) 영국의 심리학자인 Dittmar는 강박구매자를 대상으로 한 질적·양적 연구를 통해 이상적 자아와 실재 자아와의 자아불일치(self-discrepancy)와 물질주의 가치가 강박구매의 가장 근원적인 두 가지 요인이라고 하는 'Two-factor Model'을 정립하고, 검증하였다(Dittmar, H., 2005. op. cit.).

9) 독일을 대상으로 동독과의 통합 전후인 1991년과 2001년을 비교한 한 연구는 강박구매가 매우 증가하였으며, 이는 독일통합을 통한 동독의 문화변용과 소비문화의 효과를 반영한다고 보았다(Neuner, M., Raab, G., & Reisch, L.A.(2005). Compulsive buying in

maturing consumer societies: An empirical re-inquiry. *Journal of Economic Psychology*, 26, 509-522).

10) Roberts, J. A.(1998). Compulsive Buying Among College Students: An Investigation of Its Antecedents, Consequences, and Implications for Public Policy. *Journal of Consumer Affairs*, 32(2), 295-319; Roberts, J. A. & Jones, E.(2001). Money attitudes, credit card use, and compulsive buying among American college students. *Journal of Consumer Affairs*, 35(2), 213-240.

11) 예컨대, 강경호, 2002, op. cit.; 김병오, 2003, op. cit.; Shogren & Welch, 1995, op. cit. 등

12) Koran, L. M., Faber, R. J., Aboujaoude, E., Large, M. D., & Serpe, R. T.(2006). Estimated Prevalence of Compulsive Buying Behavior in the United States. *The American Journal of Psychiatry*, 163(1), 1806-1812.

13) Kwak, H., Zinkhan, G.M., & Crask, M.R.(2003). Diagnostic Screener for Compulsive Buying: Applications to the USA and South Korea. *Journal of Consumer Affairs*, 37(1), 161-169.

14) Koran 등(2006)은 여자의 1.5~6.0%, 남자의 1.3~5.5%가 강박구매자로, 유의한 차이가 없음을 밝혔다.

15) 구매중독자들의 고백은 다음과 같다. "10대였을 때, 나는 교복만 갖고 있어서 친구들과 외출할 수가 없었다. 친구들과 나갈 때면 언니의 신발을 신고 엄마의 외투를 입었다. 커서 직장을 갖자마자 나는 예쁜 옷을 사들이기 시작했다", "우리 집은 잘 살지 못했고 아이들이 셋이라 옷을 물려 입는 것이 정상이었다. 나는 친구들처럼 근사한 옷과 물건들을 갖고 싶었다. 나는 아직도 이러한 집착을 가지고 있다고 생각한다"(Elliott, R.(1994). Addictive consumption: Function and fragmentation in post-modernity. *Journal of Consumer Policy*, 17, 159-179).

16) Brown, A. 저 · 배인섭 역(2002). 소비에 중독된 아이들. 미래의 창.

17) 김병오, 2003, op. cit. 참조.

18) 사례연구를 통해 naltrexone의 효과를 검증한 한 연구에서는 강박구매의 감소에 긍정적인 효과를 발견하였다(Grant, J.E.(2003). Three cases of compulsive buying treated with naltrexone. *International Journal of Psychiatry in Clinical Practice*, 7, 223-225).

19) Mitchell, J.E., Burgard, M., Faber, R., Crosby, R.D., & Zwaan, M.(2006). Cognitive behavioral therapy for compulsive buying disorder. *Behaviour Research and Therapy*, 44, 1859-1865.

20) 예컨대, Mitchell, et al.(2006), op. cit.

4 소비트렌드 분석: 소비자 읽기

서 정 희

서울대학교 가정대학 가정관리학과를 졸업하고, 동 대학원에서 소비자학 석사와 박사학위를 받았다. 현재 울산대학교 아동가정복지학과 교수로 재직하고 있으며, 대표적인 저서로 ≪소비트렌드 예측의 이론과 방법≫, ≪인터넷 경매분석≫ 등이 있다.

떠오르는 전문직: 소비트렌드 분석가

로빈 사르마는 자신의 저서 ≪나를 찾아가는 여행≫ 중에서 변화에 대하여 다음과 같이 설명하고 있다.

> "변화는 우리 사회를 쥐고 흔드는 가장 강력한 힘이지.
> 대부분의 사람은 그것을 두려워 하지만
> 지혜로운 사람은 두 팔 벌려 그것을 환영한다네.
> 항상 새로운 사고에 마음의 문을 열어두는 사람,
> 항상 자신의 잔을 비워두는 사람은 언제나
> 보다 높은 성취의 문에 도달할 수 있네."

변화 속도가 매우 빠를 뿐 아니라 어떠한 방향으로 변화할지를 예측하기도 매우 어려운 불확실성의 시대에 우리는 살고 있다. 소비자들은 점점 더 까다로워지고 있고, 알 수 없는 존재가 되고 있다. 소비자들이 표현하는 니즈는 5%에 불과하다는 연구결과도 있다. 소비자들이 무엇을 어떻게 생각하고 있는지를 심층적으로 이해할 수 있어야 소비자들이 표현하고 기대한 것을 넘어서 창조적인 방법으로 신제품을 개발하거나 의사소통을 할 수 있다.

현대사회에서 소비문화와 시장의 미래동향을 전문적으로 예측하는 미래예측전문가인 소비트렌드 분석가가 trend watcher, trend setter, trend spotter, trend hunter 등으로 불리면서 새로운 전문직업으로 각광을 받고 있다. 소비트렌드를 조금이라도 빨리, 그리고 정확하게 예측할수록 보다 더 정확하고 빨리 미래를 준비할 수 있고, 미래에 대처할 수 있기 때문이다. 소비트렌드 예측에 관한 정보는 독립적인 상품가치를 가지고 있기 때문이다.

마케팅 조사분석가는 소비자행동과 라이프스타일을 사후적으로 조사하고 분석하는 작업을 하는데 비하여, 소비트렌드 분석가는 미래에 나타날 소비문화의 동향을 정확하게 예측하고, 미래의 향방을 미리 파악하는 작업을 한다. 소비트렌드 분석가는 새로운 소비문화의 흐름을 예측하며 이를 바탕으로 하여 새로운 시장을 창조하고, 새로운 소비문화를 확산시키는 일을 할 수 있다.

소비트렌드 분석가의 세계는?

소비트렌드를 분석한 정보를 고객기업에게 팔고 있는 일을 하는 대표적인 기업들을 통하여 소비트렌드 분석가의 세계를 알아보자. ≪타임≫지는 "업계 규모는 작지만 역할은 매우 중요하다"며 "인터넷으로 엄청나게 빨라진 정보 흐름 속에서 유행을 파악하고 관련정보를 먼저 선점하는 일이 그 어느 때보다 어려워지고 있기 때문"이라고 분석했다동아일보, 2003. 9. 2.

브레인 리저브

브레인 리저브Brain Reserve는 유태계 미국인 페이스 팝콘이 친구인 스튜어트와 함께 1974년에 설립하였다. 브레인 리저브는 1980년 캠벨사Campbell's의 신상품 개발을 통하여 도약을 하였는데, 그들은 소비자들이 향후 3년에서 5년 이내에 무엇을 구매하고 무엇을 먹을 것인지에 대한 예측을 시발점으로 하여 생각을 발전시켜 나갔다. 그리고 100가지 놀라운 신제품 콘셉트를 얻었다. 캠벨의 경영진에게 이 콘셉트를 알파벳 순서로 정리하여 만든 리스트와 함께 각각의 신제품을 트렌드와 하나하나 연결시켜 주었다.

브레인 리저브는 고객들을 위해서 다양한 아이디어와 트렌드, 미래에 대한 비전을 복합적으로 적용하는 여러 가지 프로젝트를 수행한다. 전 세계의 수많은 사람들에게 텔레비전이나 언론 및 트렌드뷰Trend View라는 세미나를 통하여 예측 내용을 발표한다.

트렌드를 읽기 위한 자료를 수집하기 위하여 직원과 고객, 전 세계에서 활동하고 있는 재능뱅크talent bank들과 브레인 잼을 한다. 재능뱅크는 트렌드를 파악하고 해독하기 위하여 필요한 독특한 시각을 심층적으로 파고 들어가기 위하여 조직한 전문가들이다. 브레인 리저브에서는 전 세계에서 흥미있는 직업에 종사하거나 특이한 삶을 살아가는 사람을 만나면 언제나 재능뱅크에 참여할 의사가 없는지를 물어본다. 지금까지 약 5,000명 이상이 간단한 질문지 형식으로 된 이력서를 제출하였고 그 자료는 컴퓨터시스템에 입력되어 있어서 필요할 때마다 수시로 그들의 독특한 시각을 알아 볼 수 있다.

트렌드 세미나를 이용하여 미래에 대한 전반적인 예측을 한다. 트렌드 세미나를 하기 위하여 20명부터 1,500명의 사람을 모아서 그룹을 만든다. 이 세미나에서는 사라지고 있는 것과 트렌드로 등장하는 것, 즉 열렬하건 아니건 간에 현재 영웅으로 되는 것의 예를 제시하면서 슬라이드뿐 아니라 사실과 수치를 이용하여 트렌드를 차원별로 나누어 본다.

스푸트니크 네트워크

스푸트니크 네트워크Sputnik Network는 미국의 전 지역에서 활동하고 있는 젊은 통신원들을 통하여 트렌드를 예측하는 데 필요한 자료를 수집하여 편집한다. 주류 언론에서는 이들을 히트거리 사냥꾼cool hunter이라고 명명하였다. 그러나 스푸트니크 네트워크는 젊은 통신원들을 인재를 찾아내는 사람head hunter이라고 부른다.

젊은 통신원들은 거리, 동네, 클럽, 지하실, 놀이터 등으로 가서 거리문화의 현상에 관하여 대화를 나눈다. 거리문화를 영위하는 젊은이들의 눈높이에서 그들의 환경 속으로 들어가서 그들과 시간을 함께 한다. 이러한 자료를 바탕으로 하여 거리의 새로운 바람 밑에 놓여 있는 젊은이들의 사고체계를 연구하고 이 사고체계의 변화를 찾아내며 변화경로를 추적함으로써 트렌드를 예측한다. 그리고 이 변화가 기업에게 어떤 의미를 가지는지를 해석한다.

스푸트니크 통신원들은 거리에서 유행을 창조하는 젊은이들의 동년배인 동시에 그들의 친구 중에서 정말 중요한 친구들이다. 통신원들은 이들과 같은 분야에 관심을 가지고 있고, 같은 장소에 들락거리고, 같은 상점에서 물건을 산다. 통신원들이 유행을 창조하는 사람들을 찾아내는 능력은 다른 데 있는 것이 아니라 그들과 함께 생활하는 데서 나온다. 즉 스푸트니크 통신원들은 인터뷰에 응하는 젊은이들과 같은 사고체계를 가지고 있다. 예를 들면, 텍사스 오스틴에 사는 클레어는 올해 나이 28세로 독립영화 제작자이자 작가이며 스푸트니크 통신원인 그녀는 오스틴의 아주 독특하고 폐쇄적인 사회에서 살면서 일하고 있다.

스푸트니크 네트워크는 이들 새로운 문화를 창조하는 사람들과 친밀한 의사소통관계를 유지하고 있는 통신원들을 통하여 문화의 현장 속으로 침투한다. 통신원들은 비디오를 직접 들고 촬영하면서 잡지나 텔레비전 쇼가 제공할 수 없는 더 깊은 통찰력을 제공한다.

Sputnet: Sputnik + Internet

일상의 거리문화는 개성을 노출시키는 것을 꺼리고 있다. 그러나 긍정적인 무질서에 기초한 강력한 진짜 사회를 구축하려는 계획을 가지고 있는 또 다른 문화가 인터넷에 있다. 네티즌은 긍정적인 무질서에 관한 메시지를 전파할 수 있는 강력한 수단을 보유하고 있기 때문에 아이디어가 샘솟고 있다. 인터넷의 반주류문화를 이끌고 있는 사이버펑크족들은 그들만이 알 수 있는 독창적인 심볼, 아이콘, 암호명을 사용하고 있다. 그러므로 언더그라운드 디지털문화를 이해하여 트렌드를 읽을 수 있기 위해서는 새로 나온 CD의 겉장과 거리의 벽화와 컴퓨터에서 계속해서 발전하고 있는 암호화된 언어들을 잘 관찰해야 한다. 심볼과 아이콘은 거리문화의 정서와 이데올로기를 표출하는 매체라고 보아야 한다. 이미 디크diic, 즉 암호나 심볼로 행동하라do it in code는 말이 널리 퍼지고 있다. Sputnet은 Sputnik와 Internet의 합성어로 스푸트니크가 인터넷의 청년문화에 침투할 수 있는 최신의 수단이다. 대화방과 사이트에서 서로 대화하고 놀고 상호작용하는 젊은이들이 트렌드를 예측하는 데 필요한 정보를 제공해 줄 수 있다.

잔디그룹

1986년부터 소비트렌드 분석가로 활동하고 있는 잔디씨는 자신의 이름을 딴 잔디그룹을 운영하고 있다. 이 업체는 미국의 모든 지역에서 활동하고 있는 3,000여 명의 통신원들이 보내오는 유행성향을 분석하는 일을 한다. 잔디그룹은 8세부터 24세까지 다양한 계층 및 인종들로 구성된 통신원들이 보내오는 다양한 설문의 응답과 정보를 기초로 하여 유행정보 격월간지인 ≪Hot Sheet≫를 발간한다. 시장흐름에 민감한 코카콜라, 디즈니, GM 등은 1년에 1만 5,000달러약 1,800만 원라는 높은 구독료를 내고 이 잡지를 구독한다동아일보, 2003. 9. 2.

유스 인텔리전트

소비트렌드 분석가인 제인 버킹햄이 이끄는 뉴욕의 '유스 인텔리전트'는 매년 패션, 광고, 음악, TV 등 대중문화 전반에 대한 시험을 통과한 300여 명을 '알파 소비자'alpha consumer로 뽑는다. 이들로부터 소비흐름에 대한 정보를 제공받아 고객기업에 판다. 알파 소비자는 유행을 창출해 대중소비문화의 흐름을 바꿔놓는 사람들을 의미한다. 유명 브랜드를 즐겨 입는다고 해서 알파 소비자가 될 수 없다. 트렌드 분석가들이 원하는 알파 소비자는 옷을 직접 만들어 입거나 자신만의 브랜드를 만들어 가는 사람이다동아일보, 2003. 9. 2.

SK커뮤니케이션즈의 문화예측그룹 트렌디 팀

SK커뮤니케이션즈가 운영하는 네이트닷컴www.nate.com이 결성한 '극비별동대'인 '트렌디Trendy'는 팀원 모두가 대학생들로 구성되어 있다. 트렌디가 되기 위해서는 엉뚱하면서도 톡톡 튀어야 하며, 유행에 민감하면서 흡수력이 빨라야 한다. 까다로운 이 조건들을 모두 충족시킨 '날고 긴다'

하는 9명이 문화예측그룹 트렌디로 선발된 것이다.

온 & 오프 불문하고 전방위적으로 현재 이슈가 되거나 유행으로 만들 만한 문화현상을 모조리 잡아내기 때문에 트렌디 레이더망에 걸리는 소스는 각양각색이다. 국내외를 막론하고 새로운 웹트렌드는 기본이다. '모잉족'모바일 잉글리시족 등 새 휴대전화 풍속도도 생생하게 잡아낸다. 멀티미디어기기 활용이나 대학가 유행어도 챙긴다. 영화, 음악, 게임은 물론 새로운 여행문화도 어김없이 걸려든다. 모토는 '포스터포털'. 말 그대로 한발 앞서 사회적 이슈를 반영하고 트렌드 리더로 활약하게 되는 것이다.

이들이 찾아낸 소중한 정보는 네이트닷컴 기획자, 디자이너 등 실무진의 검증과정을 거쳐 바로 콘텐츠로 생산된다. 이미 선보인 콘텐츠도 다양하다. 불경기와 함께 등장한 대학생의 '빈티지룩'촌티패션 유행코드는 네이트몰mall.nate.com 속에서 '꽃무늬 블라우스 기획상품전'으로 탈바꿈했다. '키덜트'어른이 되기 싫은 어른 문화가 라이프스타일로 떠오르자 키덜트 상품전으로 톡톡히 재미를 보기도 했다.

아이에프네트워크

우리나라의 아이에프네트워크는 패션에서 출발하여 전 산업을 아우르는 '국내 유일의 트렌드전문 컨설팅'사로 성장하였다. '트렌드=유럽'으로 인지하고 있는 중국에서 아시안의 특성을 철저하게 파악한 트렌드를 설명하는 트렌드세미나를 상해에서 열어 화제를 모았다. 인터패션플래닝차이나라는 중국의 자회사를 통하여 중국에 진출한 지 두 달 만에 유럽의 유명 컨설팅사와 경합을 벌인 끝에 중국의 '마크 페어 웨일Mark Fair Whale'이란 유명브랜드를 전개하는 회사와 컨설팅 계약을 체결했다. 다시 말하면 유럽의 유명한 컨설팅회사를 이긴 것이다. 이외에도 상당한 중국 기업이 회원사로 가입하겠다는 의사를 밝혀왔다. 김혜련 대표는 인터패션플래닝 차이나는 상해뿐만 아니라 광주와 북경 등 4~5개 도시를 커버할 예정이라고 밝혔다.

제8회 세계지식포럼에서 아이에프네트워크는 2008년 주목할 4대 소비자 트렌드로 에코 마니악, 하프타임 빌더, 멀티 미, 슈퍼 오디너리 등을 제시하였다매일경제, 2007. 10. 25.

트렌드 1. 환경수호자 '에코 마니악'

올해 노벨 평화상을 받은 앨 고어 전 미국 부통령은 직접 기획·출연한 환경 다큐멘터리 〈불편한 진실〉을 통해 인류의 환경훼손을 꾹 참고 있던 자연이 가공할 역습을 할 것이라는 경고성 메시지를 전달했다. 내년에는 이른바 환경수호자를 지칭하는 '에코 마니악'이 새로운 소비자집단으로 등장할 것으로 전망된다. 에코 마니악은 지구온난화를 더이상 미룰 수 없는 전 지구적 차원의 위기로 인식해 캠페인에 적극 나설 뿐 아니라 일상생활에서도 변화를 일으키는 적극적인 환경수호자다.

이들을 겨냥한 상품이 속속 개발돼 출시되고 있다. 영국에서는 플라스틱 대신 옥수수로 만들어 완전히 썩는 데 12주밖에 걸리지 않는 생수병을 개발해 시판 중이다. 아마추어 산업디자이너인 킴벌리 후는 조명, 그릇, 매트 등 테이블용품 일체를 먹을 수 있는 재료로 만들어 음식물쓰레기를 남기지 않는 제품을 내놨다.

트렌드 2. 제2인생 설계하는 '하프타임 빌더'

평균수명이 연장되면서 인생 후반부를 의미 있게 보내자는 움직임이 일고 있다. 젊은 시절의 경험과 지식을 사회에 환원하거나 경제적인 안정 속에 창조적인 일을 통해 제2인생, 제2커리어를 갖고자 하는, 하프타임 빌더들의 등장이다. 하프타임은 운동경기에서 전반과 후반 사이의 시간을 의미한다. 하프타임 빌더들은 은퇴라는 경제적 사건으로 삶을 나누는 것이 아니라 자신이 원하는 나이에 원하는 속도, 스스로가 설정한 조건에 따라 인생 계획을 세우는 게 특징이다. 일례로 보스턴컨설팅그룹에서 컨설턴트로 활동해온 짐 쿡이 맥주에 관한 전문 식견을 바탕으로 보스턴비어컴퍼니를 세워 성공한 것을 들 수 있다.

트렌드 3. 다중적 정체성을 발산하는 '멀티 미'

멀티 미는 현실의 삶을 수정하고 또 다른 나를 창조하고 싶어하는 본능을 자극하는 트렌드다. 미국의 TV 리얼리티쇼인 〈더 스완〉은 외모에 비관해 우울증에 시달리는 여성을 전신 개조해 미운 오리새끼를 아름다운 백조로 탈바꿈시킨다는 콘셉트로 큰 인기를 끌었다. 뉴욕 브루클린에 위치한 헤드우드 의류회사에서는 엘비스 프레슬리, 오드리 헵번 등 유명인들의 얼굴을 실제 크기로 모자에 새긴 상품으로 히트했다. 모자만 쓰면 자신의 얼굴을 유명인으로 바꿀 수 있다는 멀티 미 콘셉트를 적용한 것이다.

트렌드 4. 단순한 삶 추구하는 '슈퍼 오디너리'

슈퍼 오디너리는 신념과 원칙에 충실하며 평범한 삶을 추구하는 성향

매일경제, 2007. 10. 25.

을 일컫는다. 보보스나 다운시프트족 역시 단순하고 절제된 삶을 추구하지만 개인적 취향을 우선시한 반면, 슈퍼 오디너리는 사회적 책임의식을 중요하게 생각한다. 일본에서 출시된 씨앗 들어간 오렌지맛 막대사탕은 슈퍼 오디너리를 겨냥한 상품이다. 이 사탕은 다 먹고 나면 입안에 씨앗이 남는다. 씨앗을 툭 뱉으면 식물이 저절로 심어진다. 사탕 하나를 먹더라도 사회에 도움이 되는 일을 할 수 있다는 콘셉트가 들어간 것이다.

나는 플라스틱 가방이 아닙니다I'm not a plastic bag.고 적힌 면 소재의 심플한 백이 영국과 미국, 일본에서 인기를 끈 것도 슈퍼 오디너리 삶을 추구하는 소비자에게 적용돼 성공한 사례다.

소비트렌드를 어떻게 활용할 수 있는가?

소비자의 마음을 읽을 수 있다

과거에는 소비자의 마음이 지금처럼 복잡하지도 않았고, 변화속도도 빠르지 않았다. 그러므로 소비자에게 소비자의 마음을 파악하는 데 필요한 설문지를 활용한 조사기법을 많이 사용하였다. 그러나 불확실성의 현대사회에서 소비자는 자신이 무엇을 원하는지, 또 자신의 욕구를 기업에서 어떻게 충족시켜 줄 수 있는지를 잘 모르는 경우가 많다. 그러므로 설문조사와 같은 방식으로는 빠르게 변화하고 움직이는 현실을 쫓아갈 수 없을 뿐 아니라 소비자의 마음을 정확하게 읽기가 어려운 경우가 많다. 이러한 상황에서 소비트렌드를 파악하여 예측하는 과정이 시장조사의 가장 중요한 수단으로 되었다.

소비트렌드를 읽으면 성공이 보인다

소비트렌드는 미래에 나타나게 될 소비사회의 모습이라고 볼 수 있다. 그러므로 소비트렌드는 어떠한 기획이나 아이디어가 성공할 수 있는지를 평가하기 위한 중요한 기준의 하나가 될 수 있다. 소비트렌드를 선별장치의 하나로 활용한다면 잘못된 출발이나 엉뚱한 방향으로의 시도와 어처구니없는 실패를 막을 수 있고, 계획을 좀 더 정교하게 다듬거나 확장시킬 수 있다.

트렌드포럼삼성경제연구소의 서윤아씨는 "성공하고 싶다면 '트렌드' 읽는 능력을 갖추라"고 다음과 같이 말하고 있다.

> 기업환경이 불안할 때 기업이 가장 현실적으로 필요로 하는 능력은 바로 '트렌드'이다. 트렌드를 정확히 읽고 소비자들의 라이프스타일을 남다르게 앞서서 파악해 소비인자를 발굴해 내는 능력이야말로 언제든지 기업에서 환영하는 핵심 인력이다.
>
> 트렌드 자체를 명확하게 분석해 내지 못한다고 할지라도 최소한 경영적인 마인드와 시선의 방향이 같고 뜻이 통하면 기업경영에서는 매우 환영한다. 트렌드를 잘 알고 분석하는 능력을 갖추는 건 그래서 매우 중요하다.

트렌드분야에 깊이 있는 관심을 가지게 되면 무엇보다 다음과 같은 특징이 생긴다. 첫 번째, 무척 감각적이고 매력적인 인간이 되어간다. 적극적이게 되고 스스로도 모르게 사람들의 마음에 영향을 주게 된다. 두 번째, 말을 체계적으로 조리 있게 잘하게 된다. 트렌드에 대해서 설득을 하게 되기 때문에 다양한 표현 구사력을 가지게 되며 설득기술이 늘어간다. 세 번째, 리더십 마인드가 저절로 갖춰지며 자신감이 늘어간다. 즉 젊게 산다. 트렌드는 언제나 즐겁다.

소비트렌드를 알면 소중한 시간을 절약할 수 있다

오늘날 미래는 갑자기 우리 앞에 현실로 다가온다. 현재는 매우 비현실적인 것처럼 보이던 것이 현실이 될 수도 있고, 미래에 나타나리라고는 꿈속에서라도 상상하지 못했기 때문에 전혀 무방비상태에서 현실로 나타날 가능성도 있다. 그러므로 소비트렌드를 알면 보다 구체적으로 미래를 준비할 수 있다는 점에서 바쁜 현대사회에서 가장 중요한 자원의 하나인 시간을 절약할 수 있다. 소비트렌드에 맞추어 필요하지 않은 것들을 과감히 버리고 정말 중요한 것에 집중할 수 있기 때문이다.

소비트렌드를 어떻게 분석할까?

첫째, 트렌드와 일시적 유행을 구별할 수 있어야 한다

일반적으로 트렌드는 유행과 거의 비슷한 의미로 사용되고 있다. 그러나 소비트렌드를 정확하게 분석하기 위해서는 트렌드와 일시적 유행을 구별할 수 있는 눈을 길러야 한다. 일시적인 유행은 시작은 화려하나 곧 쓰러져버리는 것이기 때문에 예측이 불가능하고, 생명력이 짧으며 사회, 경제, 정치적 의미가 없다는 점에서 트렌드와 구분된다.

일시적 유행은 강력한 심리적 동기가 내재되어 있고 사회적 토대가 마련되어 있는 트렌드와 달리 지속적인 힘이나 영향력을 행사하지 못한다. 미국의 장난감회사인 Coleco는 일시적으로 지나가는 유행인 양배추 인형에 사운을 걸었다가 유행이 지나자 파산하였다.

그러나 유행하는 제품과 유행하는 제품의 기초가 되는 트렌드 사이에는 상관관계가 있다. 예를 들면, 소형스쿠터는 잠은 위성도시에서 자고 일은 도심에서 하는 도시인들의 모바일 트렌드의 한 부분으로 나타난 현상이다. 문신은 유색인종의 반문화와 불량취미 트렌드가 반영된 것이다.

둘째, 트렌드와 역트렌드의 변증법을 이해한다

현재 우리는 역설과 모순의 시대이며, 명제와 반명제가 융합되어 지금까지 찾아볼 수 없을 정도로 강력하게 사회변화의 엔진을 만들어내는 시대의 소비트렌드를 분석해야 한다. 그러므로 서로 상충하는 트렌드와 역트렌드가 동시에 존재하고, 빠른 속도로 여러 방향으로 소비사회를 변화시키고 있다.

가속화 트렌드와 슬로 트렌드를 예로 들 수 있다. 정보화는 새롭고 획기적인 것을 향하여 옛것을 단절하고 극복하기 위하여 속도를 내는 가속화 트렌드를 만들어 냈다. 가속화 트렌드는 소비자들을 휴대폰과 노트북으로 무장하게 하였다. 그러나 가속화 트렌드의 역트렌드인 슬로 트렌드가 생활의 모든 영역에서 새로운 트렌드로 자리를 잡아가고 있다.

생활의 속도 늦추기를 의미하는 슬로 트렌드 때문에 패스트푸드 대신에 슬로푸드를 찾는 사람들이 생겨나기 시작하였고, 숲속의 흙집, 알려지지 않은 그리스의 섬, 스코틀랜드의 고지대에 있는 오두막이 정서적으

슬로시티 인증을 추진 중인 전남 완도군 청산도의 돌담길
출처: 완도군청

로 불안한 도시인들에게 비싼 값에 팔렸다. 번지점프나 스노우보드 대신 트레킹이, 비행기 여행 대신에 기차여행이 인기를 얻고 있다.

1999년 이탈리아의 오르비에토에서 슬로푸드 운동을 주도하던 도시 4곳의 시장이 모여서 '슬로시티' 선언을 하면서 이 운동에 참여할 도시의 인증을 하기 위하여 슬로시티 국제연맹을 만들었다. 2007년 현재까지 이탈리아, 독일, 오스트레일리아 등 10개국의 100여 도시와 마을이 슬로시티 국제연맹으로부터 인증을 받았다. 이들 도시들은 생태, 환경, 맛, 전통 등을 기반으로 하는 관광도시로 바꾸어 슬로시티로 인증을 받은 뒤 고용과 관광수입이 크게 늘었다고 한다. 우리나라에서는 전라남도의 완도군, 신안군, 장흥군 및 담양군이 아시아에서 처음으로 슬로시티 인증에 도전을 하고 있다.

트렌드와 역트렌드가 일정기간 동안 서로 공존한 후에 상충되는 자극들이 변증법적으로 종합되면서 제3의 새로운 종합트렌드가 형성된다. 이 종합트렌드를 퓨전트렌드라고 부른다. 예를 들면, 테크노는 히피를 사랑하는 감정과 컴퓨터 중심의 라이프스타일의 퓨전이다. 이 과정을 식으로 표시하면 다음과 같다.

중요 트렌드 = 트렌드 + 역트렌드 = 종합트렌드

지방화와 세계화로부터 세방화라는 종합트렌드가 탄생했다. 오늘날 소비자들은 자신을 한 지역의 주민인 동시에 세계시민으로 생각하고 있다. 코카콜라와 월마트와 같은 글로벌 브랜드들은 상당한 대가를 치르고 나서야 각 나라의 소비자들은 서로 다른 취향과 욕구를 가지고 있다는 것을 알게 되었다. 이제 글로벌 브랜드들은 글로벌 브랜드의 강점이 지역성과 조화를 이룰 수 있는 세방화전략을 연구하고 있다.

셋째, 일상생활에서 트렌드를 추적하고 분석하는 습관이 몸에 배도록 한다

셀런트와 밀튼은 일상생활에서 트렌드를 추적하는 습관이 몸에 배기 위한 첫 번째 조건은 '열린 마음'을 가지는 것이라고 하였다. 열린 마음을 가져야 객관성을 유지할 수 있기 때문이다. 왜곡된 이념의 시각을 가지고 특정 사건을 바라본다면 트렌드를 제대로 파악하기 어렵기 때문이다. 두 번째 조건은 변화를 기꺼이 수용하는 것이다. 변화를 수용해야 트렌드를 추적할 수 있고, 그 변화 속에서 이득이 되는 것을 발견할 수 있다. 모든 것은 변화한다는 사실을 거부해서도 안 될 뿐 아니라 무시할 수도 없다는 점을 항상 기억해야 한다. 마지막으로 지금 당장 트렌드분석을 실행하는 것이다. 트렌드를 분석하는 일은 악기를 연주하거나 운동을 하는 것과 같다. 악기를 연주하거나 운동을 하는 방법 자체는 복잡하거나 어렵지 않다. 그러나 악기를 능숙하게 연주하거나 운동을 잘 하기 위해서는 계속해서 반복적으로 연습을 해야 한다. 그러나 트렌드분석가는 전문연주가나 프로운동선수들이 연습하는 것만큼 시간을 보내지 않아도 된다. 하루에 한 시간 정도만 시간을 내서 일상생활에서 거부감을 느끼지 않고 자연스럽게 트렌드를 분석함으로써 연습을 충분히 할 수 있다. 신문, 잡지, TV 등을 그냥 보는 것이 아니라 트렌드를 읽는 시간으로 활용하고, 거리를 거닐거나 인터넷에서 항해를 하는 시간도 트렌드를 읽는 연습을 하면 시간을 훨씬 더 절약할 수 있다.

넷째, 문화는 소비트렌드를 바꿀 만큼 힘이 있다. 사회문화적 변화에 민감해라

문화는 사람들의 일상적인 생각, 신념, 의지, 결정 등이 형성되는 데 중요한 역할을 하므로 소비트렌드를 분석하기 위해서는 문화를 적용하고 검토할 줄 아는 능력이 필요하다. 많은 학자들이 문화가 개인과 집단의 성공을 결정하는 중요한 요인이며 결정적인 요인이 되는 경우도 많다고 주장하고 있다.

문화는 앞으로 10년 동안의 삶과 트렌드에 중요한 영향력을 행사할 것이다. 문화적 제도, 관습, 선입견 등이 없었다면 다른 방향으로 흘러갔을 트렌드가 이런 문화적 영향 때문에 그 방향을 바꾸게 될지도 모른다. 사회문화적 변화에 민감해야 소비트렌드를 읽을 줄 아는 감각이 예민해진다. 다양한 사회문화적 현상이 소비자 욕구에 영향을 미치기 때문이다. 현재 뜨고 있는 문화현상이 무엇이며, 이러한 문화현상이 새로운 소비자니즈와 어떻게 연결되고 있는지를 분석할 수 있어야 한다.

다섯째, 미래는 단순히 과거의 연장선에서 결정되는 것이 아니다

본질 자체가 유동적이고 복잡성이 기본적인 특성인 현대 디지털 사회에서 소비트렌드를 예측하기 위해서는 미래가 단순히 과거의 연장선에서 결정된다는 가정을 버려야 한다. 과거의 자료를 가지고 미래를 잘못 예측한 사례는 수없이 많다.

1980년 IBM은 전 세계 어느 누구보다도 컴퓨터와 컴퓨터업계에 관하여 많은 지식을 가지고 있었고, 현재 마이크로소프트가 누리고 있는 지위와 비견될 수 있을 만큼 확고한 위치를 컴퓨터시장에서 가지고 있었다. IBM의 브레인들은 1990년대에 세계 PC시장은 연간 26만 5,000대 규모가 될 것이라고 예측하였다. 그 당시 전 세계에 컴퓨터가 겨우 7만대밖에 없었기 때문에 그 정도로 예측하는 것도 대단한 모험이었다. 그러나 1990년 뉴욕의 멘로파크에서 하이드파크까지만 해도 무려 6,000만대의 PC가 있었을 정도로 PC보급이 혁명적으로 증가하였다. 세계 최고의 기술력을 자랑하는 IBM의 전문가들은 모든 변화는 점진적으로 이루어진다는 생각 때문에 혁명의 싹을 보지 못했을 뿐 아니라 그 혁명이 가져올 엄청난 영향력에 대해서도 크게 오해하였다.

이렇게 오해한 결과 그 당시 빌 게이츠라는 젊은이가 공급하는 운영체제를 사용하는 대신 운영체제를 직접 만드는 것이 훨씬 더 이익이라는 사실을 알지 못했다. 또한 인텔이라는 작은 회사가 납품해온 마이크로칩 아키텍처를 돈을 주고 사들여야 한다는 사실도 알 수 없었다.

여섯째, 미래의 징후는 현재에 있다

변화는 겉으로 모습을 드러내기 훨씬 이전부터 우리가 친숙하게 느끼는 현실 속에서 움직이고 있다. 변화는 어느 순간에 갑자기 닥치는 것이 아니라 계속해서 일어나고 있기 때문에 세심하게 관찰하지 않으면 잘 관찰할 수 없다. 트렌드 워처는 보통 사람이 쉽게 눈치 채지 못하는 현재 나타나고 있는 변화의 아주 작은 징후를 읽어서 그 징후를 단서로 배후에 숨어 있는 부분과 보이지 않는 미래가 어떠한 모습으로 나타날 것인가를 예견한다. 즉 과거의 모습에서 출발하는 것이 아니라 현실에서 출발하여 과거와 현재, 미래를 이어보고 비교하는 과정에서 변화의 방향성을 찾아내는 감각이 뛰어나야 트렌드를 정확하게 빨리 읽을 수 있다. 현재 소비문화에서 작은 점으로 나타나고 있는 징후를 포착하고 그 징후가 미래에 많은 소비자들의 관심을 끌 것이라고 확신이 선다면 하나의 소비트렌드로 될 가능성이 높다고 볼 수 있다.

마지막으로, 상호연관성을 분석한다

우리가 살고 있는 생활세계는 서로 복잡하게 연결되어 있다. 따라서 생활세계를 설명하는 모든 사회현상도 서로 연관되어 있다는 점을 염두에 둔다면 보다 쉽게 소비트렌드를 예측할 수 있다. 어떤 현상은 다른 현상의 원인인 동시에 또 다른 현상의 결과이기 때문이다. 소비트렌드 변화가 빨리 나타나는 분야의 트렌드를 분석함으로써 늦게 나타나는 분야의 트렌드를 예측할 수 있다. 과거에는 패션업계가 소비자의 변화를 가장 빠르게 받아들인다고 하였으나, 최근에는 대중매체, 출판업계, 영화, 음료수, 음식점 등의 트렌드를 분석함으로써 변화가 상대적으로 느린 분야의 트렌드를 예측해 볼 수 있다. 또한 실시간으로 변화하고 있는 인터넷의 인기검색어, 대중문화의 인기순위, 인터넷에서 뜨고 있는 신조어 등을 분석해 보는 것도 많은 도움이 된다.

Part 2
계획하는 소비자

소비자신용: 미래의 소득으로 오늘을 소비한다

빈곤, 선택의 박탈

노후를 생각해야 하는 베이비붐 세대

변화하는 우리의 기부문화

행복한 세상을 만드는 돈

5 소비자신용: 미래의 소득으로 오늘을 소비한다

성 영 애

서울대학교 가정대학 가정관리학과를 졸업하고, 동 대학원에서 석사학위를, 미국 퍼듀대학교에서 소비자학 박사학위를 받았다. 현재 인천대학교 소비자아동학과 교수로 재직하고 있다.

현재 소비자는 어느 정도의 신용을 이용하고 있을까?

한국은행에 따르면 2006년도 가계신용이용총액, 즉 우리나라 가계가 지고 있는 빚의 총액은 581조 9,635억 원이다. 이 중 주택자금대출과 일반자금대출은 550.4조 원이며 할부 및 외상을 의미하는 판매신용은 31.5조 원이다. 이는 가구당 평균 3,640만 원의 빚을 진 것과 같으며, 1인당으로 환산했을 경우에는 1,200만 원 정도에 해당되는 금액이다. 가계신용이용액은 해가 갈수록 증가하고 있으며, 가구당·1인당 채무잔액도 계속 증가하고 있다.

소비자 신용카드사용액은 판매신용잔고보다 훨씬 많다. 실제로 많이 사용하고 많이 갚은 것이다. 여신금융신용협회에 따르면 2006년도 카드 사용액은 2006년도 368조 2,688억 원에 이른다. 같은 해 신용카드 발급 개수는 9,125만 장이고 경제활동인구 개개인은 약 3.8개의 신용카드를 보유하고 있다. 과히 신용사회이다. 주택을 담보로 하건 개인신용을 담보로 하건 현재소득만을 가지고 현재의 소비를 충족시키지는 않는다. 즉, 미래소득을 담보로 앞으로 갚을 것을 약속하며, 거기에다가 이자나 수수료라는 상당한 대가를 치루고 갚겠다는 약속을 하고 돈을 빌려 쓰는 사회이다. 믿음이 그만큼 큰 사회이고 신용이 재산이 되는 사회이기도 하다. 현대사회에서 소비자신용은 소비사회를 움직이는 중요한 메커니즘인 것이다.

소비자 개인으로 볼 때 소비자신용은 현재소득과 소비의 갭gap을 메우어 주는 수단으로 소비자신용은 소비자의 합리적 선택을 돕기도 한다. 즉 미래소득을 담보로 현재소득으로는 불가능한 소비를 도와주기도 하며

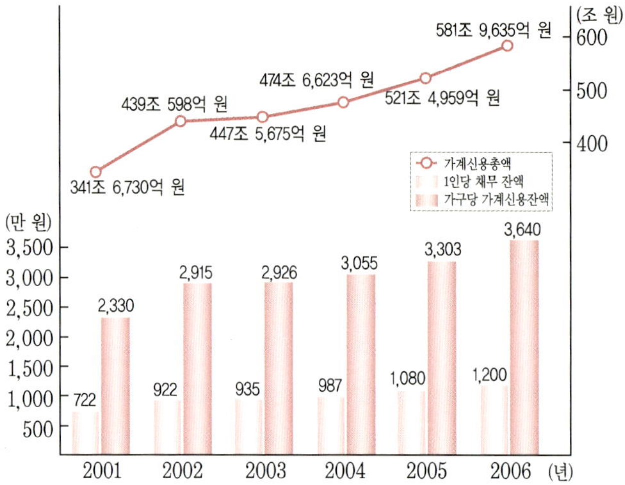

소비자신용이용동향

자료: 한국은행, 가계신용이용동향 각년도

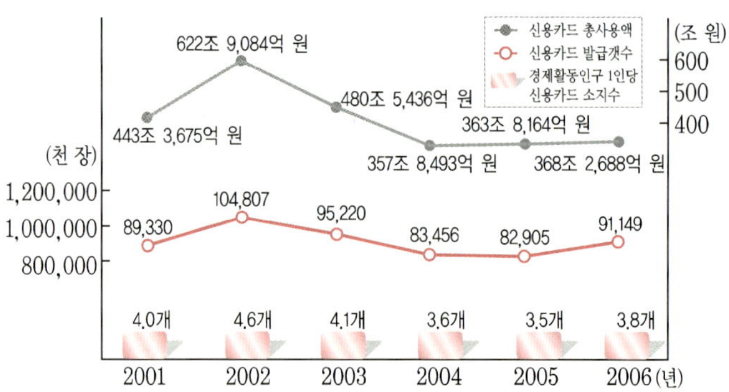

소비자 신용카드사용동향

자료: 여신금융협회

긴급자금을 융통하여 주기도 한다.

그러나 빚이 계속 증가한다는 것이, 믿음이 증가하였다거나 신용이 경제를 잘 움직이게 하는 도구이며 개인 신용이 재무관리에서 필요한 도구라고 해서 그저 달가운 일만은 아니다. 많이 먹으면 소화불량에 걸리듯이 신용불량에 이르기도 한다. 신용불량은 개인적인 불행을 가져올 뿐만 아니라 사회적인 문제로 확대되어 다른 신용이용자에게도 영향을 미치게 된다. 따라서 소비자신용에 대한 이해는 소비자의 현재와 미래를 가로지르는 소비행동을 설명해 줌과 동시에 사회를 이해하는 데 도움이 된다.

소비자는 왜 빚을 질까?: 소비자신용이용을 설명하는 모델

소비자의 신용이용, 즉 차용행동을 설명하는 모델에는 여러 가지가 있지만 다음과 같은 대표적인 모델이 간단하면서도 많은 시사점을 제공해 주고 있다. 경제학적 모델의 특성은 대체로 소비자는 합리적이라는 가정에서 출발한다는 것이다. 소비자가 합리적이라면 소비자이용 또한 소비자만족을 최대화시켜 주기 때문에 차용은 매우 유용한 재무관리의 수단이 된다. 소비자가 과연 현실에서도 합리적인가에 대한 의문과 이를 반론하는 사례들로 인해 모델이 도전받기는 하지만 그 소비자차용행동을 설명하는 유용성 때문에 여전히 많이 인용되고 있다.

미시적 모델

다기간 소비자행동모델

다기간 소비자행동모델은 신고전주의 경제학에서 제시하는 한 시점에서의 소비자행동모델을 두 기간으로 연장한 경제모델이다. 시점을 고정하여 놓고 보는 일반적인 소비자행동모델에서는 소비자행동을 예산제약하에서 a와 b라는 재화의 선택으로 설명한다. 반면 두 기간에서의 소비자행동모델에서는 소비자의 선택은 두 기간 동안의 예산을 합한 예산 제약하에서 오늘은 얼마나 소비하고, 내일은 얼마나 소비할 것인가를 분배하는 일이라고 본다. 오늘의 소비는 내일로 미루어 질 수 있고, 내일의 소비는 오늘로 앞당겨질 수 있는 것이다. 오늘의 소비를 내일로 미루는 행동은 저축행동이며, 내일의 소비를 오늘로 앞당겨 한다면 차용행동이 된다. 합리적인 소비자라면 저축과 차용행동은 가계소득과 자산을 포함한 가계자원과 재화의 가격, 이자율, 개인의 시간에 대한 선호에 영향을 받아 역동적으로 반응한다. 이 모델은 차용행동이 경기나 가격, 금리정

출처: Food and Agriculture Organization od United Nations(ⓒ FAO, 2002)

책의 영향을 받음을 시사해 주기는 하지만 주로 소비자 개인행동에 국한하여 설명하고 있다는 점, 또한 차용행동이 개인의 시간에 대한 선호라는 개인의 태도와도 관련됨을 보여준다는 점에서 미시적이다. 이 모델에서 소비자가 신용을 이용하는 이유는 두 기간 자원사용 극대화를 통한 소비자만족의 극대화이다.

생애주기가설

생애주기가설은 시간의 개념을 보다 확대한다. 소비자가 생애주기에 걸쳐 소비자만족을 추구한다면 자신의 소득과 지출구조를 전 생애에 걸쳐 한꺼번에 생각한다는 것이다. 소비자는 일반적으로 자신의 소비수준을 일정하게 유지하고 싶어 하지만 소득은 불균형적으로 발생되기 때문에 소득과 소비의 간격을 메우기 위하여 저축이나 차용행동을 하게 된다.

생애주기가설에 따르면 일반적인 소비자는 청년기나 노년기의 소득이 중장년기보다 작다. 따라서 소득이 적은 청년기에는 중·장년기에 소득이 증가할 것을 기대하여 차용행동을 하게 되며 노년기에 소득이 줄어들 것에 대비하여 저축행동을 하여야 한다. 이러한 이론은 현재 실무에서 가장 기본이 되는 모델을 제공하여 주고 있는데, 예를 들면 재무설계 시 생애주기가설에 근거하여 생애사건에 따른 소득-소비흐름의 분석을 통해 저축과 차용행동에 대한 설계가 이루어지고 있다.

행동주의 생애주기가설

다기간 소비자행동모델이나 생애주기가설은 소비자의 태도나 선호, 만족 등의 주관적 요소를 도입하고 있기는 하지만 그 선호가 왜 달라지는지, 그것이 신용이용에 어떤 영향을 미치고 있는지는 설명하지 않는다.

이는 경제학적인 요인이라기보다는 심리적 요인이기 때문이다. 행동주의 경제학은 심리학과 경제학을 결합하고 있다. 전통 경제학에서는 인간의 합리성을 가정하지만 현실적으로 그렇지 않은 경우가 많다. 행동주의 경제학에서는 소비자는 합리적이라는 가정을 하지 않고 어떨 때는 비합리적인 것이 더 체계적이라는 것을 보여준다. 인간의 행동을 심리학적 관점에서 설명하고자 하는 행동주의 경제학에서는 경험이나 자기과신의 영향력, 서로간 독립적으로 조작되고 처분할 수 있는 많은 정신적 계좌 등이 존재하기 때문에 인간의 저축이나 차용행동이 달라짐을 보여준다. 예를 들면, 행동주의 경제학이론을 빌리면 어떤 사람들은 금융자산이 있는데도 불구하고 많은 빚을 지고 있는지에 관한 설명이 가능하다. 생애주기가설에 행동주의 경제학을 어우르는 행동주의적인 생애주기가설에서는 원시안적 계획자와 근시안적인 실행자로 나누는데, 전자는 인생전반의 효용성을 극대화하는 것에 관심을 갖는 반면 후자는 즉각적인 만족을 더 추구한다. 따라서 이 둘 간의 차용행동은 서로 달라질 수밖에 없음을 설명하여 주고 있다[1)2)]. 즉 행동주의 생애주기가설은 소비자의 심리적 측면을 결합함으로써 생애주기 소비행동을 더욱 풍부하게 설명해주고 있다.

거시적 모델

차용행동의 경우 개인을 둘러싼 환경의 영향을 받는 부분이 적지 않다. 먼저 위에서 설명한 다기간 소비행동모델의 경우 금리나 가격 또는 인플레이션, 경기 등의 시장환경이나 정부의 다양한 정책이 소비자의 차용행동에 영향을 미치는 것을 보여준다. 정부의 금리정책이나 가격정책을 통하여 소비자신용이용을 조절할 수 있는 근거이다. 또는 경기조절을 통하여 가계소득에 영향을 미침으로써 신용이용도를 조절할 수도 있다. 또한 정부의 신용카드사용 유인정책과 같은 직접적인 신용정책은 보다 큰 영향을 미치기도 한다.

또한 소비자신용이용은 기업의 활동에 영향을 받는다. 특히 기업의 광고나 소비자신용기호에 대한 노출이 차용행동에 큰 영향을 미치고 있다. 신용카드가 소비를 촉진시키는가에 관한 실험연구가 실시된 바 있는데, 이 연구에 따르면 신용카드 광고용지나 신용카드 결제가능성만 제시했는데도 불구하고 소비자의 구매의도가 더 증가하며, 신용카드로 결제하게 되면 물건의 구매뿐만 아니라 팁이나 기부금액도 더 높아진다[3]. 즉 신용카드에 대한 단순한 노출만으로도 구매가 촉진되는데, 현재의 채권자의 공격적 마케팅은 신용이용을 부추기고 있다고 할 수 있다. 최근의 과다신용이용으로 발생한 신용불량의 사태를 분석하여 보면 채권자의 무분별한 판촉행위, 높은 이자율의 책정, 불충분한 신용평가 등에 영향을 받고 있는 것이 그 예이다.

소비자신용이용은 좋은 것일까, 나쁜 것일까?

소비자의 신용이용은 날을 가진 칼과 같다. 즉, 잘 사용하면 이득이지만 잘못 사용하면 해가 되는 양면성이 있다. 소비자의 차용행동은 경제환경, 정부의 정책, 기업의 활동 등과 같은 거시적 요인에 영향을 받기도 하지만 소비자개인의 자원, 심리적 특성이나 선호, 이를 조절할 수 있는 신용관리능력에 영향을 받기도 한다.

소비자신용이용의 결과를 통하여 소비자가 합리적인지, 비합리적인지 평가되기도 한다. 실제적으로 소비자신용은 재무관리를 위한 합리적 도구이면서도 다른 한편으로는 신용불량과 같은 문제를 일으키기도 하는 것이다. 다음에서는 신용과 관련된 사례를 통하여 신용이용의 득과 실을 살펴보고 통계를 통하여 신용문제의 일부를 살펴보기로 한다.

사례로 본 소비자신용이용의 양면성

신용카드를 잘만 사용하면 실제로 여러 가지 혜택을 준다. 다음은 일간신문에 실린 기사제목의 예들인데 장기적으로는 소비자신용비용에 전가되지만 실제로 이런 혜택을 준다.

[휴가철 재테크] 잠깐! 떠나기전 카드부터 챙기자
항공사 카드 마일리지 경쟁 '후끈'
'카드포인트' 거침없이 누려라
'세이브 카드' … 70만원 先할인 포인트로 갚는다
각종 혜택 봇물…나만의 카드로 바꿔볼까?
신용카드로 '세(稅)테크' 하자
주유할인카드는 기본

그러나 이렇게 한편에서는 신용이용의 혜택을 보여주지만 신용으로 인한 많은 피해사례도 보고되고 있다.

주부 도모(45)씨는 공무원인 남편과 두 아이를 둔 평범한 전업주부였다. 도씨는 6년 전 길거리에서 "생활용품을 보너스로 준다"는 말에 신용카드 3개를 만들었다. 신용카드가 있으니 당장 현금을 안 내도 쇼핑과 외식을 즐길 수 있었다. 써댄 돈은 신용카드 연체로 돌아왔고 신용카드 돌려막기와 함께 보험약관대출에도 손을 댔다. 빚은 올 초 6300만 원까지 늘어 가정불화에 시달리고 있다.

동아일보, 2007. 6. 9

자신의 집에 세들어 사는 초등학생 딸과 어머니를 연달아 성폭행한 '인면수심'의 대학생이 경찰에 붙잡혔다… 경찰 조사 결과 피해자 모녀의 집 2층에 사는 주인집 아들인 이씨는 유흥비 등으로 진 빚 6,000만 원을 갚기 위해 피해자가 최근 전세금 일부를 돌려받은 것을 노려 범행을 꾸민 것으로 드러났다…

경향신문, 2007. 3. 22

가계부채의 증가는 소비구조를 악화시킨다. 가계의 원금과 이자에 대한 부채상환부담의 증가는 소비구조를 왜곡시키는 것이다. 또한 정서적 문제나 가족의 해체를 촉진시킨다. 2007년 4월, 민주노동당 의정부시위원회가 파산을 신청한 45명을 대상으로 설문조사를 벌인 결과 42명이 빚 독촉에 시달리고 있었는데, 이 가운데 28명66.7%은 자살을 시도했거나 자살 충동을 느껴보았다고 했다. 빚 독촉에 시달리게 되면 가족들이 도망 다니거나 숨어 지냈으며 범죄 충동까지 느꼈던 것으로 나타났다연합뉴스, 2007. 5. 16.

위의 사례들은 대표적인 소비자신용이용 수단인 신용카드를 잘 사용하면 각종 혜택을 얻을 수도 있지만 심각한 경우 경제적 문제뿐만 아니라 정신적문제도 일으키며 가정해체, 범죄까지 발생시킬 수 있음을 보여준다.

통계로 본 소비자신용이용의 그늘

소비자가 갚기로 약속하였지만 약속한 기일에 약속한 금액을 갚지 못하게 되면 소비자신용불량에 이르게 된다. 현재는 금융채무불이행자라는 명칭으로 용어가 대체되었지만 그 뜻은 유사하다. 극단적인 상태에 이르게 되면 개인파산에 이르게 된다.

2006년 현재 은행연합회에서 발표한 금융채무 불이행자는 280만 명

금융채무 불이행자와 개인파산자 동향

자료: 은행연합회, 법원

정도이다. 이는 2003년도 370만을 정점으로 하여 감소하고 있다. 이러한 감소는 실제로 금융채무 불이행자가 줄어든 것도 있지만 많은 신용불량자들이 신용회복위원회, 개인회생, 개인파산과 같은 신용회복지원제도의 관리하에 들어갔기 때문이기도 하다. 이러한 점을 볼 때 과도한 신용이용으로 고통받는 소비자의 수가 크게 줄었다고 보기는 어렵다.

2002년도 10월 출범한 신용회복위원회에서 채무조정을 받고 있는 대상자는 2007년 현재까지 66만여 명에 이른다. 법원에 개인파산을 신청한 개인파산자수는 2006년도 12만 3,691명에 이르고 있다. 이는 2001년도 개인파산신청자가 700명 정도에 불과하였던 사실과 비교할 때 매우 증가한 수치이다.

신용과 함께 한 역사, 신용이 더 중요해질 미래, 그래서 중요한 소비자신용관리

우리나라의 역사를 살펴보면 삼국시대부터 고리의 이자를 받는 고리대로 인한 피해와 정책에 대한 기록이 남아있어 신용이용이 오래전부터 이루어져 왔으며, 이로 인한 부정적 영향이 많았음을 알려주고 있다. 고리로 곡물을 빌렸다가 빚을 못 갚으면 노예가 되거나 감옥에 가거나 자살을 했다는 기록이 있으며, 백성들에게 빚 탕감과 이자면제의 조치를 내렸다는 기록도 있다.[4] 또한 여러 민란들이 고리업과 관련되어 있다. 조선시대 후기 홍경래의 난이 대표적인 예이다. 빈민구제를 목적으로 국가가 저장한 곡식을 흉년이나 춘궁기에 빈민에게 빌려 주었다가 추수기에 회수하는 제도로 만들어진 환곡이 고리대로 변질되어 농민이 피폐해지자 이에 대해 농민이 반란을 일으킨 사건이다. 민란이 일어날 정도라면 그 이용과 폐해가 얼마나 심각하였는지를 알려준다.

서양의 역사에서는 더 오래전의 신용이용, 빚의 이용에 대한 기록을 찾아볼 수 있다. 성경에는 7년에 한 번씩 빚을 탕감해 주라는 구절이 있다고 한다. 얼마나 빚으로 고통을 받으면 성경에 이런 구절이 있을까 생각케 해주는 대목이다.

저자에게 가장 인상 깊었던 기록 중의 하나는 시오노 나나미가 지은 로마인이야기[5]에 등장한 카이사르의 빚에 관한 내용이다. 이 책에서 카이사르의 장년기에 대한 묘사는 빚과 더불어 시작되고 있다. 카이사르가 이 빚을 누구에게서 얻어 어디에 썼는가를 분석하여 이것이 카이사르의 성공과 관련이 있음을 묘사하고 있다. 31세에 카이사르가 진 부채는 11

만 명의 병력을 1년 동안 유지할 수 있는 금액에 이를 정도였고 이후에도 계속 증가하였으나 이 빚을 개인의 재산증식에 이용한 것이 아니라 자기개발이나 인간관계, 군비 등으로 사용함으로써 정치인으로서의 인기와 명성을 얻었으며 빚의 규모가 너무 커서 채권자가 오히려 그를 끝까지 믿고 지원해 줄 수밖에 없었다고 한다. 자신의 처지에 맞는 신용관리의 한 방법을 보여주는 예이다. 로마시대 선거정책으로 빈번하게 등장하는 것이 부채탕감정책이었는데 최근 대선주자들이 신용회복정책을 주요 공약으로 내세우는 것을 보면 소비자신용과 신용관리, 신용정책은 시대를 초월하여 중요한 주제임이 확실하다.

이렇듯 소비자신용이용의 흔적은 인류문명과 더불어 시작되었다고 해도 과언이 아니지만 앞에서 말했듯이 신용이용은 시간의 흐름에 따라 더욱 더 증가하고 있다. 거래의 투명성이나 편의성 등과 더불어 전자상거래와 같은 새로운 거래의 확대, 소비의 지속적 증가 등은 앞으로도 신용을 더욱 중요한 경제도구로 만들 것이다. 이로 인하여 신용을 어떻게 관리하느냐는 개인뿐만 아니라 사회의 유지에 중요한 근간이 될 것이다.

1) 주소현(2007). 행동재무학 강좌(1): 마음에도 회계장부가 있다. *Financial Planning*, Vol.30(Jan/Feb).

2) 아드리안 펀함 · 미첼 아질레 저, 김저휘 등 공역(2003). 화폐심리학. 학지사.

3) Feinberg, R.(1986). Credit card as spending facilitating stimuli: A conditioning interpretation. *Journal of Consumer Research*, 13(3).

4) 이코노미스트(2007. 6. 30). 세종 "이자는 연 10%를 넘지 말라".

5) 시오노 나나미(1996). 로마인 이야기4: 율리우스 카이사르[상]. 한길사.

6 빈곤, 선택의 박탈

이 성 림

서울대학교 가정대학 소비자아동학과를 졸업하고, 동 대학원에서 소비자학 석사를 받았으며, 미국 오하이오주립대학에서 소비자학 박사학위를 받았다. 현재 성균관대학교 생활과학부 소비자가족학전공 교수로 재직하고 있다.

1980~90년대 우리나라 반도체산업을 이끌었고 장관으로 재직하면서 우리 사회의 정보 정책에 기여했던 전 정보통신부 진대제 장관이 일간지에 실은 글에 보면, 인생에 가장 크게 영향을 끼친 것 두 가지가 '가난'과 '대학 입학'이라고 말한 바 있다. "당시 100원인가 200원 하던 사친회비육성회비조차 내지 못하던 형편이었다. 때문에 창피하기도 했고 마음에 상처를 입기도 했다. 학교에 가지 않겠다고 했다가 형에게 얻어맞은 것도 여러 번이었다. 그러던 어느 날 꾼 꿈이 지금도 생생하다. 놀이터의 철봉 아래 떨어져 있는 돈을 주워 참고서를 사는 꿈이었다. 얼마나 갖고 싶었으면 그런 꿈을 다 꿨겠는가? 그 꿈을 꾸고 나서 며칠 있다 학교에서 600원을 장학금으로 받았다. 아무래도 그 꿈이 괜한 것은 아니었던 것 같다. 돌이켜보면 그때 그 가난 때문에 집념이 생긴 것 같다. 무엇이든 열심히 하고 남에게 절대 지지 않겠다는 다짐도 그때 했던 것으로 기억한다." 진대제 장관에게는 가난이 장애물이 아니라 오히려 성공을 위한 디딤돌이 되어 준 것 같다.

일반적으로 가계가 보유하고 있는 소득과 자산이 사회가 정한 일정한 생활수준을 유지하는 데 필요한 최소한의 수준에 미치지 못하면 빈곤하다고 한다. 우리 사회에서는 2000년부터 기초생활보장정책의 시행으로 빈곤한 가계에 '건강하고 문화적인 생활을 유지하기 위하여 소요되는 최소한의 비용'을 지원하고 있고 또한 참고서를 못 살 정도로 가난한 학생은 흔치 않게 되었지만, 빈곤한 환경에서 성장하면서 장래에 대해 희망을 가지고 낙관하기는 더욱 어려워진 것 같다. 최저생활유지라는 빈곤개념에 기반을 둔 지원정책으로 먹고 사는 문제를 해결하는 것 이상의 효과를 기대할 수 있을지, 스스로 빈곤을 탈피할 수 있는 능력을 가지고 사회의 주변부에서 중심으로 나올 수 있도록 하는데 빈곤정책의 궁극적인 목적이 있다면 생활유지라는 소극적인 의미의 빈곤개념으로는 한계가 있다. 삶의 기회를 선택할 수 있는 자유가 있을 때 사람들은 보다 나은 장래를 설계하고 희망과 의욕을 가질 수 있을 것이다. 아마티아 센Amartya Sen은 삶을 구성하는 가치 있는 상태와 행위를 성취할 수 있는 자유를 개인이 어느 정도 가지고 있느냐를 기준으로 빈곤을 개념화하였다. 이러한 센의 능력접근에 따른 빈곤개념은 결핍을 가진 사람들과 함께 더불어 살아가기 위해 필요한 사회적 장치가 무엇인가를 생각하는 데 유용한 지침을 제시한다. 여기서는 사회구성원으로서 살아가는 데 필요한 기능을 수행할 수 있는 '능력'이라는 관점에서 바라본 센의 빈곤개념과 빈곤평가 방법을 소개하고자 한다.

빈곤에 대한 능력 접근(Capability Approach)

빈곤이란 최저한의 생활수준이 되는 기준, 즉 최저수준의 생활표준을 정하고 특정 가계의 생활수준이 이 기준에 미치지 못한 상태를 일컫는다. 생활수준을 어떠한 측정도구를 사용하여 측정하느냐에 따라 빈곤의 범위와 내용이 달라지는데, 일반적으로 소득 등 생활을 영위하는 데 필요한 자원의 보유 정도, 소비수준을 통하여 생활수준을 가늠하게 된다.

센은 기존의 빈곤측정방법은 오늘날 목격되는 빈곤의 실제를 제대로 측정하지 못한다는 한계점을 지적하였다. 신체적 효율을 유지하고 기본적인 인간의 욕구를 충족시키는 데 필요한 최소한의 자원의 결핍으로 정의되는 절대적 빈곤개념에 비추어 보면 부유한 선진사회에서는 빈곤이 존재하지 않는다는 결론에 도달하게 되는 오류를 낳을 수 있다. 불평등의 관점에서 빈곤을 정의하는 상대적인 빈곤개념을 적용하면 어느 사회에서나 항상 빈곤한 계층이 존재하게 되는 문제점이 있다.

복지를 평가하는 데 있어서 소득 등의 경제적 자원에 초점을 둔 측정방법도 한계가 있음을 지적하고 있다. 센에 따르면 물질적 재화나 자원의 소유와 이용가능성 자체만으로 사람이 무엇을 할 수 있는가에 대해 알 수 없다는 것이다. 자원의 범위를 소득과 부, 기본적 자유, 이주 및 직업선택의 자유, 책임 있는 직무 및 권한, 자기존중의 사회적 토대를 포함하여 모든 이성적 인간이 원하는 것으로 정의한 롤즈Rawls의 기초재the primary goods의 개념으로 확대시켜 보더라도 이러한 상품공간에서는 개인이 실제로 할 수 있거나 누릴 수 있는 것이 무엇인지, 개인이 이끌어갈 수 있는 삶의 종류가 무엇인지 등 개인이 실제로 자신에게 가치 있는 생활상태를 유지하고 행하는 능력을 보여주는 지표, 즉 자유를 보여주는 지표로서는 불완전하다는 것이다. 센은 개인마다 생활을 구성하는 기능으로 자원을 전환하는 능력이 다르기 때문에 동일한 자원을 가지고 있다 하더라도 실제로 누리는 복지수준은 다르다는 사실에 주목하였다. 예를 들면, 신체장애가 있는 경우 장애가 없는 사람보다 소득, 부, 자유 등의 기초재를 많이 가지고 있다 하더라도 장애 때문에 실제 생활수준은 보다 못할 수 있다. 어떤 사람은 영양가 있는 음식을 충분히 먹더라도 신진대사율이 높거나, 기생충에 감염되었거나, 비만 또는 임신 등으로 인해 동일한 음식을 섭취한 다른 사람보다 영양상태가 좋지 않을 수 있다는 것이다.

또한 센은 인간이 욕구를 성취하는 능력, 다양한 생활방식을 선택할 수 있는 능력을 자유라고 정의한다. 즉, 자유란 개인들이 가치 있고 중요하게 여기는 생활상태를 유지하고 생활의 기능들을 행할 수 있는 능력을 일컫는다. 그리고 이러한 자유를 현실생활에서 발휘할 수 있는 능력은 동일한 자원을 소유하고 있는 경우에도 성별, 연령, 유전요인, 기타 특징과 관련된 차이 때문에 다르다고 보았다. 이처럼 자원을 자유로 전환시키는 능력은 개인의 능력뿐 아니라 공공교육체계, 공해, 사회폭력 등 사회적 조건에 따라서도 달라지기 때문에 자원의 향유 수준만으로 실질적으로 영위하고 있는 복지상태를 제대로 평가할 수 없다고 본다. 예를 들면, 뉴욕 할렘가에 사는 남성들은 방글라데시 남성들보다 40세 이상으로 생존할 확률이 낮은데, 이는 할렘 거주자들이 방글라데시에 거주하는 사람들보다 소득이 낮아서가 아니라 위생문제, 의료시설에 대한 접근성, 도시 범죄 등 다른 요인이 작용하고 있기 때문이다. 아프리카계 미국인들이 백인 미국인들에 비해 사망률이 2.3배로 높은 것은 소득격차뿐 아니라 의료시설에 대한 접근성, 폭력적인 생활양식, 사회적 관심의 부재 등 사회환경이 작용할 결과라는 것이다.

이처럼 센의 능력 접근에서는 신체조건, 문맹 여부, 지능 등의 개인적 특성, 사회제도, 공공정책, 사회적 규범, 차별, 사회계층, 권력관계 등의 사회적 특성, 그리고 기후나 지역성 등 환경적 특성 등에 따라 재화와 서비스가 개인의 삶을 구성하는 다양한 기능으로 전환되는 능력은 다르기 때문에 복지는 자원이나 기초재 등 인간 삶의 목적 달성을 위한 수단에 근거하여 평가하기보다는 삶의 기능 자체, 즉 개인이 바람직하다고 생각하는 삶을 자유롭게 선택하면서 누리는 자유를 직접적으로 평가해야 한다고 보았다. 따라서 빈곤이란 반드시 충족되어야 하는 기초적인 생활의 기능이 박탈된 또는 이러한 기능을 성취하는 데 필요한 물질적인 조건이 박탈된 상태를 일컫는다. 기초 욕구를 충족시키는 데 필요한 재화의 불충분이 아니라 능력 실패의 관점에서 빈곤을 파악하고 있다.

이처럼 센은 기존의 빈곤에 대한 평가공간을 상품공간이 아니라 기능공간으로 옮김으로써 수단이 되는 상품을 목적이 되는 기능으로 전환하는 데 있어서 사회적 조건과 개인 능력의 차이 문제를 파악할 수 있었다. 다음은 센의 빈곤개념을 이해하는 데 핵심적인 두 가지 개념인 능력과 기능에 대해 알아보자.

능력(Capability)과 기능(Functioning)

생활수준에 대한 센의 능력 접근은 생활의 질을 가치 있는 다양한 기능을 할 수 있는 능력의 관점에서 평가한다. 기능이란 삶을 이끌어가면서 개인이 행하고자 하고 유지하고자 하는 가치 있는 다양한 것들을 일컫는다. 기능의 개념은 개인이 가치를 부여하는 다양한 행위나 존재상태를 나타내는 것으로 적절한 영양섭취, 건강유지, 질병 예방, 조기 사망 예방 등의 기본적인 것에서부터 자기존중 확보, 수치심 없이 사회생활에 참여 하는 것과 같은 보다 복잡한 사회적인 기능들을 포함한다.

한 개인이 향유하는 기능의 양이나 크기는 개인이 실제로 성취한 기능 벡터로 볼 수 있다. 능력집합은 개인에게 선택 가능한 다양한 기능들의 조합이다. 능력이란 개인이 선택할 수 있는 기능들의 집합으로 정의되며,

따라서 능력공간은 개인이 가치를 부여하는 삶을 선택할 수 있는 실제적 자유를 반영한다. 예를 들면, 다이어트를 하는 부유한 사람이나 먹을 것이 없어서 굶어야만 하는 빈곤한 사람 모두 영양섭취 기능을 안 한다는 점에서 동일하지만 전자와 후자는 서로 다른 '능력' 집합을 가지고 있다. 전자는 영양가 있는 음식을 먹을 수 있는데도 먹지 않는 데 반해, 후자에게는 먹는 것 자체가 불가능하다. 기능집합이 기능의 '성취'를 나타낸다면, 능력집합은 개인이 다양한 대체적인 기능집합을 성취할 수 있는 자유 혹은 다양한 생활양식을 누릴 수 있는 자유를 나타낸다.

센의 능력 접근에서 기능은 개인의 복지를 구성하는 중요한 요소들이며, 능력은 개인이 복지를 확보할 수 있는 자유이다. 따라서 능력 접근은 다양한 기능 묶음 사이에서 선택할 수 있는 자유의 범위에 주목한다. 그러나 복지평가에 있어서 능력집합은 직접적으로 관찰되지 않는다는 현실적인 제약이 존재하기 때문에 주로 성취된 기능을 분석하게 되지만 성취된 복지의 분석을 위해서도 능력집합의 중요성을 간과해서는 안 된다고 강조하고 있다. 예를 들면 단식이란 단순한 굶주림이 아니라 다른 대안 가운데 굶주림을 선택한 것이다. 따라서 생활수준을 평가할 때 단식을 하느냐 아니면 충분한 음식을 섭취할 수 있는 수단이 없는 것인지 확인하는 일은 중요하다. 즉 성취된 기능을 분석하는 데 있어서 기능을 선택할 수 있는 능력집합을 확인할 필요가 있다.

능력 박탈로서의 빈곤

능력 접근에 따르면 빈곤이란 생활을 이루는 절대적인 기본 기능을 할 수 없는 상태이며, 능력공간에서 인간 존재에게 필요한 최소한의 기능들을 성취할 수 있는가에 따라 평가되는 절대적인 빈곤개념이다. 다른 한편 필수적 기능을 성취하는 데 필요한 수단과 도구가 되는 상품, 소득과 자원은 사회적·관습적으로 정해지며 국가마다, 사회마다 다르다는 점에서 상대적 접근을 취한다. 센의 빈곤개념은 개인의 능력의 관점능력 공간에서는 절대적 빈곤을, 능력에 도달하는 데 필요한 도구가 되는 상품, 소득, 자원의 보유와 사용의 관점상품 공간에서는 상대적인 박탈개념이라고 할 수 있다.

예를 들면, 아담 스미스는 ≪국부론≫에서 필수재에 생명을 유지하기 위해 절대적으로 필요한 물품뿐 아니라 사회 관습적으로 규정된 것들도 포함시키고 있다. 18세기 영국에서는 외부에 나갈 때 가죽신을 신어야 남부끄럽지 않다는 관습이 있었는데, 이 경우 가죽신은 사회적인 관습에 의해 생활의 필수재로 취급된다. 대중 앞에 수치감 없이 나설 수 있는 것은 사회인으로서 인간이 성취해야 할 절대적인 기능이고, 이러한 기능을 성취하려면 가죽신이 필요하며, 가죽신을 신을 수 없다면 필수적으로 필요한 자원이 결핍된 빈곤상태라는 것이다.

이처럼 사회적 관습까지 고려한다면 개인이 속해있는 해당 국가의 맥락, 즉 사회적 기능을 할 수 있는 능력, 아담 스미스가 언급한 바와 같이 수치심 없이 다른 사람 앞에 나설 수 있기, 타운젠트의 사회적 관습에 참여할 수 있는 능력, 롤즈의 자기존중감 갖기 등과 같은 능력을 성취하기 위해 요구되는 상품공간은 사회마다 매우 다르다는 사실을 인정한다. 하지만 센은 기본적인 인간의 능력을 충족하기 위해 필요한 상품공간의 차이는 그리 크지 않다고 보았다.

센은 빈곤을 단지 저소득으로서가 아니라 근본적인 능력의 박탈로 보아야 한다는 능력 접근에 대한 타당성을 다음과 같이 설명한다.

첫째, 능력의 박탈이라는 관점에서 규정된 빈곤에 대한 접근은 단지 도구적으로만 의미가 있는 저소득과는 달리 본질적으로 중요한 권리의 박탈에 초점을 맞추고 있다.

둘째, 저소득뿐만 아니라 다른 요인들도 능력의 박탈에 영향을 미친다. 생활을 영위하기 위해 수단과 더불어 수단을 기능으로 전환하는 능력이 필요한데, 이러한 능력은 사회환경, 개인적 특성에 따라 달라진다는 것이다. 예를 들면, 굶주림과 영양실조는 음식물과 이것을 영양분으로 만드는 능력이라는 두 가지 요인이 작용하는데, 영양분을 만드는 능력은 개인의 건강상태, 공공의료시설, 공중위생에 따라 달라진다는 것이다.

셋째, 저소득과 저능력 사이의 도구적 관계는 사회에 따라 그리고 가계 및 개인 특성에 따라 다르며, 특히 연령, 성과 사회적 역할, 지역적인 입지조건, 역학적 환경에 따라 능력의 차이가 크게 나타난다는 사실은 빈곤의 평가와 정책 결정의 맥락에서 중요한 의미를 갖는데 주요 쟁점을 살펴보면 다음과 같다. ① 연령, 장애, 질병, 성과 사회적 역할에서 불리한 조건은 돈을 벌 수 있는 능력을 감소시킨다. 또한 불리한 조건에 처한 사람들은 동일한 기능을 성취하기 위해서 다른 사람보다 더 많은 소득을 필요로 하기 때문에 소득을 능력으로 전환하는 데에 보다 많은 어려움을 겪게 된다. 능력의 박탈이라는 관점에서 보면 소득공간에서 나타나는 것보다 실질 빈곤이 훨씬 더 심각할 수 있음을 의미한다. ② 가족 내에서의 분배문제이다. 가족의 소득이 몇몇 가족구성원들에게만 불균등하게 사용되고 다른 구성원에게는 쓰이지 않는다면 무시된 구성원들이 겪는 박탈의 정도는 보다 심각하다. ③ 소득의 상대적 박탈은 능력의 절대적 박탈을 낳을 수 있다. 대중 앞에 수치심 없는 모습을 드러내기라든지 공동체의 보편적 생활양식에 참여하는 것과 같은 사회적 기능은 여러 가지 재화와 서비스를 필요로 하는데, 이것은 그 사회에서 다른 사람들이 평균적으로 보유하고 있는 것이 무엇인가에 따라 달라진다. 일반적으로 풍요로운 나라에서는 이러한 사회적 기능을 성취하는 데 필요한 상품을 구입하려면 더 많은 소득이 필요하다. 사회적 기능 자체를 성취하는 데 많은 비용이 들 뿐 아니라 사회적 기능 수행에 우선적으로 자원을 분배할 경우 건강이나 영양섭취에 필요한 자원이 부족하게 되는 자원 분배의 왜곡현상이 일어날 수 있다.

빈곤의 평가

생활수준에 대한 능력 접근은 생활을 가치 있는 다양한 존재행위와 상태들의 조합으로 구성되어 있다고 가정하고 생활의 질은 이러한 가치 있는 기능들을 성취할 수 있는 능력의 관점에서 평가한다. 능력접근에 따라 생활의 질을 평가하는 과정을 개괄적으로 고찰하면 먼저 개인이 선택할 수 있는 기능들의 집합, 즉 능력집합을 확인하고 그 안에서 성취된 기능들, 즉 실제로 누리고 있는 기능들의 가치를 평가하는 절차로 이루어진다. 결국은 성취하고 있는 기능들에 근거하여 복지를 평가하지만 단순히 행위나 결과로 드러나는 상태만을 고려하는 것이 아니라 선택의 이면에 작용하는 선택할 수 있는 삶의 기회들을 동시에 고려한다는 특징이 있다. 따라서 능력 접근에 따른 복지평가는 먼저 평가의 근간을 이루는 능력 집합을 확인하고 이 가운데 실제로 선택된 기능요소와 이에 영향을 미치는 다양한 개인 및 사회, 환경적 특성을 평가함으로써 이루어진다. 결론적으로 능력은 개인이 실제로 누리고 있는 기능들의 벡터에 의해 평가되고, 능력집합은 평가의 기준이 된다고 할 수 있다.

이러한 복지평가과정에 따라 빈곤상태를 평가하는 과정은 다음과 같이 요약된다.

첫째, 생활을 이루는 기본적인 욕구와 필요를 충족시키는 최저한의 기본적인 능력집합, 즉 기본적인 생활유지를 위해 성취되어야 할 기능들의 범위functioning space를 확인한다.

둘째, 실제로 영위하고 있는 기능집합을 평가함으로써 기본적인 능력의 성취 여부 또는 기본적인 능력 성취에 대응하는 최저한의 적정한 자원예를 들면, 소득을 확보하고 있는지 평가한다.

셋째, 개인 및 사회적 차이가 자원을 기능의 성취로 전환하는 능력에 어떠한 차이를 낳고 있는지 파악한다.

넷째, 공공정책은 기능을 성취하는 능력에 지대한 영향을 미치게 되는데, 빈곤정책이 기본적인 기능을 성취하는 데 어떠한 기여를 하는지 평가한다.

능력 접근에 따른 복지평가의 핵심은 능력공간을 구성하는 기능들, 즉 평가하고자 하는 가치 있는 존재행위와 상태로서 무엇을 포함하고 제외

할 것인가를 판별하는 것이다. 이 문제와 관련하여 센은 원론적인 수준에서 두 가지 점이 중요하다고 지적한다. 하나는 평가목적에 따라 평가공간이 다르게 구성된다는 점과, 다른 하나는 평가공간을 구성하는 기능에 대한 사회적 합의의 중요성이다.

평가목적이 개인의 복지증진well-being을 위한 것인지, 아니면 개인의 전반적인 목적추구agency goal에 대한 것인지에 따라 평가공간을 구성하는 기능 요소가 달라져야 하고, 능력에 기여하는 각 기능 요소들의 상대적인 중요성가중치도 다르다는 것이다. 또한 빈곤의 평가와 관련하여 고려해야 할 다른 중요한 요인은 빈곤을 서술적인 목적으로 평가할지 아니면 정책적인 목적으로 평가할지에 관한 것이다.

서술적 목적을 위해 빈곤을 평가하는 것은 빈곤상태를 확인하고 누가 정말로 가난한가를 판별하는 것으로 요약된다. 정책적 목적에서 빈곤을 평가하는 것은 정책권고안을 생각하면서 빈곤을 파악하는 것으로, 정책 구현 가능성, 즉 이용가능한 공적 자원의 규모에 주로 의존한다. 센은 정책시행의 한계를 고려하여 빈곤 자체를 정의하기보다는 먼저 서술적으로 박탈상태를 진단하고 나서 만일 수단을 갖고 있다면 무엇을 해야 할지 결정하는 것이 바람직하다고 보고 서술적 빈곤분석이 정책선택에 선행되어야 함을 피력하였다.

한편 능력평가과정에서 해결해야 하는 가장 핵심적인 사항은 능력공간을 구성하는 기능의 확인과 각 기능 요소들의 중요도에 관한 평가문제이다. 능력을 구성하는 기능의 선택과 가중치 결정은 가치판단의 문제이며 사회적 합의에 의해 도출되는 사회적 선택작업으로서, 이성적인 평가 및 이성적인 의견 일치에 의해서 해결되어야 한다고 보고 있다. 센에 따르면 공개적인 논의와 민주적인 이해 및 수용과정을 통해 기본적인 일반 기능과 이에 대응하는 능력의 중요성에 대한 사회적 합의를 도출하는 것은 특정한 기능을 성취하기 위해 필요한 생활 수단이 무엇인가에 대해 합의하는 것보다 훨씬 용이하다고 생각하였다.

능력공간에 어떤 기능들이 포함되어야 하는지에 관한 능력평가 차원들의 확인 및 각 차원을 구성하는 기능들의 선택문제에 대해서 센은 극심한 배고픔이나 심각한 영양부족을 피할 수 있는 능력을 갖는 것이 얼마나 중요한지 합의하는 것이 이러한 기능에 도움이 되는 특정한 음식 항목에 대해 합의하는 것보다 용이하고, 오락의 필요성이나 공동체생활에 참가하는 능력을 갖출 필요성에 대해 합의하는 일이 어떤 오락유형을 선택해야 하며 공동체생활에서 공유될 수 있는 특정한 방식이 무엇인가에 합의하는 일보다 쉽다고 평가한다. 그러나 수치심 없이 공공장소에 나가기 등과 같은 사회적 기능을 수행하기 위해서는 그 사회에서 보편적으로 소비되고 있는 특정 유형의 재화와 용역을 필요로 하기 때문에 센의 능력평가과정에서도 결국은 의견의 일치를 보기 어려운 선택과정이다.

다양한 기능들 사이에 복지에 미치는 영향력의 크기, 즉 보다 더 중요한 기능과 보다 덜 중요한 기능으로 기능들 사이에 중요도에 있어서의 차이가 있는데, 어떠한 기능에 어느 정도의 가중치를 부여할 것인가의 문제는 빈곤지표를 개발하고 지수화하기 위해서는 해결되어야 할 중요한 사항이다.

가중치문제에 대해 센은 복지와 불평등은 수많은 이념과 개념, 그리고 다양한 생활영역들과 연관되어 있기 때문에 기능들의 가중치를 완벽하게 평가할 수는 없다고 본다근본적인 불완전성. 하지만 중요도의 순위를 완전하게 정하는 것은 불가능하지만 가중치가 취할 수 있는 범위에 대한 사회적 합의를 도출하는 것은 가능하다고 보았다. 합의를 통해 가중치의 범위가 확인되면 기능들에 대한 부분적인 순위를 매길 수 있으며, 이를 토대로 복지정책의 우선도를 정할 수 있을 것이다.

7 노후를 생각해야 하는 베이비붐 세대

허 은 정

서울대학교 가정대학 소비자아동학과를 졸업하고, 동 대학원에서 소비자학 석사를, 미국 미주리대학에서 박사학위를 받았다. 현재 울산대학교 아동복지학과 교수로 재직하고 있다.

최근 우리 사회에서 세대는 사람들의 관심을 끌어왔다. 미군 철수나 국민연금 개혁과 같은 중요한 사회적 문제에 대해 젊은 세대와 중년 및 노년 세대 간에 두드러진 세대 차이를 나타내며, 심지어는 세대간 갈등으로 표면화되기도 한다. 세대는 단순히 연령상의 차이만을 반영하지는 않는다. 동일한 세대에 속한 집단은 연령적으로 동질적일 뿐만 아니라 동일한 역사적 경험의 공유로 인해 공통의 의식을 가진 동년배 집단cohort으로 보아야 한다함인희, 2002. 따라서 코호트의 개념으로 세대를 파악하면 동일한 문화권에서 비슷한 시기에 출생함으로써 역사적·문화적 경험을 공유하고, 따라서 자기 세대 내에서는 유사한 정서, 의식구조, 생활양식을 가지는 반면, 다른 세대는 그 세대별로 독특한 특성을 나타낸다.

베이비붐 세대는 6.25 전후 출생률이 급격히 증가하기 시작한 시기에 태어난 사람들로서 우리나라 인구의 상당한 부분을 차지하고 있다. 이들

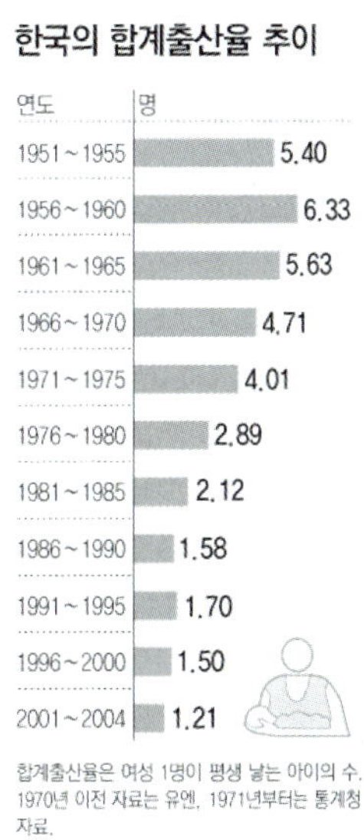

동아일보, 2005. 11. 1

은 수적으로 다수를 차지하는 큰 집단일 뿐만 아니라 시장에서 거대한 구매력과 영향력을 행사하고 있기 때문에 이들 집단에 대해 소비자경제학을 전공한 연구자로서는 관심을 가질 수밖에 없다. 따라서 이번 장에서는 우리나라의 베이비붐 세대에 초점을 두어 이들 세대의 사회 문화적 특성을 밝히고, 미국과 일본의 베이비붐 세대와의 특성을 비교하며, 우리나라 베이비붐 세대의 소비지출 패턴을 통해 이들 세대집단이 앞으로 당면하게 될 은퇴와 노후문제를 중심으로 전개시켜 나가고자 한다.

우리나라의 베이비붐 세대, 그들은 누구인가?

세대 연구에 있어서 어려운 문제 중의 하나는 세대구분이다. 미국의 경우 일반적으로 베이비붐 세대는 2차 세계대전 후 출생률이 급격히 상승한 1946~964년에 태어난 집단들로 일컬어지고 있다. 미국과 달리, 우리나라에서는 세대구분에 있어 연령들에 대한 일반적인 합의가 이루어지지 않아 연구자들마다 기준이 다소 상이하다. 그러나 일반적으로 6.25 전쟁 직후 출생률이 급격히 증가한 '다산의 시기'에 태어난 집단을 베이비붐 세대로 규정하는 관례에 따르면 1955~1963년에 태어난 집단2007년 현재 44~52세을 베이비붐 세대로 본다.

먼저, 베이비붐 세대를 이해하기 위해서는 그들이 성장하면서 경험한 주요한 정치·경제·사회문화적 배경에 대한 이해가 필요하다. 다음 표는 우리나라의 베이비붐 세대와 X세대의 주요한 특성을 비교 정리한 것이다.

● 세대구분 기준과 주요한 정치 · 경제 · 사회문화적 특성

	베이비붐 세대	X세대
구분 기준	• 6.25 전후의 높은 인구 증가율 • 유신세대로서, 민주화를 위해 투쟁한 세대: 좌절한 진보주의자	• 청소년기에 6.29 민주화항쟁 경험 • 경제적 풍요 속에서 성장
정치적 배경	• 냉전 이데올로기 • 유신시대, 독재정권 • 5.18 광주민주화운동 • 6월 민주화 항쟁	• 정치적 공통이슈가 없는 탈 이데올로기 • 문민정부: 정치적 민주화
경제적 배경	• 절대빈곤이 해소된 상태에서 성장 • 분배의 형평성 문제에 민감 • 1981년 2차 석유파동으로 상대적 박탈감 경험 • 1997년 경제위기 때 구조조정 및 정리해고의 부정적 여파를 경험	• 물질적 풍요 속에서 성장(1인당 GNP의 급격한 증가) • 산업화의 수혜세대 • 생산보다는 소비에 관심 증가
사회 · 문화적 배경	• 교육에서 과밀과 과잉 경험(학급당 학생수 급증) • 대학진학을 위한 치열한 경쟁 • 재수생 누적과 과외문제 • 취업주부 증가로 새로운 가족규범 창출 • 이혼 증가 • TV와 더불어 성장	• 정보화, 탈산업화 시대의 급속한 사회적 변동 경험 • 입시 위주의 교육방식 • 컴퓨터, 비디오게임 등의 영상문화 영향 • 자기중심적 · 개인주의적 사고

출처: 허은정 · 김우성(2003). 베이비붐 세대 가계와 X세대 가계의 소비지출과 저축. 소비문화연구, 6(3), 79-97.

정치적 배경

베이비붐 세대는 정치적으로 1961년 5.16 군사정변으로 등장한 박정희 정권 때 대부분의 유년시절을 보내어 이들에게 중요한 역사적 경험은 유신독재이다. 감수성이 예민한 시기에 '반공', '멸공' 등 냉전 이데올로기와 '한국식 민주주의'유신 교육을 받았고, 청년기에 긴급조치, 대중가요 방송 금지 등 경험하면서 권력에 대한 반감을 키웠다함인희, 2002. 1979년 10.26사태에서 1980년 5.18 민주화운동, 전두환 정권에 이르기까지의 민주화 실패는 이들 세대에게 깊은 좌절감을 안겨 주었다.

경제적 배경

베이비붐 세대는 우리나라의 절대빈곤이 해소된 상태에서 성장하였음을 알 수 있다. 절대빈곤에서 어느 정도 벗어난 이들 세대는 우리나라 경제의 고도성장에 큰 기여를 하였다. 베이비붐 세대 가운데 낮은 연령집단은 이들이 대학을 졸업할 1981년 당시 2차 석유파동을 겪으면서 상대적 박탈감을 경험하기도 하였다. 그리고 1997년 외환위기 때 한창 일할 나이인 30·40대 초반의 이들 세대는 다른 어떤 연령집단보다 구조조정 및 정리해고의 부정적 여파를 강하게 경험하였던 것이다함인희, 2002. 이는 '정보화'와 '세계화'에 충분히 대비하지 못해 뒤따라온 세대에 밀리면서 발생한 것이다. 그래서 이 세대를 시대적으로 '산업화 세대'의 권위에 눌리고 '386세대'와 '인터넷세대'의 기세에 밀린 '낀 세대'샌드위치 세대로 보기도 한다동아일보, 2005.

사회·문화적 배경

1955년 이후 7~8년간 우리나라 역사상 가장 높은 다산시대에 태어난 베이비붐 세대는 생애주기를 거치는 동안 계속하여 인구학적 과밀현상을 경험한다. 베이비붐 세대들은 학창시절 '콩나물 교실'이들이 초등학생이던 1965~68년 학급당 인원이 65명으로, 1960년(57명)과 1978년(53명)에 비해 매우 많았음을 알 수 있다)에서 공부하였고, 대학 진학을 위해 치열한 경쟁을 경험하면서 재수생 누적과 과외문제가 심각한 사회문제로 대두되기도 하였다함인희, 2002.

미국과 일본의 베이비붐 세대

미국의 베이비부머

미국의 베이비붐 세대는 2차 세계대전이 끝난 직후인 1946~1964년에 출생한 사람들현재 나이는 43~61세로서 이들은 약 7,800만 명으로 미국 전체인구의 26.9%를 차지한다. 이들은 자신의 부모 세대보다 경제적으로 풍족하고 문화적으로 수준 높은 삶을 꿈꾸었지만 1973~74년의 오일쇼크 때문에 실질소득 및 구매력에서 부모 세대보다 뒤지는 좌절을 경험하였다 함인희, 2002. 베이비붐 세대는 동질적인 집단이 아니며, 1955년 이전에 출생한 집단은 1950·60년대 번영의 혜택을 받았지만, 1955년 이후 출생한 집단은 구직, 결혼시장, 주택구입시 극심한 경쟁을 벌였고 경제가 불경기였을 때는 많은 희생을 경험하였다. 이들 세대의 구매특성은 과거에 대한 향수, 자연적인 것의 선호, 여행, 젊음과 건강에 대한 욕구 등으로 요약할 수 있다오세조 외, 2002. 베이비부머들은 현재 미국 연간전체소비의 절반인 2조 달러약 2000조 원를 쓰고 있으며 이들의 거대한 구매력 때문에 항상 관심을 받고 있다. 이제 이들 세대의 일부는 중년을 지나 은퇴의 단계로 들어서고 있다. 소비잠재력이 큰 베이비부머들의 은퇴로 소비패턴에서도 큰 변화가 올 것으로 예견된다. 미국의 대중서적출판업체인 펭귄은 시력이 나빠진 베이비부머를 위해 글자 크기를 키운 문고판 서적을 내놓아 대박을 터뜨렸고, 명품 오토바이를 생산하는 할리 데이비슨사는 50대 베이비부머를 새로운 주고객층으로 보고 있다고 한다.

일본의 베이비부머

일본의 베이비부머는 1947~1949년 사이에 태어난 사람들로 '단카이 세대'덩어리란 뜻임로 불린다. 이들 집단은 806만 명이며, 이 세대가 유별나게 자기들끼리 뭉치는 경향이 강하다고 해서 붙여진 이름이다. 이들은 1960년대 후반 대학에 입학하자 일본 대학에서는 학생운동이 격화되었

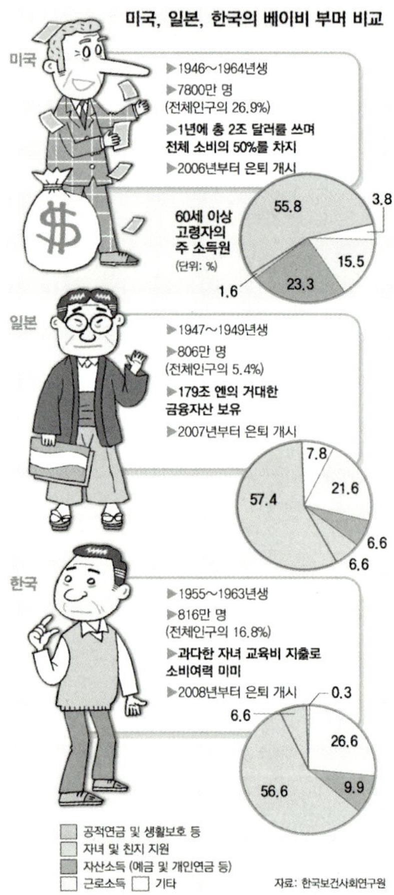

동아일보. 2005. 11. 3

다. 그러나 경제발전과 함께 운동권은 사회에서 격리되었고, 나머지는 1970년대 고도성장기에 사회에 진출하여 일본 경제성장의 주역을 담당하였다. 이들 집단은 현재 58~60세로서 상당 부분은 은퇴를 하였다. 일본에서는 이들이 모두 퇴직하는 2009년에는 총 131만 명의 노동력 부족 현상이 나타날 것으로 보고 있다.

베이비붐 세대 가계의 소비지출 특성

통계청에서 실시한 2005년 '근로자 가구의 월평균가계수지'에 의하면 가구주 연령을 기준으로 베이비붐 세대에 속하는 가계가구주 연령이 40~44세와 45~49세의 소득은 다른 연령대에 비해 높은 편이며, 또한 가계의 생계에 필요한 소비지출액 역시 다른 연령대보다 많이 지출하고 있다표 참고.

베이비붐 세대와 X세대 가계의 주요 소비지출 구성을 살펴보면, 식료품, 교통·통신, 외식비, 교양·오락비 및 피복·신발에 대해 베이비붐 세대와 X세대 간에 별다른 차이를 보이지 않는 반면, 베이비붐 세대 가계가 자녀교육비에 많이 지출한다는 점은 매우 주목할 만하다. 구체적으로 베이비붐 세대 가계의 경우 소비지출액의 13.9%를 교육비로 사용하는 반면, X세대 가계는 이것의 절반에도 못 미치는 6%를 지출하는 것으

근로자가구의 월평균 가계수지 (2005년)

가구주 연령	35~39세	40~44세	45~49세	50~54세
소 득	309만 원	340만 원	347만 원	348만 원
소비지출	219만 원	232만 원	230만 원	224만 원

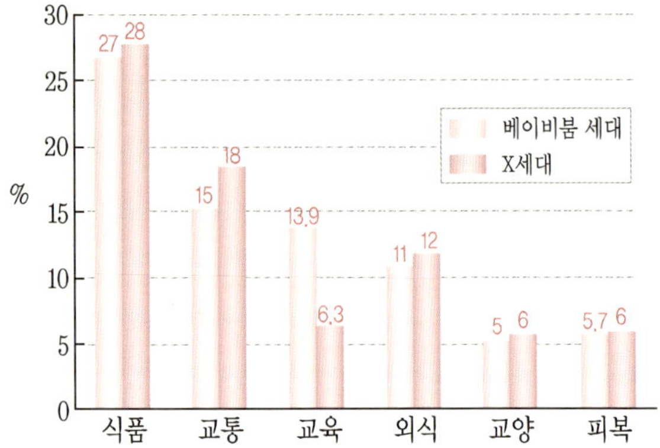

세대별 주요 소비지출 구성비

출처: 허은정 · 김우성(2003). 베이비붐세대 가계와 X세대가계의 소비지출과 저축. 소비문화연구, 6(3), 79-97.

로 조사되었다. 이는 베이비붐 세대 가계의 경우 자녀들이 대부분 중·고등학교를 다니므로 상대적으로 자녀들이 어린 X세대 가계보다 교육비 지출이 더 많을 수도 있지만, 다른 한편으로는 베이비붐 세대들은 자신들이 대학 진학을 위해 치열한 경쟁을 경험하였기 때문에 자녀교육에 더욱 치중하는 경향이 있다고도 해석할 수 있다. 자녀교육비에 대한 지나친 지출 결과, 베이비붐 세대 가계는 노후를 위한 재정적 준비가 힘들 것으로 보인다.

베이비붐 세대, 너무 빨리 다가온 은퇴와 노후문제

우리나라에서 베이비붐 세대에 해당하는 연령층은 약 816만 명으로 전체 인구의 16.8%를 차지하고 있다. 가구주 연령에 따른 가계소득과 지출에서 알 수 있듯이, 현재 베이비붐 세대의 구매력은 다른 연령층보다 가장 크며 한국 경제에 미치는 영향력은 상당하다고 할 수 있다.

이들은 외환위기 이후 구조조정의 바람 속에서 이미 상당수는 일선에서 물러났지만 남아있는 베이비붐 세대들도 2008~2016년 점차적으로 은퇴할 전망이며, 은퇴하는 평균연령이 53세라고 한다동아일보, 2005. 이들의 은퇴는 가계경제뿐만 아니라 국가 경제에도 큰 영향을 미칠 것이다.

먼저, 베이비붐 세대의 무더기 은퇴는 국가 전체적으로 노동력 부족과 연금부담의 확대라는 문제를 던져준다. 베이비붐 세대의 은퇴에 대비하는 미국과 일본의 경험은 우리나라에도 시사점을 줄 수 있다. 미국의 한 경제전문조사회사에 따르면, 7년 후 미국의 55~64세 근로자는 2,500만 명으로 전체 노동인구의 51%를 차지하게 된다고 하였다. 특히 공무원과 전력회사 근로자는 절반 이상이 5년 이내에 은퇴연령64세에 도달하게 돼 만약 이들이 한꺼번에 퇴직한다면 사회적 충격이 적지 않을 것으로 내다보았다. 미국 정부는 베이비부머들의 무더기 퇴직에 따른 부작용을 막기 위해 나이가 많다는 이유로 직원을 해고할 수 없도록 근로자의 '연령차별 폐지'를 법제화하였다. 기업들은 근로시간을 자유롭게 조정할 수 있는 '탄력근무제'를 도입하여 고령 근로자들을 채용하고 있다.

일본에서도 단카이 세대가 모두 퇴직하는 2009년에 총 131만 명의 노동력이 부족할 것으로 전망하였다. 일본은 55세였던 정년을 1998년 60세로 늘린데 이어 2006년부터 2013년까지 정년을 65세로 연장할 계획이다. 재정악화를 피하기 위해 연금 지급도 60세에서 65세로 높여가고 있다. 일본 기업들은 임금피크제를 도입하여 고령자에 대한 고용확대를 꾀하고 있다. 예를 들면, 일본 최대 자동차회사인 도요타자동차는 숙련

근로자의 퇴직에 따른 기술력 저하를 막기 위해 정년을 단계적으로 65세까지 연장하고 회사에 필요한 인력은 65세 이후에도 일할 수 있도록 하는 방안을 검토하고 있다. 미쓰비시중공업은 2001년부터 베이비붐 세대 숙련기능공을 강사로 하는 '기능학원'을 회사 내에 설립하여 입사한 지 9~13년 된 중견기능공을 교육하고 있다.

이와 같이 미국과 일본은 은퇴하였거나 은퇴를 앞둔 베이비붐 세대들을 효율적으로 활용함으로써 우려되었던 문제점을 해결해 나가고 있다. 우리나라 정부에서도 베이비붐 세대의 무더기 퇴직에 따른 노동력 부족과 고령화에 대비하기 위하여 임금피크제의 도입을 지원할 계획이라고 한다. 노동부는 노사합의를 통해 임금피크제를 도입할 경우 임금이 줄어든 근로자에게 깎인 인금의 최고 50%까지 직접 보전해 줄 방침이라고 한다. 또한 최근 정부에서는 근로자의 정년을 5년 더 연장하는 계획을 발표하였는데, 은퇴를 앞둔 베이비붐 세대들에게는 반가운 소식이다.

둘째, 미국의 베이비부머나 일본의 '단카이 세대'와 달리 우리나라의 베이비붐 세대는 준비 안 된 은퇴를 맞고 있다. 가계의 소비지출에서도 나타났듯이 베이비붐 세대들은 자녀의 교육비에 많이 지출함으로써 정작 본인들의 노후준비를 제대로 하지 못하고 있다. 국민연금관리공단의 조사에 따르면 현재 만 60세인 부부가 평균기대수명남자 77.5세, 여자 82.2세까지 살 경우 필수생계비와 최소한의 용돈만 쓴다고 해도 약 2억 6,000만 원이 필요하며, 여유 있게 살려면 약 5~7억 원의 노후자금이 필요하다고 하였다. 따라서 은퇴를 앞두고 있는 이들 베이비붐 세대는 무엇보다도 저축이나 투자를 통해 노후생활자금을 마련하는 것이 현명하다고 본다.

셋째, 베이비붐 세대가 50대 중반에서 은퇴하여 평균수명까지 산다면

하면 은퇴 후 25~30년의 세월이 남는다. 즉, 은퇴 후 제2의 인생을 살 수 있다. 노인들을 대상으로 한 여론조사에서 가장 행복한 은퇴자는 직장에서 퇴직 후 마음껏 휴식을 취하는 사람이 아니라 일을 계속하거나 자원봉사를 통해 자신이 속해 있는 사회에 봉사하는 사람이라는 것이다 조선일보, 2005. 이런 점에서 상대적으로 건강하고 젊은 베이비붐 은퇴자들은 재취업을 고려할 수도 있을 것이다. 돈 때문에 일하는 것이 아니라 일이 가져다주는 의미 때문에 일을 하는 것이기 때문이다. 그리고 지금까지 자기만을 위해 살아왔던 사람은 남은 인생을 남을 위해 사는 삶도 생각해볼 필요가 있다. NGO비정부단체활동으로 노후를 사회에 봉사하면서 보내는 것도 좋지 않을까 생각된다. NGO활동에는 환경보호운동, 불우이웃돕기, 장애자 돕기, 기부문화 확산 운동, 의료봉사 등 여러 가지가 있는데 자신의 능력과 스타일에 맞는 것을 선택할 수 있다.

따라서 베이비붐 세대들은 앞으로 다가온 은퇴에 대해 경제적 · 정신적으로 준비한다면 노후생활을 보다 풍성하고 보람찬 시간으로 바꿀 수 있을 것이다.

Reference

동아일보(2005. 11. 1~3). 800만 베이비부머 그들이 떠난다.

조선일보(2005. 11. 21). 퇴직과 은퇴를 혼동하지 말자.

통계청(2007). 가계조사.

함인희(2002). 베이비붐 세대의 문화와 세대 편, 215-248. 한국인의 문화변동과 가치관(임희섭 외 저), 서울L 나남출판

허은정 · 김우성(2003). 베이비붐세대 가계와 X세대 가계의 소비지출과 저축, 소비문화연구, 6(3), 79-97.

8 변화하는 우리의 **기부문화**

김 소 라

서울대학교 생활과학대학 소비자아동학과를 졸업하고, 동 대학원에서 소비자학 석사학위를 받았으며, 미국 오하이오주립대학에서 박사학위를 받았다. 현재 서울대학교 소비자학과 강사로 재직하고 있다.

"How selfish soever man be supposed, there are evidently some principles in his nature, which interest him in the fortune of others, and render their happiness necessary to him, though he drives nothing from it, except the pleasure of seeing it."

- Adam Smith, A Theory of Moral Sentiments, 1969

왜 남을 돕고자 하는가?

자본주의사회에서 시장은 사람들을 이기적으로 만든다고 한다. 시장을 움직이는 이기심에서는 다른 사람의 이익은 무시되거나 나에게 이익이 되는 범위 안에서만 의미를 가진다. 시장에서 남을 생각하는 것은 비합리적일 수 있다는 것이 일반적인 견해이기도 하다. 경제학에서 이야기하는 합리성은 각자 자신의 이익을 극대화한다는 의미에서의 합리성인 것이다. 소비자가 자신의 욕망만을 충족시키려고 하는 행위를 이기적이라고 본다면 완전경쟁시장에서는 이타심은 필요 없는 것이다[1]. 그렇다면 다른 사람을 도와주는 것, 남을 위해 나를 희생하는 것은 합리적이 될 수 없는가?

기부 역사를 새롭게 만들었다고 알려져 있는 앤드류 카네기는 인간의 일생을 두 시기로 나누었다. 전반부는 부를 획득하는 시기이고, 후반부는 부를 나누는 시기라 하여 부의 사회 환원이 부유한 자들의 신성한 의무임을 강조하면서 몸소 실천하였다.

카네기는 잉여재산을 처분할 수 있는 방법으로 세 가지를 제시했는데, 첫 번째 방법은 자손에게 물려주는 것이고, 두 번째는 공공기관에 기증하는 것, 그리고 마지막 방법은 살아 있는 동안 소유자가 직접관리하며 사회에 기여하는 것이었다.

그는 이어서 자손에게 부를 물려주는 방법은 물려받은 자손에게 불행을 초래할 수 있기 때문에 좋은 방법이 아니라고 하였으며, 공익을 위한 부의 기증도 그 재산이 기증자가 바라던 진정한 목적대로 이루어지지 않는 경우가 대부분임을 피력하였다. 세 번째의 직접관리방법이 가장 효과적이라고 보았다. 그리하여 자신의 부를 나누어 주는 수많은 방법과 기술의 창안을 제안하고 또 실천하였던 것이다.

아쉽게도 우리나라는 아직도 카네기가 좋은 방법이 아니라고 했던 자손에게 물려주는 방법이 가장 선호되고 있는 것이 아닐까? 이제 우리나라도 부자로서의 책임을 다하는, 진정한 '노블리스 오블리제'[2)]를 실천하는 부자가 더욱 많이 나타나야 할 때이다. 가끔 가난하게 살아온 할머니가 평생 모은 재산을 어려운 사람들을 위해 기부하였다는 우리를 부끄럽게 하는 뉴스를 접하게 된다. 기부가 '가진 자'들의 전유물이 아니라는 것을, 서민들의 기부가 나눔의 문화를 가져올 수 있음을 우리에게 가르쳐 주고 있다. 빌 게이츠와 같은 부자가 아니더라도, 유명한 연예인이 아니더라도, 남을 위해 자신이 가진 것을 양보할 수 있는 도덕심은 우리 사회에서 어렵지 않게 볼 수 있는 일들이다. 인터넷 커뮤니티를 통해 점차적으로 확산되는 소액기부문화와 자유봉사활동은 나눔의 문화를 정착해 가는 우리 사회의 단상을 보여주고 있다.

최근, 우리 사회에서는 높은 신분과 명예에 따르는 도덕적 의무를 뜻하는 노블리스 오블리제nobless oblige의 개념이 강조되고 있다. 오늘날의 노블리스 오블리제는 부의 사회 환원, 즉 가진 자의 나눔을 뜻하는 것이며, 이는 기부를 통해서 실천될 수 있다. 지금까지 우리 사회에서는 자본주의의 역사가 짧다거나, 가족이기주의 팽배라는 이유를 들어 기부문화가 미진했던 것을 설명해 왔다. 특히, 개인보다는 기업의 기부가 많으며, 기업의 기부는 준조세적 성격의 비자발적인 기부임이 지적되어 왔다. 개인기부 역시 일부 계층에 한정되어 있고 일회성이고 충동적인 기부에 그치고 있는 실정이다[3].

변화하는 기부문화

기부의 새로운 경향은 사회적 투자개념이나 기부금의 결과 중시 등이 그 특징이다. 기부방식이나 기부대상을 선택하는 데 있어서 자신의 가치와 관심을 적극 대입시켜 사전조사를 통해 신중하게 선택한다. 또한 이들은 자신을 적극적인 사회적 투자자 및 사회적 창업자로 인식하는 경향이 있으며, 자신의 기부금에 대한 더 많은 결정권을 갖고 관여하고자 한다. 따라서 기부금의 사용결과에 대한 관심이 크다. 비영리기관이 기부금을 자신이 원하는 곳에 효과적으로 쓰는지에 관한 책임성을 요구한다. 수혜기관에 자신의 기부금의 사용에 대해 정기적으로 보고해 줄 것을 적극적으로 요청한다. 자신의 기부금을 효과적으로 사용하기 위해서 시간이나 전문성과 같이 자신이 가진 다른 자원을 제공하기도 한다[4].

또한, 우리의 기부문화가 정착되기 위해서는 홍보활동이나 면피를 위한 방책으로서의 기업 기부가 아닌, 개인중심의 기부문화로 바뀌어야 한다. 일회성 기부에서 정기기부로, 비자발적 기부에서 자발적 기부로, 다액소수기부에서 소액다수기부로 바꾸기 위한 대책을 제시한 바 있다. 사회적 투자개념이나 기부금의 결과중시 등의 특징을 가진 새로운 경향의 기부활동은 전략적 기부활동의 이름하에 일반화되고 있는 추세이다.

이번 장에서는 현재 우리나라에서의 기부실태를 살펴보고, 이론적 관점에서 소비자의 기부행위를 살펴보고자 한다. 궁극적으로는 한국에서 기부문화를 정착시키기 위한 어떻게 노력할 수 있는지를 논의해 보고자 한다.

한국인의 기부현황

최근 부의 양극화와 이에 따른 빈부격차의 확대문제가 우리 사회의 큰 논란거리가 되고 있다. 사실상 이러한 문제는 정부의 정책만으로 해결하기에는 여러 가지 어려움이 있다고 하겠다. 선진국들의 경우에서 본다면 이러한 문제는 기부를 통해 설립된 각종 자선단체들의 활동으로 어느 정도 해결해 왔음을 발견할 수 있고 우리의 경우도 문제를 해결하는데 큰 도움이 될 것으로 생각된다.

우리나라에서 기부에 관한 통계나 체계적인 조사를 실시한 것은 2001년 '아름다운재단'의 기부문화연구소의 발표가 첫 시작이었다. 그때까지 기부는 재벌이나 일부 부유층들이 주로 하는 것이라고 여겨 왔던 것이 사실이다. 일반 시민들이 주축이 되는 소액기부문화도 점차 확산되는 추세이다. 아름다운재단 기부문화연구소가 발표한 '한국인 기부지수'에의하면 2001년 48.0%, 2003년 64.3%, 2005년 68.6%로 기부지수가 상승하고 있음을 알 수 있다[5]. 이는 국민들의 기부에 대한 관심과 참여가 점차 높아지고 있다는 것을 보여주는 단편적인 예이다. 최근에는 우리나라도 기업과 일반 개인들의 기부에 대한 관심과 참여가 크게 높아지고 있으며, 많은 대기업들이 이익의 사회 환원과 사회공헌활동에 대한 관심을 확대시키고 또 참여를 시작하고 있음을 자주 접할 수 있다.

다음 그림은 아름다운재단에서 발표한 2005년 한국인의 선호 기부처와 기부지수%를 보여 주고 있다. 재해·불우이웃돕기 성금이 65%의 기부경험을 나타내 가장 많은 것으로 나타났으며, 모금구호단체도 45.1%로 높은 편이었다. 그 뒤를 이어 거리의 노숙자나 종교단체를 통한 구호, 사회복지시설, 친구·이웃·지인에 대한 기부순으로 모두 10%를 넘는 기부지수를 나타냈다.

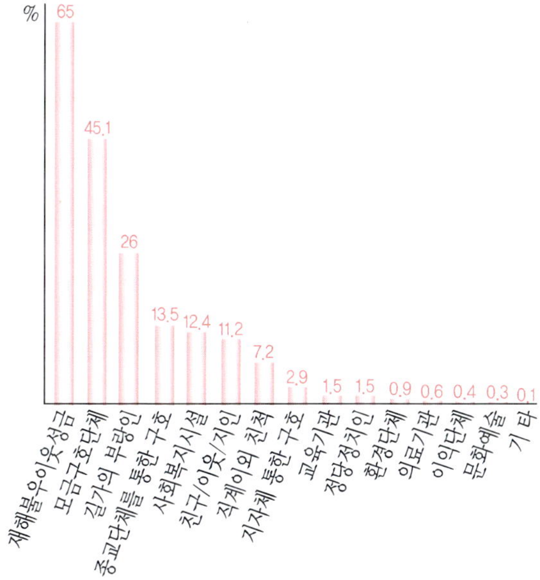

2005년 한국인의 선호 기부처 및 기부지수(%)

출처: 아름다운재단

일반 시민들의 소액기부가 늘고 있는 것은 사실이지만 아직 경조사비 지출에는 미치지 못한다. 성인 74.2%가 지난해 부조금을 냈다고 답했는데, 연평균 부조금 지출액수는 52만 4,000원으로 기부액수의 7.4배였다. 또한, 여전히, 기업기부가 압도적으로 많은 게 사실이다. 사회복지공동모금회의 2005년 자료에는 금액 대비 개인기부 비율은 16.5%인 반면, 기업 67.5%, 정부부처 및 투자기관 3.7%, 종교·사회공동체 12.2%였다.

다음은 아름다운재단이 조사한 2004년 11월 조사한 한국인들이 선호하는 기부방법을 보여 주고 있다[6]. 이 조사에서, 한 해 동안 우리나라 사람들의 평균 기부액수는 종교기부를 제외하고 5만 7859원으로 조사됐고, 평균 자원봉사시간은 연간 7.38시간, 그리고 가장 선호하는 기부방식은 ARS전화인 것으로 집계됐다. 대체적으로 기부참여율과 기부 액수가 모두 이전에 비해 늘어났지만, 아직까지는 비정기적인 기부가 압도적

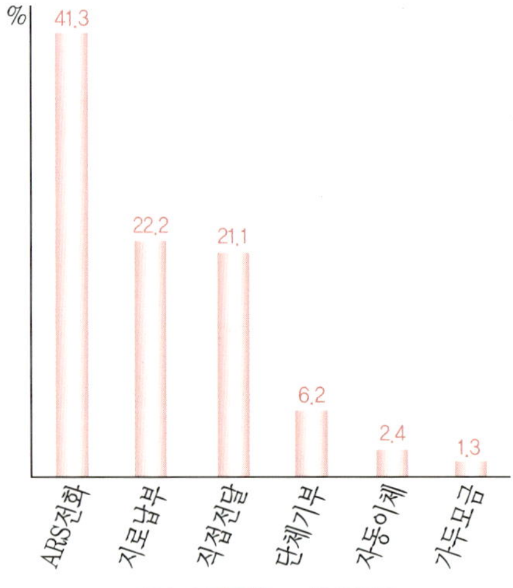

가장 선호하는 기부방법

출처: 아름다운재단, 2004

으로 정기적인 기부자는 기부 경험자의 24.7%에 그쳤다.

전체 응답자의 41.3%가 ARS 전화를 선호한다고 대답하였으며, 22.2%는 지로 납부, 21.1.%는 직접 전달의 방법을 가장 선호하고 있었다. 2004년 당시 온라인기부는 아직 우리나라에서는 보편화되지 않은 것으로 보인다.

기부에 영향을 주는 요인

다른 사람을 도와주는 행동Helping Behavior에 관한 연구는 1990년대 중반 이후 꾸준히 수행되어 왔다. Sargent1999는 사람들의 기부행동을 유발하는 기부행동 모형을 제시하였는데, 이 모형에는 다음의 6가지 요인들이 포함되어 있다[7].

① Input 요인: 자선단체 관련 요인(브랜드 파워, 호소력, 객관적 사실, 형성된 이미지), 도움요청 방식
② 도움을 필요로 하는 사람이나 자선단체에 대한 인상, 개인적 책임감 등과 같은 기부자 지각 요인
③ 연령, 성별, 사회 계층, 소득 등의 인구통계학적인 요소를 포함하는 외적 요인
④ 동정심, 사회정의감, 공감, 죄책감, 공포, 자아존중감과 같은 내적 요인
⑤ 자선경험과 판단기준
⑥ 시간, 돈의 제공

다른 연구에서도 인구통계학적 특성 요인이나, 활동 경험, 기관에 대한 태도 등이 주요 변수로 나타났다. 한국에서의 기부행동 연구결과를 살펴보면, 기부경험 비율은 여성이 남성보다 높았으나 기부액은 남성이

높았다[8]. 또한, 안정된 직업을 가진 사람들의 비중이 높은 것으로 나타났다[9]. 교육수준에 있어서는 기부경험과는 유의한 관계가 없었지만, 기부액수의 경우 대학 재학 이상의 교육수준을 가진 사람이 낮은 교육수준을 가진 사람보다 높은 것으로 확인되었다.

종교의 경우 기부경험에 주요한 영향요인으로 나타났다. 황창순의 연구에서는 천주교인과 기독교인의 기부경험이 종교가 없는 사람들의 기부경험보다 많았지만, 종교단체에 대한 기부에 집중되어 있는 것으로 나타났다. 소득은 기부액수에 항상 정비례 하는 것은 아니었다. 위 연구에서는 저소득계층의 기부율과 기부액수가 중간소득계층보다 높게 보고되었다. 다른 연구[10]에서는 중간소득층이 고소득층보다 기부율이 높았으며, 이 결과는 온라인 기부에 대한 연구에서도 일관되게 나타났다[11].

기부행동을 설명하는 이론들

이타주의

기본적으로 이타주의Altruism는 도움을 주는 주체가 자신의 개인적인 이득에 대한 기대를 갖지 않는 것이 특징이다[12]. 이타주의란 타인을 이롭게 하거나 돕는 행동으로서 보상을 기대하지 않는 것을 뜻한다. 이타주의 이론에 따르면, 사람들은 자신보다 어려운 처지에 있는 사람들을 돕고자 하는 천성이 있으며, 상대방의 처지에 있는 더 어려울수록 그를 돕고자하는 욕구가 더 커진다고 보고 있다.

기부행위의 동기가 외부의 압력이나 사회적인 인정이나 경제적 여유에 있기보다는 개인의 심리상태에 의해, 즉 어려운 상황에 처해 있는 타인을 그저 돕고 싶은 동기에서 비롯되는 것이다. 기부행위의 기본 동기가 이타주의라고 할 때 사람들마다 이타주의 성향이 어떻게 차이가 나타나는지에 대해서는 명확한 답이 없지만, 우리나라의 경우 기부자의 81.5%가 이타적인 동기에서 기부행위를 하고 있다고 조사된 바 있다.

교환이론

교환이론Exchange theory은 행동에 있어 보상과 비용에 근거한다. 인간의 행동은 차후에 자신에게 돌아올 이득에 의해 결정된다는 것이다. 대개의 경우, 사람들은 비용보다 보상이 클 때, 남을 돕고자 한다는 것이다. 이 이론에 의하면, 사람들은 자신이 지불한 비용 이상의 가치 있는 보상을 기대하고, 그에 따라 기부정도를 결정할 수 있다.

예를 들면, 사회로부터의 인정, 체면 유지, 경제적 능력의 과시에서부터 조세감면 혜택까지 다양한 종류의 보상이 있을 수 있다. 기업들이 홍보차원에서 하는 기부행위는 기부액 이상의 마케팅 효과와 세금감면의 이득을 누릴 수 있는 것이다. 실제 기부로부터 오는 보상의 가치를 재는 것은 사람마다 다르며, 특히 심리적인 부분은 상당히 차이가 있을 것이다.

효용극대화이론

경제학적으로 접근한 많은 연구들은 기부행동이 인간의 효용을 극대화하고자 하는 지극히 합리적인 행동으로 간주하고 있다[13]. 효용극대화이론Utility Maximization theory은 단체나 기업의 기부보다는 개인적인 기부에 적용되는 이론으로 보인다. 인간이 소비로 얻은 행복은 매우 주관적이며,

다른 사람을 돕는 데서 오는 즐거움은 효용극대화 행동의 하나로서 간주할 수 있다는 것이다. 사람마다 기부행동이 다른 것은 서로 다른 무차별곡선, 즉 기부에 대한 다른 선호도에서 온다는 것이다. 또한, 소득이 많은 사람이 더 많은 기부를 할 수 있는 예산을 가질 수 있다.

바람직한 기부문화를 위한 논의

기부는 정부의 개입영역이 아니거나 정부의 역할이 미치지 못하는 사회문제해결에 기여한다. 결국 자선적 기부는 사회의 균형발전을 가능하게 하며, 궁극적으로는 사회의 지속가능한 발전에 기여할 수 있는 것이다. 한국인의 기부가 점차적으로 증가하고 있다는 것은 사실이지만, 아직도 많은 문제들이 남아 있다.

먼저, 기부처가 다양해진 것은 사실이지만 그 액수로 보면 친척, 이웃, 지인 등에 대한 기부액이 많은 것을 알 수 있다. 또한, 평균 기부액은 경조사비 지출의 8분의 1 수준에 머물러 아직 규모면에서는 상대적으로 적은 것으로 나타났다. 지나친 경조사비 지출이 기부에 대한 부담을 가중시킬 수 있을 수도 있다국민일보, 2006. 11.7.

우리 기부문화의 가장 큰 문제점으로는 개인기부보다는 기업의 기부가 많고 그 기업의 기부도 세금감면 혜택을 위한 비자발적 기부라는 것이 자주 지적되고 있다. 특히 연말연시나 재해가 발생할 때에는 주변의 기부 압력을 받는 것이 비일비재한 것이 현실이다. 이쯤되면 기부를 하는 기업들도 기부를 사회공헌의 일환이라기보다는 면피나 보신을 위한 방책쯤으로 여길 수 있으며, 자칫 기부 자체보다는 마케팅 노력의 일환으로 이용할 수 있다. 우리 경영자들의 기부가 개인자금이 아닌, 대부분 기업의 자금으로 이루어지고 있는 것도 자주 지적된다. 빌 게이츠처럼 개인의 재산을 자선사업에 쾌척하는 경우는 드물다.

나아가서, 우리 사회의 개인 기부는 여전히 일부 계층에 한정되어 있을 뿐 아니라 일회성이고 충동적인 기부에 그치고 있다. 재해 발생 시나 연말연시에 우발적인 기회로 인한 기부가 일반적인 현실이다.

우리 사회에 바람직한 기부문화를 정착시키기 위해서는 우리 사회의 기부를 기업중심에서 개인중심으로, 일회성 기부에서 정기기부로, 비자발적 기부에서 자발적 기부로, 다액소수에서 소액다수로 점차적으로 바꾸어 나가야 한다. 바람직한 기부문화를 위한 제언을 예종석의 글로부터 요약해 보았다.

먼저, 기부를 장려할 수 있는 여건과 제도가 마련되어야 한다. 세제상의 공제범위와 관련한 조세제도와 비영리조직 등에 의한 모금행위를 감독하는 제도가 보다 성숙한 수준에서 만들어져야 한다. 기부자 측면에서는 기부자에 대한 세제 혜택의 폭이 커져야 한다. 최근 정부는 개인기부금에 대한 소득세법 개정안을 의결했는데, 이 개정안에 따르면 개인이 사회복지시설과 소년소녀가장 등 소외계층에 제공하는 기부금에 대한 소득공제 혜택이 이제 '연간 소득 금액의 5% 한도'에서 '기부금 전액'으로 확대된다. 학술·종교·문화 등 공익단체에 기부하는 금액에 대한 소득공제한도도 소득금액의 5%에서 10%로 확대된다. 이는 우리나라 비영리단체의 재원확보 방안에 획기적인 변화를 예고하는 조치라고 할 수 있다.

두 번째는 기부에 대한 교육이 가정과 학교 및 직장에서 상시 이루어져야 한다. 이제 우리나라에서도 가정에서 기부하고 봉사하는 교육을 해야 할 때이다. 선행을 베푸는 부모를 보고 자란 아이들은 자연스럽게 자선을 베풀게 된다. 학교와 직장에서도 그러한 교육과 관행이 정착되어야 한다. 이런 과정을 통해서 기부문화가 우리의 일상생활에 녹아들게 해야 한다.

우리 사회에 건전한 기부문화가 자리 잡기 위해서는 부유계층의 모범적 기부가 많아져야 한다. 사회지도층의 모범적인 기부행위는 일반시민들에게 좋은 영향을 미쳐 이 땅에 소액다수의 기부문화를 뿌리내리게 하는 기폭제가 될 것이다. 사회지도층 인사들의 모범은 같은 계층의 인사들에게도 많은 영향을 줄 수 있다. 이들의 경쟁적 기부는 시민들에게도 영향을 줄 수 것이다. 오블리주를 다하는 사람을 노블레스가 필요한 때이다.

나아가서 기부의 대상이 되는 비영리조직들의 투명성과 신뢰성, 그리고 기부금을 보다 효율적으로 관리할 수 있는 역량이 강화되어야 한다. 그동안 기부의 대상이 되는 비영리기관들의 투명성 결여와 경영역량의 부족은 기부자들의 신뢰를 확보하지 못하였으며, 이는 일반시민들의 기부참여를 가로 막는 주요 장애요인이 되어 왔다. 기부자들은 자신이 기부한 돈이 꼭 필요한 곳에 쓰였는지, 정당한 절차와 과정을 거쳐 사용되었는지 알고 싶어 한다. 따라서 자선적 기부의 대상이 되는 비영리조직들은 지배구조의 투명성과 경영능력 및 신뢰성 확보를 위해 노력해야 한다.

끝으로 일반시민들의 기부에 대한 적극적 참여를 유도할 수 있는 다양하고 혁신적인 프로그램들이 개발되어야 한다. 비영리단체들은 기부자들의 필요와 욕구를 충족시킬 수 있는 기부상품개발과 기부자지향적인 서비스의 체계적인 구축을 위해 조직의 운영에 시급히 마케팅 개념을 도입해야 할 것이다. 마케팅영역에서도 소비자들이 기부참여를 장려하기 위한 프로그램이나 이벤트를 마련하고, 소비자에게 긍정적인 영향을 주도록 노력해야 할 것이다. 소비자들의 일상 구매행동을 통해서 자연스럽게 기부에 참여할 수는 토대가 마련되는 것이 필요할 것이다.

1) 이정전(2003). 시장은 정말 우리를 행복하게 하는가. 서울: 한길사.

2) 프랑스어로 노블리스는 '명예', 오블리제는 '의무'를 의미하며 귀족사회가 존재했던 과거 유럽의 역사 속에서 등장하는 개념으로 사회적 신분과 지위가 높을수록 그에 따르는 도덕적 책임감도 커지는 것을 말한다.

3) 예종석(2006). 세상을 비추는 기부의 역사.

4) 기부가이드 홈페이지. http://www.giveguide.com

5) 국민일보, 2006. 11. 7.

6) 데이터뉴스, 2004. 11. 19.

7) Sargent, A.(1999). Charitable giving: Toward a model of a donor behavior. *Journal of Marketing Management*, 15, 215-238.

8) 황창순(2000). 개인 기부의 결정요인에 관한 연구: 2000년 기부 조사 데이터를 중심으로. 제1회 국제기부문화 심포지엄, 연세대학교.

9) 강철희(1998). 후원활동에 참여하는 사람들의 일반적 특징과 그들의 후원 노력에 영향을 미치는 요인들에 관한 연구. 한국사회복지학, 35(8), 1-30.

10) 강철희(1999). 한국의 모금문화현실과 선진화 방안. 국회복지포럼, 사회복지공동모금회.

11) 김유나(2002). 기부행동 및 기부 노력에 영향을 미치는 요인에 관한 연구, 이화여자대학교 석사학위논문.

12) Piliavin, J.A. & Charng, H.(1990). Altruism: A review of recent theory and research. *American Review of Sociology*, 16, 27-65.

13) Roberts(1984). A Positive model of private charity and public transfers. *Journal of Public Economy*, 92(1), 136-148; Schwartz(1968). Personal philanthropic contribution. *Journal of Political Economy*, 1264-1291.

9 행복한 세상을 만드는 **돈**

천 경 희

서울대학교 가정대학 가정관리학과를 졸업하고, 동 대학원에서 소비자학 박사학위를 받았다. 현재 마케팅 리서치회사인 Marketing & Communication Associates의 마케팅부 실장, 한국소비자교육지원센터의 선임연구원, 대전대학교 아동벤처학과 겸임교수로 재직하고 있다.

이메일을 통해 전 세계로 퍼지면서 유명해진 내용을 바탕으로 쓴 책 ≪세계가 만약 100명의 마을이라면(아케다 가요코 저)≫에 따르면 100명 가운데 52명은 여자, 48명은 남자이고, 30명은 어린아이, 70명은 성인이며, 이 가운데 7명이 노인이다. 20명은 영양부족이고, 1명은 빈사상태이며 15명은 비만이다. 6명이 전체 부의 59퍼센트를 차지하고 있는데, 이 6명은 모두 미국인이다. 전체 에너지 가운데 80퍼센트를 20명이 사용하고, 나머지 20퍼센트를 80명이 나누어 사용한다. 63억의 인구가 사는 지구를 '인구가 100명밖에 되지 않는 마을'로 축소했을 때 드러나는 모습은 극심한 빈부의 차로 단절된 병든 세계다(야마모토 료이치, 2004).

얼마 전 초등학생들을 대상으로 '얼마쯤 돈이 있어야 부자라고 생각하느냐'고 조사한 결과, 가장 많은 답이 '100억 원'이었다고 한다. 이러한 대답은 벌써 몇 년 전부터 온 나라를 뜨겁게 달구었던 '10억 만들기 신드롬'을 가까이 듣고 보고 자란 아이들에게는 어쩌면 당연한 예상 가능한 대답이었는지도 모르겠다.

'10억 만들기' 신드롬은 출판에 앞서 인터넷사이트에서 먼저 불이 붙었다. 유명 포털사이트에 보면 어떻게 10억 원을 모을 것인지를 놓고 설왕설래하는 동호인클럽을 아주 쉽게 발견할 수 있다. '10억 원'이란 숫자가 마치 모든 일반인의 최저 생존 방어선처럼 보일 지경이다. 그러면 10억만 있으면 우리의 문제는 모두 해결되고, 행복해질 수 있을까?

가난뱅이부터 억만장자까지 우리는 모두 돈 걱정을 하면서 산다. 은행잔고를 걱정하고 주식, 퇴직연금, 청구서를 걱정한다. 돈이 조금만 더 있으면 이러한 모든 문제가 풀릴 거라고 생각한다. 하지만 희한하게도 세계 최대의 부국 미국사람들이 돈 걱정을 가장 많이 하고 가장 의기소 침해 있다데이비드 보일, 2006고 하니 아이러니가 아닐 수 없다.

돈은 사람들이 서로의 필요에 의해 만들었다. 필요한 사람들이 서로 가지지 못한 것을 나누고, 사고 싶은 것을 살 수 있게 하기 위해 다양한 형태로 만든 것이다. 경제학자들은 돈의 기능을 3가지로 설명하고 있다. 첫째, 가치의 저장수단돌덩이처럼, 둘째, 가치의 표준만인이 이해할 수 있는, 셋째, 교환의 수단스스로는 가치를 지니고 있지 않은 채 정확한 교환이 일어날 수 있도록 돕는 조개껍질처럼이다.

이러한 돈은 사람들의 삶이 풍요로워지도록 봉사해야 한다. 삶이 주체요 목적이라면, 돈은 객체요 수단인 것이다. 그런데 갈수록 사람들은 돈에 얽매인다. 부채와 이자 시스템이 삶을 옥죈다. 이제 돈 그 자체가 상품이다. 윌리엄 블룸의 말대로 원래는 '사람들이 경제를 지지하고 싶어서 이를 창출한 것'이 아니라 '창조하고 관계를 맺는 과정에서 사후에 경제를 창출한 것'이니 우리가 주체적으로 경제의 원리와 화폐 체제를 바꾸면 새로운 삶을 창조할 수 있다. 다시 말해 삶의 기쁨과 행복에 기여하지 못하는 돈은 철저히 '미친 것'이다데이비드 보일, 2006.

베르나르 리에테르1998는 "돈이란 우리의 코를 꿰고 있는 쇠고리 같은 것이다. 우리는 우리가 그것을 만들었다는 사실을 잊어버렸고 그래서 오히려 이제는 그것이 우리를 끌고 다니고 있다. 지금은 우리가 어디로 가기를 원하는지 제대로 궁리하지 않으면 안 될 때인데 거기로 가기 위해서 우리는 새로운 통화체제를 설계해야 한다"고 주창하고 있다.

자본주의와 시장경제시스템 안에서 살아가고 있는 우리는 돈을 벌어야 살아갈 수 있으며 따라서 더 많은 돈을 벌기 위해 노력한다. 보통 돈은 한 나라의 통화량을 통제하고 조정하는 중앙은행에서 발행한다. 국가에서 발행하는 이러한 돈은 이긴 자가 이길수록 유리해지는 화폐이다.

즉, 돈이 많은 사람이 돈 벌기 유리하게 설계되어 있다는 것이다. 따라서 돈을 더 가지려고 서로 치열한 경쟁을 벌이게 되고 여기에 협동과 나눔이 들어설 자리는 없는 것이다.

데이비드 보일2006과 베르나르 리에테르1998가 지적하듯이 우리는 경쟁을 불러일으키는 돈이 아니라 이웃을 사랑하고 자비를 베풀고 서로 나눔과 보살핌을 통해 위안 받고 행복한 세상을 만들기 위한 돈을 원했다. 현재 우리가 살고 있는 경제시스템에서는 돈이 이렇게 운용되지 않고 있으므로 새로운 통화체제를 설계해야 한다. 그리하여 돈이 지닌 본래적인 본연의 역할을 수행할 수 있도록 하고, 그리하여 돈을 통해 우리 모두 간절히 원하는 행복한 세상을 만들어야 한다.

이처럼 돈을 개인적 이기심과 경쟁의 도구가 아니라 행복한 세상을 만들기 위하여 경제시스템을 설계하고 개혁하여 운용하고 있는 사람들이 있으니, 바로 나눔과 보살핌으로 지역공동체를 행복하게 만드는 대안화폐, 즉 공동체화폐를 설계하여 운영하고 있는 사람들이다. 이에 이번 이슈에서는 행복한 세상을 만드는 돈은 무엇이며, 행복한 세상을 만들기 위한 돈은 어떻게 운용되고 있는지 그리고 그 제도의 참여자들은 어떻게 행복하게 지내고 있는지 살펴봄으로써 돈에 대한 인식을 새로이 가지는 계기를 마련해보고자 한다.

행복한 세상을 만드는 돈 - 공동체화폐

자본주의 사회에서 가장 무력한 사람은 돈이 없는 사람이다. 그가 강건한 신체를 가졌다 해도 명랑한 기질을 지녔다 해도 좋은 목소리와 노래 부르는 솜씨를 타고 났다고 해도 그것이 돈으로 환산되는 통로를 갖지 못하면 그는 무력한 사람이다. 특히 실업자가 늘어나는 불황기에는 일정한 직업이 없는 이들은 돈을 벌기 어렵고 돈이 없으면 밥조차 먹을 수 없게 된다서화숙, 2005.

즉, 자본주의 경제체제에서는 국가기관이 보증하는 화폐만이 교환가치를 지니므로 돈이 없으면 빵을 먹을 수 없지만 사람들이 지니고 있는 노동력은 지역공동체 안에서 얼마든지 서로 나누고 보살피면서 교환할 수 있는 것이다. 이처럼 자신이 지니는 노동력을 서로 나누면서 사람들은 행복한 세상을 만들 수 있는데 이러한 교환을 위해 고안한 것이 대안화폐, 즉 공동체화폐이다.

공동체화폐는 그 지역공동체 안에 가입되어 있는 어느 누구와도 서로 교환할 수 있는 돈이다. 시장경제체제에서 유통되는 돈이 없어도 공동체화폐만 있으면 병원에도 갈 수 있고 미장원에도 갈 수 있으며 식당에서 밥을 먹을 수도 있다. 공동체화폐만 있으면 서로에게 필요한 서비스를 주고받을 수 있는 것이다.

이와 같은 공동체화폐는 법률로 정해진 국가화폐, 즉 원이나 달러, 엔, 유로, 마르크 등과 대비되는 것으로, 보완통화, 지역통화, 자주통화, 자유통화, 회원제통화, 커뮤니티통화, 그린달러, 에코머니, 오리지널머니 등으로도 불린다. 공동체화폐는 특정한 지역 내의 돈을 순환시킴으로써 경제의 안정화와 활성화를 꾀함과 동시에 글로벌 경제로 인해 붕괴되고 있는 지역공동체를 구축하는 것을 그 목적으로 하고 있다고 아베 요시히로2003는 지적하고 있다.

공동체화폐는 20세기 초에 시장경제가 위축되었을 때 국가화폐가 원활하게 유통되지 못하는 것을 만회하기 위한 대안화폐로 등장하였으나 경제상황이 호전되면서 그 역할이 감소되어 최근에는 대부분 사라졌다. 20세기 후반 경제가 어려워지면서 공동체화폐가 새로이 등장하였는데, 대표적으로 LETS, Time Dollar, Hours 등이 있다. 이들은 현재 운용되고 있는 각각의 국가로부터도 강력히 지지받는 보완적 의미의 화폐로 인식되고 있다. 위의 세 종류 이외에도 1998년 시작한 캐나다 토론토에서 비즈니스 관계자가 참가하기 쉽도록 만든 '토론토 달러'가 있으며, 프랑스의 SELSystem of Exchange, 멕시코의 Tlaloc수표형태로서 상호신용제도, 아르헨티나의 RGTRed Global de Trueque 글로벌교환네트워크가 있다아베 요시히로, 2003. 20세기 후반에 등장한 대표적인 세 가지 공동체화폐의 특성을 간략하게 살펴보면 표와 같다천경희, 2006.

LETSLocal Exchange and Trading System는 1983년 캐나다 밴쿠버의 Courtenay를 시작으로 급속히 확산되어 1998년 현재 약 350개가 운영 중인 영국

공동체화폐의 특성 비교

종 류	LETS	Time Dollar	Hours
도입시기	1983년	1986년	1991년
시발지역	캐나다 밴쿠버코트니	미국 워싱턴 DC	미국 이타카시
운영실태	전 세계적으로 1,500여 개	미국 38개 주, 67개 시스템	북미에서 39개의 시스템이 운영 중
특징	교환거래의 일반적인 유형을 말함	시간당 서비스 가치를 동일하게 취급, 노동시간을 저축해 줌, 서비스 중심거래	시간을 기준으로 하여 지역 내에서 자체적으로 화폐를 발행

출처: 류은화, 2000

대전 한밭레츠의 공동체화폐 '두루'

일본 사이비시(市)의 수표형 화폐 'Happy'

미국의 'Ithaca Hour'

을 비롯하여 약 500개 이상이 운영되고 있는 유럽 그리고 호주지역, 한국에서의 공동체화폐 등이 이 모델을 따르고 있으며 현재 가장 많이 운영되고 있는 공동체화폐 유형이다.

Time Dollar는 워싱턴에서 시작한 시간예탁제도로서 일종의 자원봉사은행에 가까운 제도이다. 즉 타임달러는 초기에 노인들의 자원봉사 활동에 동기를 부여하고 그 자원봉사의 가치를 시간으로 환산하여 당사자들이 필요할 때에 이를 사용할 수 있도록 한 제도이다.

Hours의 경우 1991년 뉴욕주에서 창설된 'Ithaca money'가 최초이다. Hours에서는 화폐의 거래가 계좌상으로만 존재하는 것이 아니라 실재 통용되는 지폐를 발행하고 있다.

그밖에도 전 세계에 3,000개 정도의 지역에서 공동체화폐가 운영 중이다. 영국에 500개, 호주와 뉴질랜드에 300개 이상의 공동체화폐가 있다. 공동체화폐는 미국, 캐나다, 프랑스, 이탈리아, 독일, 네덜란드 같은 서구는 물론 남미와 아시아에도 번지고 있다.

세계적으로 운용되고 있는 공동체화폐는 크게 두 가지로 분류할 수 있는데North, 2000, 하나는 공동체화폐의 가치를 시간으로 환산하는 공동체화폐 유형으로 LETS Scheme, Talents, Time Dollar, Hours, Ithaca Hours, Grains of Salt 등이 이에 속하며, 다른 하나는 공동체화폐의

우리나라 공동체화폐운동 현황

공동체화폐제도	운영단체	공동체화폐명	도입 시기	특 징
미내사 FM	미래를 내다보는 사람들의 모임	미래머니 (future money)	1998년 5월	비영리 민간단체
민들레 교육통화	출판사 '민들레'	민들레	1999년 1월	비영리 민간단체
서초품앗이	서초구청	그린머니 (green money)	1999년 2월	지방자치단체
작아장터	녹색연합 출판사	없음	1999년 3월	비영리 민간단체
송파품앗이	송파 자원봉사센터	송파머니 (songpa money)	1999년 8월	구립민영지역 자원봉사센터
동작 자원봉사은행	동작구 자원봉사센터	없음	1999년 11월	지방자치단체
한밭레츠	주민	두루	2000년 2월	민간인
과천 품앗이	주민	아리	2000년 11월	민간인
안산 고잔품앗이	안산 고잔1동사무소	고잔머니 (GM)	2002년 6월	민간인
구미 사랑고리은행	구미요한 선교센터	고리	2002년 8월	비영리 민간단체
지역품앗이 광명그루	광명시 평생학습원	그루	2004년 3월	지방자치단체
대구 지역화폐 늘품	대구 달서구 본동종합사회복지관	늘품	2005년 4월	지방자치단체

가치를 국가화폐와 동일하게 매기는 것으로 LETS, Deli Dollars, Wir 등이 이에 속한다.

우리나라에서도 공동체화폐가 운영되고 있는데, 1998년 3월 우리나라에서 처음으로 '미래를 내다보는 사람들의 모임미내사'이 미래화폐Future Money란 이름으로 공동체화폐제도의 운영을 시작하였다. '미내사' 이외에도 표에 실린 다양한 공동체화폐제도가 운영되고 있다.

현재 우리나라에서 운용되고 있는 공동체화폐운동은 LETS와 Time Dollar 두 가지의 형태인데, '한밭레츠', '과천품앗이', '지역품앗이 광명그루' 등은 LETS이고, '송파품앗이', '구미사랑고리', '동작자원봉사은행'은 Time Dollar이다천경희, 2005.

행복한 세상을 만들기 위한 돈은 어떻게 운용되는가?

행복한 세상을 만들기 위해 설계한 대안화폐, 즉 공동체화폐는 독특한 방식으로 운영된다.

1) 공동체화폐가 운용되는 공동체화폐제도는 지역주민이 가진 역량을 발휘하여 상호거래 및 교환을 촉진하여 국가화폐의 부족으로 인한 경기침체를 극복하려는 동기에서 개발된 시스템이므로 한정된 지역 내 주민에게만 회원가입의 자격을 부여하며 회원이 제각기 제공 가능한 물품이나 서비스의 내용을 알림으로써 원하는 거래를 공개한다.
2) 이러한 내용은 회원들이 모두 열람하여 공개하고 원하는 당사자들 간에 공동체화폐를 이용하여 거래한다. 구매한 사람의 계좌에는 (-) 계정이 이루어지고 거래한 사람의 계좌에는 (+) 계정이 이루어진다.
3) 물품이나 서비스 제공자와 수요자의 일대일의 교환이 아니라 공동체화폐제도에 가

입한 회원들 전체 사이에 교류가 이루어지는 체계이다. 즉, A가 B에게 서비스를 제공한 뒤, 그 대가는 자신이 필요할 때 C나 D 등의 제 3자에게서 제공받을 수 있다는 것이다.

4) 제공된 물품이나 서비스에 대한 가치는 개별 지역통화의 단위를 적용하여 교환거래자 간의 합의에 의하여 결정된다. 즉, 서비스 제공자와 수요자의 합의로 가격이 결정된다는 뜻이다(류은화, 2000).

공동체화폐제도의 운영을 원활하게 하기위하여 공동체화폐를 운영하는 단체에서는 네트워크 관리를 담당하는 관리자와 관리를 위한 사무소를 두고 있다. 이곳에서는 회원들이 제공할 수 있는 서비스나 기술, 물품이 열거된 목록을 보유하거나 거래가 발생했을 때 회원들 사이의 거래관계를 일일이 보고받고 기록하며 서비스목록이나 거래상황, 회원들 간의 상세한 계좌 현황을 정기적으로 통보한다천경희, 2006.

공동체화폐제도는 공동체화폐로 운용되는 새로운 형태의 경제제도이므로 일반적인 시장질서나 유사시스템과 다른 네 가지 측면의 특성을 지닌다이창우, 2002. 즉 대응성, 호혜성, 기록성, 공개성이 그것으로, 공동체화폐제도에서는 서로간의 채무관계는 일반적인 시장질서와 비슷하지만 빌린 사람에게가 아니라 회원 중 아무에게나 갚으면 되며대응성, 자원봉사와 비슷하나 봉사의 대가가 있고호혜성, 이웃 간의 상부상조와 비슷하나 도와주고 나눠주고 빌려준 일을 모두 기록해 놓으며기록성, 은행의 계좌와 비슷하지만 이자가 없고 거래내역을 회원에게 공개공개성한다박경화, 2004. 공동체화폐제도에 내재하는 특징을 강수돌2002은 실명성, 탈이윤, 자립성, 연대성, 평화성, 생태성 등의 6가지 측면으로 설명하고 있다.

우리가 사용하고 있는 국가화폐와 공동체화폐와의 차이를 통해 공동체화폐가 운용되는 방법을 구체적으로 살펴보면 다음과 같다.

국가화폐와 공동체화폐의 차이

	국가화폐	공동체화폐
경제학적 기능	가치척도, 교환, 가치저장	매개(가치척도, 교환)
화폐의 형태	현금통화, 예금통화	지폐발행형, 집중관리형
이자	유이자(→가치증식)	무이자
시간개념	자본축적→투자	없음(소비의 한계)
통화시장	mainstream	alternative economy
공간개념	공동체→글로벌경제화	글로벌경제화→로컬경제
인류학적 기능	외부화폐기능(교환)	내부화폐기능(상화보응)
발생영역	공동체와 공동체간의 접점	공동체 내부
사용동기	편리성, 신용	코미트먼트, 심퍼시, 상호보응
가치기능	절대가치	상대가치

출처: 박상헌, 2004

공동체화폐제도의 참여자들은 어떻게 행복하게 지내는가?

공동체화폐는 이자가 없으므로 가치를 가질 뿐 쌓아 둔다고 불어나지 않는다. 오로지 교환을 위해 생겨난 돈이다. 돈이 돈을 버는 것은 불평등을 심화시키지만 노동과 물품의 상징물로서만 존재하는 돈은 활용해야만 그 가치가 있다. 이 때문에 대안화폐는 돈으로 불평등이 심해지는 것을 막아준다(서화숙, 2005).

또한 공동체화폐는 신뢰를 바탕으로 하는데, 회원들 간의 신뢰가 없으면 공동체화폐는 존재할 수 없다. 더욱이 중요한 것은 돈이 지역 공동체 안에서 움직이므로 지역공동체를 살리는 역할을 한다는 것이다.

우리나라에서 가장 활발하게 운용되고 있는 대전의 한밭레츠에 참여하는 사람들의 경험 사례를 통해 공동체화폐제도 안에서 사람들이 어떻게 행복하게 지내는지 살펴보자.

한밭레츠는 대전지역을 중심으로 1999년 10월에 기획되었으며, 2000년 2월에 약 70여 명의 회원이 모여서 시작한 공동체화폐제도로 민들레의료생협과 연계하여 활동하고 있으며 비교적 도시 외곽에 위치하여 농촌지역 사람들이 참여하는 경우가 상대적으로 많아서 구성원들이 거래하는 품목의 종류가 다른 공동체화폐제도에 비해 상대적으로 다양하고, 그 밖에 회원들의 활동내용이 가장 활발한 곳이다.

공동체화폐 '두루'는 '널리' 또는 '두루두루'라는 뜻이 담긴 순우리말로 1천 두루는 1천 원에 해당하는 값으로 정했다. 기본적으로 전체 가격의 30% 이상을 '두루'로 거래해야 하는 것을 원칙으로 정하고 있다. 대체로 일반화폐로 거래되는 품목들은 두루와 현금을 섞어서 거래하지만 회원들끼리 재활용품을 사고 팔 때는 두루로만 거래하기도 한다.

대전 한밭레츠의 공동체화폐 '두루'를 통해 참여자들은 회원들 간에 소통하고 나누면서 공동체와 연대하기 위한 활동뿐 아니라 구성원들 개인적인 욕구에서 비롯된 활동, 그리고 외부 사회에 대한 봉사활동 등 다양한 형태의 활동들이 이루어지고 있다.

이러한 공동체화폐제도 내에서의 활동을 참여자들은 어떻게 해석하고 평가하는지를 살펴봄으로써 참여자들이 어떻게 행복하게 지내는지 알아보았다(천경희, 2006).

거래를 통한 가치창출

한밭레츠 참여자들은 두루를 통해 내가 필요하지 않은 제품이나 서비스를 필요한 사람과 거래하면서 화폐가치를 창출하고 있다. 한밭레츠 회원들은 생활에 필요한 물품이 생각나면 먼저 홈페이지에 자신이 원하는 내용을 올리거나 등록소에 문의하여 구한다. 또한 자신이 필요하지 않은 물품의 경우 필요한 사람이 사용할 수 있도록 홈페이지나 등록소에 알려준다. 이러한 한밭레츠에서의 거래를 통해 새로운 경제적 가치를 창출하고 있으며 실제 생활경제에도 많은 도움을 받고 있다.

공동체와의 연대감

한밭레츠에서는 두 달에 한 번씩 만찬행사를 한다. 신입회원들이 인사를 나누는 기회가 되기도 하고 그동안 만나지 못했던 사람들이 서로 만나는 기회도 된다. 만찬의 준비는 준비위원이 모여 기획하는데 누구라도 준비위원이 될 수 있고 어떠한 방식으로 이루어져도 무방하기 때문에 서로의 의견을 나누어 결정한다. 따라서 모두가 주인이고 모두가 함께하는

한밭레츠의 품앗이만찬에서 행복한 세상 만드는 사람들

기회가 된다. 만찬은 준비하는 각자가 함께 나누어먹을 음식을 준비해서 모두 한자리에 놓고 함께 먹기 때문에 주고받음에 대한 명확한 기준이나 틀이 없이 함께 한다는 공동체의식을 느낄 수 있게 해주는 좋은 장이 된다. 이러한 만찬을 통해 한밭레츠의 참여자들은 서로의 삶을 나눈다.

경쟁과 소유로부터의 자유 체험 - 믿음과 신뢰의 관계

시장경제를 원리로 하는 자본주의에서 경쟁은 기본적이고도 필수적인 철학으로 이기지 않으면 패배할 수밖에 없다는 사고가 지배적이다. 이러한 경제체제에서는 상대적 박탈감에 놓일 수밖에 없으며 항상 불안할 수밖에 없다. 한밭레츠에서는 이러한 경쟁의 틀과 속박에서 벗어나는 삶을 누리고 있다. 소유하지 않았어도 불안하지 않은 태도를 가질 수 있으며 부채가 있는 경제 상태에서도 겁나지 않는 태도를 보일 수 있다. 반면에 아무리 많은 '두루' 화폐를 가지고 있어도 이자가 붙지 않기 때문에 소유만으로 부가 증식되지 않으며 따라서 경쟁과 소유에서 자유로운 삶을 영위할 수 있다. 한밭레츠 구성원들은 그렇게 자유로운 삶을 살고 있다.

자기능력 발휘 및 자기존재감 체험

한밭레츠에서는 사람과 사람이 다양한 형태의 거래로 만난다. 에드카칸2004은 '이제 쓸모없는 사람은 없다'고 하였다. 한밭레츠에서는 어떠한 형태의 능력이라도 나눌 수 있다. 시장자본주의에서 가치가 있다고 생각되지 않는 것도 가치 있게 생각할 수 있다. 뿐만 아니라 이러한 자신만이 가지고 있는 능력을 다른 사람에게 제공해주면서 기쁨을 얻을 수 있다. 평가받거나 퇴출되지도 않는다. 이를 통해 개인의 무한한 잠재력이

한밭레츠의 품앗이학교

발현될 수 있으며 다른 사람에게 줌으로써 행복하고 기쁠 수 있다는 것을 경험한다.

지속가능한 소비생활 실천

한밭레츠에서 함께 나누고 보살펴주는 공동체를 만들기 위한 다양한 노력을 하면서 자연과 환경을 생각하는 소비생활을 실천하고 있다. 즉 재활용·재사용을 생활화하고 있으며 나눔의 삶을 실천하고 있다. 특정 제품을 구매하고자 할 때 어디에서 어떤 제품을 구매할 것인가 생각하기에 앞서 그것이 반드시 필요한 것인가 먼저 생각하고 구입한다고 한다.

이와 같은 나눔의 삶과 소비생활은 전반적인 삶의 태도에도 영향을 주어 아이를 낳거나 이사를 하거나 물품을 장만해야 한다는 등 일상적인 삶의 변화에도 당황하지 않고 공동체 안에서 해결하고 준비할 수 있는 여유를 가지게 해준다. 이를 통해 한밭레츠 공동체 안에서 부족하지 않고 편안하게 삶을 살 수 있는 것이다.

세상을 바꾸는 돈의 사용법

우리는 돈이 없으면 나눌 수 없다고 생각한다.

퇴직금 모으고 주변의 친인척에게까지 돈을 빌려 막 식료품 가게를 개업한 임꺽정이 있었다. 그때 목수로 일을 하던 홍길동은 일거리가 없어 배를 곯고 있는 상황이었다. 임꺽정은 홍길동의 목수 기술이 필요했고 홍길동은 임꺽정의 식료품이 필요했다. 그런데 둘은 서로 아무런 도움을 주지 못한다. 왜? 그것은 간단하다. 돈이 없기 때문이다.

그렇다면 돈을 만들면 되지 않겠는가? 대신에 잘 만들어야 한다. 한국은행처럼 승자독식의 규칙을 채택하면 또다시 가난한 사람들은 서로 도울 수 없게 된다. 자, 이렇게 해보자. 딱 두 가지 약속을 하는 거다. 첫째, 화폐가 필요하면 언제든지 스스로 발행할 수 있게 하자. 즉, 벌지 않아도 필요하면 쓸 수 있게 하자. 둘째, 이자는 없기로 하자.

근대의 과학기술과 시장경제는 우리에게 거대한 혜택을 가져다 주었다. 그 과학기술문명이 번영하는 데 화폐와 시장이 기여한 공로는 우리 모두가 인정하는 바이다야마모토 료이치, 2004. 그러나 화폐와 시장은 그 구조적 특성으로 인해 시장실패를 경험하게 했고 사회의 발전에도 불구하고 사회의 양극화, 지역경제의 공동화空洞化 등 다양한 형태로 일상적인 삶에 불편을 초래하기도 한다.

돈을 어떻게 사용하고 활용하는가는 우리 공동체에 커다란 영향을 미친다. 돈을 개인의 욕구의 수단으로 사용할 경우 그 사회는 이기적인 경쟁이 치열한 사회가 될 수밖에 없을 것이며 나눔과 보살핌을 원칙으로 돈을 사용하면 그 사회와 지역공동체는 함께 살아가는 기쁨과 즐거움을 누려 행복한 세상을 만드는 데 기여할 수 있을 것이다.

따라서 돈을 얼마나 가지고 있는가보다 어떻게 더 많이 가질 것인가보다 어떻게 함께 나누며 살아가고자 하는 데 관심을 가지면 돈은 행복한 세상을 만드는 역할을 훌륭하게 수행할 수 있을 것이다.

이제 돈을 어떻게 사용할 것인지 모두가 함께 생각해보자.

Reference

가토 토시하루 저 · 제진수 역(2006). 에코머니: 환경을 살리는 위대한 돈. 서울: 이매진.

데이비드 보일 저 · 손정숙 역(2006). 행복한 돈 만들기. 디오네.

류은화(2000). 국내 지역통화운동의 실태 및 효과에 관한 연구: 인천연대 '나눔'을 중심으로. 계명대학교 석사학위논문.

베르나르 리테에르(1998). 탐욕과 희소성을 넘어서. 녹색평론, 40(5-6), 114-129.

서화숙(2005). 행복한 실천. 우리교육.

아베 요시히로 · 이즈미 루이 저 · 전정근 역(2003). 누구나 알 수 있는 지역통화 입문: 미래를 여는 희망의 돈. 아르케.

야마모토 료이치 저 · Think the Earth Project 엮음 · 김하경 역(2004). 세상을 바꾸는 돈의 사용법. 미래의 창.

이창우(2000). 지역품앗이운동 소개. 제2건국을 우한 지역품앗이운동 설명회자료집.

이창우(2002). 우리나라 지역화폐운동의 현황 및 과제. 한밭레츠 실험3년 평가워크샵 자료집.

조너선 크롤 저 · 박용남 역(2003). 레츠: 인간의 얼굴을 한 돈의 세계. 이후.

천경희(2005). 지역화폐운동의 소비문화적 의미 연구 - "한밭레츠" 참여자의 소비행동을 중심으로. 한국생활과학회지, 14(4).

천경희(2006). 공동체화폐운동에 참여하는 소비자의 경험과 소비자주의적 함의 연구. 서울대학교 박사학위논문.

North, P(2000). The design defects of user created complimentary currencies and how they might be overcome, paper presented to Working Group C3, International Network of Engineers and Scientists for Global Responsibilityconference, Stockholm, Sweden, June 2000.

Part 3
선택하는 소비자

10 광고, 그 노골적인 유혹

여 정 성

서울대학교 가정대학 가정관리학과를 졸업하고, 미국 코넬대학교에서 소비자경제학 석사와 박사학위를 받았다. 현재 서울대학교 소비자학과 교수로 재직하고 있다.

소비자를 둘러싼 광고물의 홍수

요즘 우리는 상품이 넘쳐나는 '과잉생산'의 세상에 살고 있다. 백화점이나 대형할인매장에는 천장 높이까지 상품이 쌓여 있고, 또 어딘가를 여행하다 보면 창고 같은 건물에 '할인행사'라는 플래카드가 걸린 채 옷이나 신발을 산더미처럼 쌓아놓고 파는 곳도 쉽게 목격할 수 있다.

이렇듯 소비자들이 필요로 하는 것 이상으로 상품이 시장에 공급되다 보니, 판매자들은 판매를 촉진하기 위해 다양한 수단을 강구할 수밖에 없게 되었다. 특히 예전에는 제품의 품질이나 기능을 개선해서 소비자들에게 다가가려고 할 수도 있었으나, 이제는 생산기술이 발달함에 따라 그런 기능적인 차별화도 꾀할 수 없게 되었다. 결국 겉모양을 바꾼다던지, 광고를 달리 한다던지 하면서 외관적인 차별화 또는 심리적 차별화를 시도하고 있다.

특히 기업은 광고를 통해 소비자들로 하여금 사용하던 상품은 보다 많이 사용하도록, 사용하지 않던 상품은 새로이 사용하도록, 끊임없이 소비자를 설득하고 있다. 그 결과 요즘 소비자들은 광고의 홍수 속에 살고 있다고 해도 과언이 아니다. 아침에 눈을 뜨는 순간부터 저녁에 잠들 때까지 무수히 많은 광고에 노출된다. 우선, 아침에 일어나 대문 앞에 놓인 신문을 집어 들면 우수수 떨어지는 간지들이 있다. 대부분의 신문사들이 광고수입에 의존하다보니, 신문지면의 반 이상을 광고가 차지하고 있다. 비슷한 현상이 여성지들에서도 나타난다. 이제는 거의 웬만한 사전만큼의 두께가 되어버린 여성지를 펼쳐 들면 아무리 페이지를 넘겨도 기사가 나오질 않을 정도로 많은 광고가 게재되어 있다. 출근길 집밖을 나서면 일단 엘리베이터 벽면에도 광고가 잔뜩 붙어 있다. 지하철역 그리고 지하철 내부에는 다양한 종류의 광고가 다닥다닥 붙어 있다. 역을 나오자마자 많은 사람들이 가로막고 서서 광고 전단지를 나누어 주고 있다. 아마도 누구나 쉽게 경험하고 있는 상황일 것이다. 게다가 최근엔 소비자들조차도 본의 아니게 일조를 한다. 예를 들면, 전면에 한 줄로 쭉 상표명을 나열한 티셔츠, 바지 뒷주머니에 붙어있는 청바지 로고, 운동화 뒤축에 쓰여 있는 상표명 등 마치 살아 움직이는 광고판처럼 보이기까지 한다.

소비자들의 일차적인 그리고 가장 효과적인 정보원천인 광고는 대중소비문화가 발달하면서 그 역할이 지속적으로 증대되어 왔다. 현대의 소비자는 여러 종류의 다양한 상품을 구매하고 있기 때문에 상품에 대해 불완전한 정보를 가질 수밖에 없으며, 특히 생산기술의 발전이 빨라지면서 새롭게 소개되는 상품의 경우 그런 상품이 존재하는지조차 알지 못하는 소비자들도 있다. 이에 가장 정확하게 상품에 대해 파악하고 있는 생산자나 판매자에 의해 직접적으로 제공되는 정보인 표시와 광고의 영향력이 더욱 강조되고 있다.

그러나 광고비의 대부분이 최종지불가격에 반영되어 소비자가 이를 전적으로 부담하는데도 불구하고, 소비자를 대상으로 하는 수많은 광고가 과연 그 일차적인 목표인 정보전달원으로서의 역할을 제대로 수행하고 있는가는 의문시된다. 오히려 최근에는 마치 광고의 목적이 구매를 촉진시키는 설득적 역할에만 있는 것처럼 인식되고 있어 소비자의 이익보다는 기업의 이익 추구가 광고의 중요한 목표가 되었으며, 그 효과를 높이기 위해 진실한 내용보다는 과장된 허위·기만광고가 더 많이 이용되고 있는 실정이다.

그렇다면 이렇듯 바람직하지 않은 광고의 홍수 속에서 어떻게 대응해야 하는가? 이번 장에서는 일반적으로 광고가 우리 사회에 어떠한 영향력을 미치는가를 살펴보고, 구매 설득이라는 목적을 달성하기 위해 끊임없이 등장하고 있는 기만광고에는 어떤 것들이 있는지, 그리고 기만광고의 문제를 해결하기 위해 어떤 노력이 필요한가에 대해 논하며 글을 맺고자 한다.

광고는 사회에 어떤 영향을 미치는가?

어느덧 우리 생활의 중요한 일상이 되어버린 광고는 여러 가지 차원에서 영향을 미친다. 이를 시장에 영향을 미친다는 측면에서 바라본 경제적인 효과와 사회 전체에 미치는 영향이라는 측면의 사회문화적인 효과로 나누어 살펴보자. 그 영향들은 때로는 긍정적이기도 하고 또 때로는 부정적이기도 하다.

광고의 경제적 효과로는 광고가 상품의 최종 가격에 미치는 영향과 시장경쟁에 미치는 영향을 들 수 있다.

광고는 상품의 가격에 서로 상반되는 두 가지 영향을 미칠 수 있다. 우선, 광고비로 인해 원가가 상승됨에 따라 상품의 가격을 높게 책정할 수밖에 없게 만든다. 2005년의 광고산업의 총 매출액은 8조 4,178억 원에 이르렀으며광고산업통계, 2006, 아모레퍼시픽의 2006년 상반기 광고 지출액은 약 328억 원이다. 이는 모두 생산원가에 포함되어 소비자들에게 부과되는 가격이 된다. 특히 최근에는 광고경쟁이 치열해짐에 따라 원가에서 광고비가 차지하는 비중이 점점 더 늘어가고 있다.

한편, 광고를 통해 대량으로 판매가 가능하게 된다면, 이는 생산단가를 낮추는 데 기여하게 된다. 예를 들면, 치약을 십만 개 생산할 때와 백만 개 생산할 때의 생산단가는 아주 달라진다. 하이트맥주는 월 210만 병이 팔리고 있으며, 태평양의 햅번브론즈라는 색깔의 립스틱은 모두 150만 개가 판매되었다. 이렇듯 대량판매가 가능해지면 대량생산에 의한 원가절감이 이루어질 수 있다.

즉, 광고는 광고비 부담으로 인해 가격을 상승시키기도 하지만, 동시에 대량생산과 대량판매를 가능케 함으로써 원가를 인하시키기도 한다.

둘째, 광고는 시장경쟁에 영향을 미친다. 우선, 시장경쟁을 강화시킬 수 있다. 광고는 그 상품이 시장에 나왔음을 알릴 수 있는 가장 일차적인 정보원이다. 즉, 이미 시장에서 많은 종류의 상표가 팔리고 있을 때 새로운 대안의 존재를 알릴 수 있는 유일한 길인 것이다. 그러므로 광고가 없다면 새로운 기업이 시장에 진입할 수 있는 길이 차단되는 것이다.

한편, 광고비용이 상대적으로 커서 해당 기업에 큰 비용부담이 될 경우에는 경쟁을 약화시킬 수도 있다. 왜냐하면 광고비용을 감당할 수 없는 회사들이 생길 수 있기 때문이다. 특히 상품 차별화를 위해 광고비가 과도하게 투입되는 독점적 경쟁시장에서 이러한 폐해가 더욱 심각하게 나타날 수 있다. 때로는 다른 기업의 신상품이 시장에 진입하는 것을 막기 위해 무차별적으로 광고를 퍼붓는 전략을 사용하기도 한다.

다음으로, 광고의 사회문화적 효과에 대해 살펴보자. 광고는 무엇을 사고 어떻게 행동할 것인가에 대해 설득적 역할을 함으로써 사회에 영향을 미치게 된다. 특히 반복적으로 주입되면서 상품 내지는 소비에 대한 가치관이나 소비문화를 변화시킬 수 있다.

그 중에서도 가장 문제시 되는 것은 바로 광고를 통해 끊임없이 새로운 상품을 구입하게 만들기 위해 물질의 소유를 가장 중요한 인생의 목표인 것처럼 소비자들을 부추김으로써 소비자들에게 '물질주의'를 주입시킨다는 것이다. 보다 많이, 보다 새로운 것을 갖도록 만들기 위해 광고는 상품을 가졌을 때의 쾌감이나 만족감을 강조하기도 하며, 그 과정에서 먹고 마시고 즐기는 쾌락주의를 강조하게 되기도 한다.

또한, 소비자들에게 어필하기 위해 너무나 전형적인 고정관념을 강조하거나, 또 다른 경우에는 독특한 처리로 소비자들의 눈길을 끌기 위해 일반적이지 않은 설정을 강조하기도 한다.

예를 들면, 새롭게 출시된 이유식을 구입하도록 만들기 위해 헌신적으로 자녀를 양육하는 어머니의 모습을 강조하기도 하는 반면, 새로 나온 화장품의 판매를 위해서는 가정에 대한 헌신에서 벗어나 자신을 챙기는 어머니의 모습을 강조하기도 한다.

이러한 내용이 반복적으로 주입되게 됨에 따라 더 이상 일반적인 것이 사라지는, 매우 피상적인 플라스틱 다원주의사회로 변해가는 것이다.

특히 막대한 광고의 영향력은 아직 발달과정에 있는 아동들에게는 여과되지 않은 채 크게 나타날 수 있다. 많은 회사들이 라면이나 스낵류의 상품군에서 주 구매자인 어머니보다는 아동을 타겟으로 상품을 기획하고 광고하는 것을 볼 수 있다. 아동들에게 집중적으로 소구하고, 과장된 내용으로 판매가능성을 높이려 한다.

아동들이 TV광고를 통해 노출된 상표의 상품들을 아동들이 원하거나

세상의 리더로 키운다
With Mom
그랑노블 위드맘
3
성장기용 조제식
그랑노블 위드맘

참존 디에이지 레드-애디션
DeAGE

baskin BR robbins

baskin BR robbins

조를 때마다 값이 얼마 되지 않거나 또는 귀찮아서 어머니들이 그대로 구입해 주게 된다면, 아동들은 광고의 문제점을 파악하지 못한 채 남게 된다. 무차별적으로 쏟아지는 광고를 보며, 아동들은 그 상품을 구매하는데 그치지 않고, 이들 광고에서 그려지는 일련의 모습을 통해 소비자로서 사회화된다.

광고에서 소비자 유혹은 어떻게 일어나는가?

기업은 소비자들로 하여금 그 상품을 소유하고 싶게 만드는 소비욕구를 지속적으로 창출하고자 한다. 즉, 사용되지 않던 상품은 사용되게, 사용되던 상품은 보다 많이 사용되게 만들고자 다양한 종류의 광고를 이용하게 된다. 이때 광고는 두 가지 측면을 강조한다. 우선, 소비자들의 욕구를 자극함으로써 사고 싶게 만들고, 또 다른 측면에서는 상품의 가치를 강조함으로써 사야만 하게 만드는 것이다. 각각의 경우를 조금 더 자세히 살펴보자.

우선, 광고는 소비자들의 욕구를 자극함으로써 사고 싶게 만든다. 일반적으로 소비자들이 상품을 필요로 하는 경우는 지금까지 쓰고 있던 것이 다 떨어졌을 때이다. 그러나 광고는 상품의 고갈되었을 경우뿐만 아니라 지금까지 사용하지 않았던 사람의 경우에도 새로 구입하고 싶도록 만들기 위해 끊임없이 소구한다. 예를 들면, 예전에는 없었으나 지금은 너무나 당연히 가지고 있어야 하는 것으로 여겨지는 상품들이 많다. 샴푸, 염색약, 조미료, 휴대폰 등등이 없었던 시절에도 사실상 그리 불편함을 느꼈었던 것은 아니지 않은가?

또는 새로 구입한 상품 때문에 또 다른 상품을 구입하게 만드는 경우도 많다. 예를 들면, 집안에 새로운 소파를 들여놓게 되면, 갑자기 그동안 가지고 있던 탁자가 영 낡은 것 같기도 하고 또 어딘지 모르게 어울리지 않는 것 같은 기분이 든다. 결국 소비자는 탁자를 바꾸게 되고, 그 다음엔 그에 걸맞는 스탠드를 사고 싶어지며, 그 다음엔 거실의 어딘가를 더 손보고 싶어지게 된다. 이를 '디드로 효과'라 하며, 개인이 자기고 있는 사물들 사이에 문화적 일관성을 유지하도록 강제하는 힘을 말한다. 광고에서는 소비자들의 이런 경향을 십분 활용하는 것이다.

다음으로, 광고는 상품의 가치를 강조함으로써상품차별화 사야만 하게 만든다사용의 강제성. 예를 들면, 예전에는 누구나 비누로 머리를 감았으나 '샴푸'라는 머리만을 대상으로 한 새로운 세제가 등장하였다. 이때 광고는 '더 이상 누구도 비누로 머리를 감지 않는다,' 내지는 '아직도 비누로 머리를 감으십니까?' 등의 내용의 광고를 통해 소비자들로 하여금 샴푸를 사용하지 않으면 마치 시대에 뒤떨어진 사람인 것처럼 느끼게 만듦으로써 샴푸 판매를 부추긴다. 또는, 새로 나왔다는 아주 화려하고 자그마한 모습의 휴대폰 광고를 보다 보면, 비록 묵직하지만 지금까지 잘 사용하고 있던 휴대폰이 이제는 마치 들고 다니기에는 너무 무거운 것처럼 느껴지게 된다.

특히 이때 등장하는 광고들은 이성적 소구보다는 감성적 소구를 주로 이용하게 된다. 즉, 소비자의 합리성보다는 감정에 호소하여 소비자에게 꼭 필요한 절박한 것이 아님에도 불구하고 소비자들에게 원하는 것처럼 생각되도록 만드는 것이다. Kenneth Galbraith의 표현에 의하면 '절대적 욕망'이 아닌 '상대적 욕망'이 광고를 통해 생산자들에 의해 만들어지는 것이다. 이러한 광고를 통해 소비자들이 느끼게 되는 상품의 가치는 사용가치가 아닌 인지된 가치가 된다. 예를 들면, 동일한 내용의 상품에 대해서도 이 상품은 다른 상품에 비해 훨씬 더 가치 있고, 우수하다고 느끼게 되며, 또는 이 상품을 소유함으로써 보다 더 근사한 사람이 된다고 느끼는 것이다.

어떤 광고가 기만광고인가?

소비자들에게 필요한 정보를 제공하는 광고가 되기 위해서는 바람직하고 사실적인 광고이어야 한다. 바람직하고 사실적인 광고란, 광고의 내용이 사실이고, 객관적으로 입증이 가능하여야 하며, 소비자에게 공정한 인상을 주어야 하고, 또 과장이 없어야 한다. 그러나 이러한 요건을 제대로 충족시킬 수 있는 광고는 사실상 우리 주위에서 찾기 힘들다.

1990년대에 허위·과장의 문제로 논란이 되었던 광고 중에 아직도 우리의 기억에 남아있는 것들로는 원료 중에 묵은 쌀을 사용했다는 상표와 수입 밀가루를 사용했다는 논쟁이 제기되었던 1995년의 이유식광고 사건, 보통 물에 비해 그 효과가 뛰어나다고 광고했었던 육각수광고, 다른 상표에 비해 자사의 상품이 상대적으로 깨끗하다는 의미를 강조하기 위해 광고에서 사용되었던 '고름우유' 논란 등이 있었다.

그렇다면 어떠한 광고가 소비자를 오도시키는 기만광고deceptive advertising 인가?

우선, 가장 명료한 기만광고는 바로 표시 대상물과 광고주장을 비교할 때, 광고표현이 대상과 달라 소비자를 오도시키는 허위광고falsity이다. 예를 들면, 사실과 달리 '전국적으로 수천 명의 속기사 인력난'이라며 소개하는 광고, 마치 제한된 양만 판매하는 것처럼 '한정된 판매량' 등 허위표식에 의한 허위광고를 말한다. 또한 소비자들의 의사결정에 영향을 미치는 중요한 사실을 생략한누락한 광고도 허위광고이다. 예를 들면, '어떤 대머리도 치료될 수 있다'고 광고했으나 실은 유전적인 것은 치료하지 못한다면, 그리고 부작용을 언급하지 않은 건강식품이나 약품, 이율이 변동될 수 있음에도 불구하고 적시하지 않은 '고수익배당상품' 등이 바로 중요한 사실을 누락한 허위광고라 할 수 있다.

다음으로 비록 내용이 허위는 아닐지라도 전달된 의미가 상품에 관한 사실과 달라서 소비자를 오도시키는 경우도 기만광고이다. 예를 들어, '무가당 주스'의 경우, 소비자들은 당이 전혀 들어있지 않은 주스라고 인지할 수 있다. 그러나 설탕성분만이 없을 뿐 인체에서는 설탕과 똑같은 이성화당이 포함되어 있다면 이는 소비자들은 하여금 잘못된 생각을 하도록 만드는 기만광고인 것이다.

현재 우리나라에서는 방송심의위원회가 공중파 방송광고에 대한 사전심의를, 공정거래위원회와 기타 상품별 관련부서는 사후심의를 담당하고 있으며, 광고주, 광고업계, 매체협회 등에 의한 자율규제기구로 '한국광고자율심의기구'가 있다.

표시광고공정화에 관한 법률 제3조에서는 소비자를 속이거나 소비자로 하여금 잘못 알게 할 우려가 있는 광고행위를 부당한 광고행위로 규제하고 있으며, 크게 허위·과장광고, 기만적인 광고, 부당한 비교광고,

그리고 비방광고의 네 유형이 부당한 광고행위에 해당된다. 이를 각각 최근에 제재를 받은 심결례를 중심으로 살펴보자.

첫째, 허위·과장광고란 자기의 것 또는 경쟁사업자의 것에 관하여 허위의 내용을 광고하거나 사실을 과장하여 광고하는 행위를 말한다.

○ 자사의 생산규모가 국내에서만 가장 큰 규모인데도 '세계최대의 규모'라고 광고하는 경우
○ 실제로 콩기름 등 기타 식용유를 섞어서 판매하면서 '참기름'이라고 광고
○ 실제는 50%가 絹(silk)이고 50%는 레이온(rayon)인데도 불구하고 '100% 絹(silk)' 또는 '견(silk)'이라고 광고하는 경우
○ 강화도에서 생산된 돗자리가 아닌데도 '강화 돗자리'라고 광고하는 경우
○ 해외여행상품을 광고하면서 소비자가 별도로 부담해야 할 추가비용이 있음에도 불구하고 '추가비용 없음'이라고 광고하는 경우

위의 광고들은 소비자들을 오인시킬 우려가 있는 허위·과장의 광고이다.

둘째, 기만적인 광고란 사실을 은폐하거나 기만적인 방법으로 소비자를 속이거나 속일 우려가 있는 광고행위를 말한다.

○ '산딸기 아이스크림'이라고 표시·광고하였으나 단지 산딸기맛의 향만 들어있는 경우
○ 식품의약품안전청 등 공인기관으로부터 의약품으로 약효를 인정받지 못하였는데도 각종 질병을 치료 또는 예방하는 효과가 있는 것처럼 광고
○ 서울, 부산, 대구 등 주요 도시에만 A/S조직을 가지고 있는데도 '전국적인 A/S조직망'이라고 광고
○ '무조건 5,000원'이라고 광고하였으나, 점포 내에는 5,000원짜리는 몇 개 없고 그보다 고가의 상품만을 제시하는 경우

이들 광고들은 객관적인 근거자료도 갖추지 않은 채 소비자들을 오도

하는 광고로서, 기만성으로 인해 수정 내지는 중지명령을 받았다.

셋째, 부당한 비교광고란 객관적으로 인정된 근거 없이 자기의 것이 경쟁사업자의 것에 비하여 우량 또는 유리하다고 하거나 자기의 것을 경쟁사업자의 것과 비교함에 있어서 자기 것의 유리한 부분만을 비교하여 광고하는 행위를 말한다.

◦자신이 판매하는 상품의 현재가격을 경쟁사업자가 동일한 제품에 대해 이미 1~6개월 전에 판매하였던 높은 가격과 비교하면서 '최저가 할인점은 역시 ....입니다'라는 광고

넷째, 비방광고란 경쟁사업자의 것에 관하여 객관적으로 인정된 근거 없는 내용으로 광고하여 비방하거나 경쟁사업자의 것에 관하여 불리한 사실만을 광고하여 비방하는 행위를 말한다.

◦경쟁사업자의 제품은 전기분해를 통해 생산되고 자사의 제품은 천연대나무숯으로 정제하여 생산되어 경쟁사업자의 제품보다 숙취해소에 더 좋은 우량한 제품인 것으로 소비자를 오인시킬 우려가 있다고 판단된 소주 광고

특히 위와 같은 광고행위는 경쟁사업자의 제품에 대해 좋지 않은 느낌을 가지도록 소비자의 거래선택에 중대한 영향을 미치는 행위로서 경쟁사업자의 제품이 실제보다 현저히 열등 또는 불리한 것처럼 소비자가 오인할 수 있도록 한 비방적인 광고행위이다.

기만광고에 소비자들은 어떻게 대처할 것인가?

앞서 살펴본 바와 같이 현재 우리 사회에는 각종 허위, 과장, 기만 광

고들이 난무하고 있다. 이들 광고는 하나같이 소비자들의 욕구를 자극함으로써 사고 싶게 만들고, 또 상품의 가치를 강조함으로써 사야만 하게 만든다. 그 결과 허위·과장광고는 소비자의 의사결정을 왜곡시켜 경제적 손실을 가져오게 할 뿐만 아니라 시장의 경쟁질서를 손상시키는 요인이 된다. 이렇듯 심각한 광고의 폐해에 대한 반발로 광고의 존재 자체를 부정하는 '애드버스터'Adbuster라는 이름의 反광고운동까지도 등장하였다.

하지만 산업사회의 양적 팽창과 함께 대량생산과 대량소비를 매개하는 광고는 필요한 존재이며 그 역할이 점점 더 중요해지고 있음을 부인할 수 없다. 그러므로 광고가 판매촉진의 도구이면서 동시에 소비자의 생활정보로 그 역할을 다할 수 있도록, 광고의 역기능을 사전에 예방하는 광고규제가 중요한 문제로 제기된다.

이미 미국에서는 정보의 생산단계부터 최종 전달단계까지의 정보왜곡을 포괄적으로 규제할 수 있도록 광고실증제, 긴급중지명령제도, 그리고 정보공개명령제도를 도입함으로써 광고규제의 효과를 극대화하고 있다. 우리나라에서도 표시·광고공정화에 관한 법률에 '광고실증제'를 도입하였다.

광고실증제advertising substantiation란 광고시점에 광고주가 상품의 성능 등에 대한 주장 내용을 객관적으로 입증할 수 있는 자료를 확보하도록 하는 것이다. 일부에서는 '이제는 더 이상 광고할 수 있는 내용이 없다'며 매우 자조적인 탄식까지도 쏟아져 나오지만, 광고하는 내용에 대해 과학적 증거를 사전에 제시할 수 있어야 하는 '광고실증제'가 요구하는 것은 부가적인 사업자의 노력이 아니라 적어도 광고를 하려는 사업자라면 과거에도 이미 갖추어 놓았어야 하는 증거일 뿐이다. 새삼 증거를 제시할 수 있는 것만을 광고하라고 말하는 것은 오히려 군더더기 사항일 뿐이다.

그러므로 한시적으로 보다 강력한 광고규제기구를 정비함으로써 공정한 거래를 바탕으로 한 보다 바람직한 시장환경을 조성할 수 있도록 하며, 궁극적으로는 규제기구조차 필요하지 않은 광고문화를 형성할 수 있도록 하여야 한다.

두 번째로 업계의 자성이 필요하다. 완전한 허위사실이 담긴 광고가 버젓이 유포된다는 것은 너무나 비윤리적인 일이며, 이를 찾아내기 위해 규제기관이 광고를 심의해야 한다는 것은 너무나 비효율적인 작업이다. 모든 광고를 방송광고처럼 사전에 심의한다는 것은 현실적으로 불가능한 일이고, 문제가 된 광고만을 사후에 심의하는 것 또한 결코 충분한 대책이 아니다.

광고에서 주어진 정보가 진실된 것이 아닌 상황이 빈번하게 시장에서 발생할 경우 소비자들은 제대로 된 광고조차도 진실로 받아들이지 않게 되며, 상품의 제공자는 자사 상품의 내용에 대해 정확하게 전달할 길이 없어지는 최악의 시장상황이 전개될 수 있다. 더불어 정부는 제공된 정보의 진실성을 의심하고, 광고를 끊임없이 감시해야 하는 부대적인 정책 수행비용을 지불하게 된다. 결국 제대로 광고하지 않는 기업에 의해 제대로 광고하는 기업이 피해를 입는 '외부효과'가 나타나는 것이다.

비록 광고비용은 광고주가 지불할지 모르지만, 이 역시 궁극적으로 소비자들이 지불하는 최종가격에 포함되므로, 광고비용 역시 생산원가와 마찬가지로 그에 부응하는 소비자이익이 포함되어 있어야 한다. 그러나 과연 그 많은 광고가 상품에 대해 알고 싶어 하는 소비자들의 욕구를 만족시켜 왔는가? 혹자는 방송광고는 다른 방송프로와 마찬가지로 오락일 수 있으며, 새로운 문화관을 창조하는 등 또 다른 기능을 수행한다고 말하지만, 우리나라에서 매년 방송광고비로 지출하고 있는 1조 원 이상의 돈이 단지 광고를 보는 즐거움을 위해 지불되었다고 할 수는 없다. 광고의 순기능은 바로 정보제공이어야 한다는 것을 업계에서는 다시 한 번 상기할 필요가 있다.

마지막으로, 이렇듯 공격적으로 진행되는 광고 속에서 소비자들 스스로의 무장이 필요하다. 내가 필요로 하는 물건이 무엇인지, 광고된 상품이 정말 나의 욕구를 해결해 줄 수 있는 것인지, 보다 더 현명한 소비자들의 판단이 필요한 것이다.

이제 우리나라의 경제상황은 과거에 비해 보다 여유 있는 생활환경이 조성되었으므로, 안전한 상품과 정확하고 충분한 정보가 제공되는 투명하고 공정한 시장경제를 기대해 본다.

11 불공정 약관: 거래 속의 소비자문제

양 덕 순

서울대학교 가정대학 소비자아동학과를 졸업하고, 동 대학원에서 소비자학 석사, 박사학위를 받았다. 현재 정보통신정책연구원 책임연구원으로 재직하고 있다.

미성년 자녀의 이동전화서비스에 가입하면서 계약서의 내용을 자세히 읽어 보셨나요? 이동전화서비스 이용약관을 꼼꼼히 살펴보셨는지요?

청소년정액요금을 선택하셨더라도 정보이용료, 수신자부담전화, 060, 700 등 전화정보서비스, ○○○전화안내 및 전화연결서비스, 부가서비스 이용료, 제세공과금 등 기타서비스는 별도로 요금이 부과되어 추가적인 통신요금이 청구된다는 사실을 아셨는지요? 수신자부담전화국내, 국제 음성 콜렉트콜 차단신청을해야 차단된다는 사실을 아셨는지요? 하셨는지요? 무선인터넷서비스 차단신청을해야 차단된다는 사실을 아셨는지요? 하셨는지요? 성인콘텐츠 차단신청을해야 차단된다는 사실을 알고 계셨는지요? 하셨는지요?

얼마 전 중학교 2학년인 큰 아이의 이동전화서비스를 신청하면서 일정금액의 청소년정액요금제를 선택하고, 나름대로 평상시 중요하다고 생각한 몇 가지 사항을 확인하고, 판매원도 별 다른 설명이 없어서 계약을 하였습니다. 집에 와서 계약서를 확인해 보니 제가 알지 못했던 많은 새로운 내용들이 있었고, 계약 시 챙겨야 했던 것들을 빠뜨린 것을 알게 되었습니다. 무선인터넷서비스 차단신청을 했어야 했는데…. 성인콘텐츠 차단신청을 했어야 했는데…. 중요한 사항을 빠뜨리고 계약을 한 사실을 알고 어이가 없었으며, 전공자로서 부끄러움이 밀려왔습니다.

이번 장에서는 우리 일상생활에서 자주 만나게 되는 약관의 개념, 명시·설명의무, 불공정한 약관내용, 표준약관에 대해서 우리 약관규제법[1)]을 중심으로 알아보고자 합니다.

'알림 게시문'도 약관일까요?

약관이란 간단히 말해서 계약의 일방한쪽 당사자가 다수의 상대방과 계약을 체결하기 위하여 미리 마련한 계약의 내용이다. 우리 약관규제법에서 '약관'이라 함은 그 명칭, 형태, 범위를 불문하고 계약의 일방 당사자가 다수의 상대방과 계약을 체결하기 위하여 일정한 형식에 의하여 미리 마련한 계약의 내용동법 제2조 제1항이라고 규정하고 있다. 따라서 약관이라는 명칭을 쓰거나 안 쓰거나, 반드시 서면書面의 형태를 갖추지 않더라도, 일부이든 전부이든 계약의 내용이 되는 것이면 약관에 포함된다.

즉 약관, 이용약관뿐만 아니라 약정서, 계약서, 가입신청서 등이 모두 약관이다. 예를 들어, 스포츠센터의 알림게시문에 '회원들의 개인적인 사정으로 등록 취소 시 환불은 할 수 없다'는 내용은 중도에 계약을 해지할 경우 고객의 해지권 행사를 배제 또는 제한하는 것일 뿐만 아니라 계약해지로 인한 사업자의 원상회복의무를 부당하게 경감하는 것으로서 약관법 제2조의 약관으로서의 요건을 갖추고 있다고 보고 있다.[2] 즉, '알림게시문'도 우리 약관규제법에서는 약관으로 보는 등 약관의 범위는 일반 소비자들이 인식하고 있는 것 보다 훨씬 더 광범위하다.[3]

이와 같이 약관은 다수의 상대방과의 거래에 획일적으로 적용하기 위하여 당사자 일방이 미리 마련한 계약의 초안이라는 점에서 구체적인 거래에 있어서 당사자 쌍방이 개별적으로 합의한 개별약정個別約定과는 구별된다. 약관에서 정하고 있는 사항에 관하여 사업자와 고객이 약관의 내용과 다르게 합의한 사항이 있을 때에는 당해 합의사항은 약관에 우선한다.[4] 개별약정의 내용이 꼭 고객에게 유리해야 하는 것은 아니며, 계약

체결 시나 계약 후 변경이나 보완에 의해 언제든 가능하며, 서면이나 구두에 의한 경우도 가능하다. 예를 들어, 학습지 정기구독 시 요금할인이나 추가본 증정 등의 내용을 약속받고 특약란에 기입했다면 그 개별약정은 약관보다 우선적으로 적용된다. 그러나 소비자는 구두나 전화상으로 약속을 할 수 있으나 추후 사업자가 부인하는 경우, 이를 증명해야 하는 문제가 있으므로 소비자는 항상 서면, 서류나 증거물을 확보하도록 노력을 해야 한다.

약관은 은행거래예금, 대부계약, 보험계약화재, 손해, 생명보험 등, 공급계약전기, 가스, 수도공급 등, 운송계약철도, 버스, 선박, 항공운송 등, 이용계약우편, 전신, 전화, 인터넷 서비스 등, 할부판매, 통신판매, 여행계약 등에서는 물론이고, 국제간의 상품거래에 있어서 필수불가결한 것이다.

이러한 약관은 대체로 계약서의 뒷면이나 별도의 용지에 인쇄되어 있기 때문에 소비자는 약관의 존재를 알지 못하거나, 혹은 안다고 하더라도 그 약관을 읽어 볼 겨를도 없이 계약서에 서명을 하거나 사업자와 거래관계를 맺음으로써 약관을 계약의 내용으로 받아들이게 된다.[5)]

약관의 사회적 기능에 대해 일반적으로 세 가지를 언급한다. 첫째, 약관은 동종의 계약을 다수의 소비자들과 신속·간이하게 체결할 수 있도록 한다영업의 합리화. 현대의 소비자들은 수많은 상품과 서비스를 구입하는데 그때마다 개별약정을 하게 되면 소비생활은 거의 마비될 것이다. 둘째, 기존의 민·상법의 규정상 거래사회가 필요로 하는 법률의 불비·미비의 경우 거래사회는 그들의 필요를 약관을 통해 규범화해 나간다법률의 상세화(詳細化)·전문화. 셋째, 약관을 통하여 거래의 합리화가 가능해짐으로써 거래위험을 사전에 산정·분산할 수 있는 가능성이 높아진다거래상 위험의 분산는 것이다. 이처럼 중요한 기능을 수행하고 있는 약관은 현대 소비생활에서 필수불가결하며 미래에도 그 중요성이 더욱 증가할 것이다. 그러나 약관의 가장 큰 문제점으로는 사업자가 우월한 지위를 이용하여 거래상의 위험을 소비자에게 전가할 우려가 있다는 점이다. 실제로 소비자에게 부당하게 불리한 불공정한 약관이 시장에서 통용되고 있으며, 이러한 불공정한 약관의 통용을 방지하기 위하여 법률적인 제재가 이루어지고 있다.

사업자가 일방적으로 작성한 약관이 계약내용이 되어 고객을 구속하는 이유는 무엇일까요?

약관의 구속력의 근거는 크게 규범설과 계약설로 나뉜다.[6] 규범설이란 당사자의 의사와 관계없이 그 자체로서 당사자를 구속하는 힘을 갖는다고 하는 것으로서, 자치법설과 상관습설로 나뉜다. 자치법설이란 기업이 자치적으로 제정한 법이라고 보는 것이며, 상관습설이란 약관에 따른다는 상관습이 있다는 것이다.

계약설이란 약관이 법규범이 아니기 때문에 약관이 당사자를 구속하는 힘을 갖기 위해서는 당사자들이 구체적인 거래에 있어서 그 약관을 계약에 편입당사자가 합의하여 약관을 계약의 내용으로 구성하는 것, 즉 약관을 계약의 내용으로 받아들이기로 당사자가 합의하는 것시키기로 합의해야 한다는 입장이다.

종래에는 규범설이 지배적 학설이었으나, 최근 학설의 경향은 계약설이 지배적이다. 판례 역시 약관은 단순히 계약의 초안草案이기 때문에 그것이 구속력을 갖기 위해서는 당사자들을 계약에 편입시켜야 한다는 계약설의 입장을 받아들였고,[7] 우리의 약관규제법도 이러한 입장을 받아들였다.

약관규제법에 의하면 사업자에게 그 약관의 내용을 명시하고, 약관의 중요 내용을 고객에게 설명하고, 고객이 요구할 때 그 약관의 사본을 고객에게 교부하여야 한다고 규정하고 있다.[8)]

명시·교부의무가 면제되는 업종에 해당하는 약관이라 하더라도 사업자는 영업소에 약관을 비치하여야 하며, 고객의 요청이 있는 때에는 당해 약관의 사본을 고객에게 교부하여 이를 알 수 있도록 하여야 한다.[9)]

사업자는 약관에 정하여져 있는 중요한 내용을 고객이 이해할 수 있도록 설명해야 한다. 다만, 계약의 성질상 설명이 현저하게 곤란한 경우에는 그러하지 아니하다동법 제3조 제2항. 설명방법에 대해서는 법에 명시되어 있지 않아 구두로 설명하거나 또는 별도의 설명문으로도 가능하다고 볼 수 있다. 사업자가 약관의 명시·설명의무 규정에 위반하여 계약을 체결한 때에는 당해 약관을 계약의 내용으로 주장할 수 없다동법 제3조 제3항.

그런데 전자약관의 경우 전자적인 교부나 설명을 유효하다고 볼 수 있는가가 문제된다. 현재의 기술수준하에서 전자약관의 경우 인쇄물에 의한 교부의무와 구두에 의한 설명의무를 요구하는 것은 합리적으로 기대하기 어렵다. 그렇다고 하여도 전자거래업자에게만 약관의 교부의무와 설명의무를 배제하는 것은 형평에 맞지 않다. 따라서 전자거래업자는 적어도 전자적 형태로 약관의 교부나 설명의무를 부과하는 것은 타당하고 이들 의무를 충실히 이행하였는지의 판단은 거래관행이나 개별적인 사례에 따라서 판단할 수밖에 없다. 따라서 전자약관의 이용은 약관규제법의 적용 범위를 확장해야 하는 문제를 야기하고, 약관의 교부의무와 설명의무에 관련해서도 전자약관에 유추적용해야 하는 문제가 있다.[10)]

불공정 약관의 심사 및 심결례

일반 소비자들은 약관에 대하여 무관심한 경우가 많고, 또한 약관의 용어가 까다로워 일반 소비자가 이해하기엔 어려운 점이 많다. 이에 공정거래위원회는 직권으로 또는 심사권자들의 심사청구에 의해 약관의 내용을 심사하여 불공정한 약관조항에 대하여 시정하도록 사업자에게 권고하거나 명령을 내린다. 행정관청이 작성하거나 인가를 해준 약관에 대해서는 당해 해당관청에 시정조치를 요청할 수 있다.

약관 내용의 심사를 청구할 수 있는 자는 법률상 이익이 있는 자, 소비자기본법에 의해 등록된 소비자단체, 한국소비자원, 사업자단체이며, 심사청구는 서면 또는 전자문서로 제출하여야 한다. 공정거래위원회는 특별한 사유가 없는 한 청구를 받은 때로부터 60일 이내에 서면으로 결과를 통보하여야 한다.

계약이 당사자들의 자기결정을 기초로 한 개별약정에 의하여 형성된 때에는, 그 계약은 당사자들이 보기에 불공정하지 않으면주관적인 공정성만 확보되면 그것으로 충분하지만, 약관의 경우에는 객관적인 제3자가 보기에도 공정해야 한다.[11]

다음 만화는 불공정 약관에 대하여 공정거래위원회가 제작하여 인터넷에 게재한 것으로 상식적인 약관에 대해 잘 보여주고 있다.

유료 주차장 사고, 주차장 주인은 책임없나?

정말 맛있다. 구경도 잘 했다. 그치?
응. 오랜만에 나와서 군것질도 하고,
구경도 하고 너무 좋았어.
헉! 이게 뭐야!
내가 얼마나 아끼는 찬데….
이거 큰 일이네.
수리비도 만만치 않겠는데. 이를 어째!
그럼, 주차장에서 사고 난 것에 대해 전혀 책임이 없단 말씀이세요?
글쎄, 그렇다니까요. 표지판 못 보셨어요?
어머! 이 아저씨 증말 웃겨!
아저씨, 95년에 공정거래위원회에서 유료 주차장이 주차장 내에서 일어난 사고에 대한 책임을 회피하는 것은 불공정한 것이기 때문에
시정하라는 명령을 내렸고요, 99년에는 주차장 표준약관도 제정했어요.

모르는 이야기예요.
그런 게 어디있어요!
아저씨도 참!
내 여자친구가 있다면
있는
거예요~
여기 와 보세요.
공정위 소비자 홈페이지
www.consumer.go.kr
인데요.
주차장 표준약관
보이시죠?
읽어보세요.
주차장 관리규정 표준약관
8조. 피해배상
1) 주차장 관리자는 주차장에 주차하는 자동차의
보관에 관하여 선량한 관리자의 주의의무를
태만히 하지 아니하였음을 증명한 경우를 제외하고는
그 자동차의 멸실 또는 훼손으로 인한
손해배상의 책임을 면하지 못한다.
우와!
정말 있네!
내 여친 최고!
이런 게
있었네.
차량 손상뿐 아니라
소지품 도난 문제도
마찬가지예요.
범퍼가
손상됐다고요?
나와서
직접 보세요!

출처: 공정거래위원회 홈페이지(www.ftc.go.kr)

약관의 공정성을 확보하기 위해서는 약관을 작성하는 사업자가 그 약관을 작성함에 있어서 자신의 이익만 고려할 것이 아니라 상대방인 고객의 정당한 이익과 합리적인 기대도 함께 고려해야 한다. 약관규제법은 약관의 유효성을 판단하는 일반원칙으로서 신의성실의 원칙을 제시하고 있다.

신의성실의 원칙에 반하여 공정을 잃은 약관은 무효이다동법 제6조 제1항. 따라서 약관규제법은 이러한 적용상의 어려움을 덜어주기 위하여 불공정성을 추정하는 추정규정을 두고 있는데 다음과 같은 경우 당해 약관은 공정을 잃은 것으로 추정된다. ① 고객에 대하여 부당하게 불리한 조항, ② 고객이 계약의 거래형태 등 제반사정에 비추어 예상하기 어려운 조항, ③ 계약의 목적을 달성할 수 없을 정도로 계약에 따르는 본질적 권리를 제한하는 조항이다동법 제6조 제2항. 본 조항에 의하여 '사업자의 귀책사유로 교습을 받지 못한 경우에도 수강료를 반환하지 않는다'는 자동차학원 이용약관 조항의결 1993. 2. 17은 공정거래위원회로부터 무효 판정을 받았다.

그리고 우리 약관규제법은 약관조항의 구체적인 무효사유로서 부당하거나 상당한 이유 없는 면책조항, 손해배상액의 예정, 계약의 해제·해지, 채무의 이행, 고객의 권익보호, 의사표시의 의제, 대리인의 책임가중을 규정하고 있다.

관리자의 고의 또는 중과실에 의한 손해배상책임을 배제할 수 있는 '주차장내 도난, 파손 등 제반사고에 대하여 인과관계 내지 시설관리에 따른 귀책여부를 구별하지 않고 어떠한 책임도 지지 않는다'는 규정,[12] 통상적으로 민사계약에 있어서 거래관행상 위약금은 총 거래대금의 10%인 점을 볼 때 사업자의 이익만을 지나치게 고려한 '중도에 계약해지 시 총 미팅횟수를 10회로 하고 있는 동 계약상 회원가입 후 7일 경과 만남 시작 전은 전체회비의 40% 환불, 미팅 회수 3회를 초과하는 경우는 회비환불 없음'이라고 한 조항[13]은 무효로 심결된 약관이다.

그리고 '회비는 일체 환불되지 않습니다'는 체육관규칙상 약관조항, '행사 48시간 전에 취소시 행사대금의 40%를 위약금으로 지급해야 합니다'

라는 연회 및 세미나 계약서상 약관조항, '실시간 영화예매의 경우 상영 4시간 전까지 취소 가능'이라고 한 티켓예매서비스 약관조항, '연체 및 신용불량자 등재, 연체로 인한 신용상태의 악화가 있는 경우 카드사는 회원의 자격 및 카드이용을 일시 정지할 수 있으며 카드발급을 제한할 수 있습니다'는 신용카드 개인회원 약관조항, '상기일정은 항공사정이나 현지사정으로 변동될 수 있습니다'는 여행약관상 조항, '약관을 변경할 경우 은행은 회원에게 통지하기로 하며, 통지 발송일로부터 적용 예정일로부터 7일 이내에 이의를 제기하지 아니할 때 변경된 약관을 승인한 것으로 간주합니다'는 신용카드 개인회원 약관상 조항, '할부금을 1회 이상 연체하여 회사가 14일 이상 기간을 정하여 서면으로 최고하였는데 납부하지 않는 경우 잔여 할부대금을 일시불 납입을 청구할 수 있습니다'는[14] 단말기할부매매약정서상 약관조항, '이 약정에 따른 거래에 관한 소송은 귀사 소재지를 관할하는 법원을 관할법원으로 한다.'는 상품할부계약서상 관할제한 약관조항 등은 최근에 공정거래위원회로부터 약관규제법상 구체적인 무효사유에 해당되어 무효로 판정된 약관조항들이다.

공정거래위원회 홈페이지에 불공정한 약관조항으로 판정된 심결례가 게재되어 있으므로 언제든 확인이 가능하다.

표준약관이란?

표준약관이란 일정한 거래분야에서 공동으로 사용할 목적으로 만든 표준이 되는 계약의 내용으로 공정거래위원회의 승인을 받은 약관이다.

즉, 사업자들이 최소한 지켜야 하는 거래 규범을 담은 것으로서, 대개 약관은 사업자가 일방적으로 자신에게 유리하게 만드는 경우가 많았는데, 이로 인한 소비자 피해를 막도록 정부가 계약유형별로 기준이 되는 약관을 만들어 분쟁소지를 최소화한 제도이다.

약관법 제19조 2항에 의하면 사업자 및 사업자단체는 불공정한 약관내용이 통용되는 것을 방지하기 위해서 표준약관을 마련하여 그 내용이 이 법에 위반되는지 여부에 관해 공정거래위원회에 심사청구가 가능하다. 등록한 소비자단체 또는 한국소비자원은 소비자피해가 자주 일어나는 거래분야의 표준이 될 약관을 마련하도록 공정거래위원회에 요청 가능하다. 공정거래위원회가 사업자 및 사업자단체에 대하여 표준이 될 약관을 마련하여 심사청구할 것을 권고한 후, 기간 내에 사업자나 사업자단체가 필요한 조치를 하지 아니하는 경우 관련분야의 거래당사자 및 소비자단체등의 의견을 듣고 관계부처의 협의를 거쳐 표준이 될 약관을 마련할 수 있다. 공정위는 표준약관사용을 권장할 수는 있지만 강제할 수는 없다. 다만 사업자나 사업자단체가 표준약관의 표지를 사용하는 경우 표준약관의 내용보다 고객에게 더 불리한 약관의 내용은 무효다.

표준약관을 사용함으로써 불공정약관의 통용예방 및 거래질서 확립뿐만 아니라, 사업자는 개별약관의 작성시간·비용절감 및 소비자와의 분쟁예방, 소비자는 믿을 수 있는 사업자와의 거래로 피해예방 및 거래비용 절감하는 효과도 가져올 수 있다.

공정거래위원회는 국민생활과 밀접한 분야 중 소비자피해가 많은 분야를 중심으로 표준약관의 신규보급을 확대하고, 현재 보급된 표준약관 중 소비자권익 보호를 위해 개정이 필요한 약관에 대해서도 정기적3~5년

주기으로 개정을 해나가고 있다.

현재 사업자단체가 표준약관을 마련하여 심사청구하였거나 소비자원이 제정을 건의한 해외연수 수속대행약관, 신용카드 이용약관, 자동차대여 표준약관 등 3개의 표준약관 제정을 추진 중이며,[15] 현재 보급된 표준약관은 22개 거래분야에 54개 표준약관이 있다.

소비자는 상품이나 서비스의 거래 시 계약서나 약관을 챙겨야 하며 그 내용을 꼼꼼히 살펴보는 노력이 필요하다. 표준약관이 있는지 확인하고, 약관을 교부해달라고 요구하는 적극적인 소비자의 자세가 필요하다. 그래야만 추후 분쟁이 발생할 경우 소비자는 자신 있게 대처할 수 있으며 예기치 않은 손해를 입지 않게 된다. 계약서나 약관에서 소비자에게 부당하게 불리한 조항이 발견되면 각 정부부처, 공정거래위원회, 한국소비자원이나 소비자단체 등에 건의하는 등 약관내용의 개선을 위한 소비자 각자의 노력이 보다 공정한 약관의 통용에 기여할 것으로 생각한다.

1) 약칭이며 정식 법명은 '약관의 규제에 관한 법률'이다.

2) 공정거래위원회 의결 제2003-044호, 2003. 4. 14.

3) 가령 전기공급규정, 골프클럽의 운영에 관한 회칙, 한국공항공단이 마련한 행정재산에 관한 사용승인 조건, 지방자치단체가 그 운영서식에서 마련한 택지공급 계약서, 자동차종합보험 계약상 가족운전자 한정운전특약 등은 약관에 해당하지만, 구체적인 계약에서의 개별적 합의, 연대보증계약과 별도로 정한 연대보증인의 책임한도액, 특정인에게만 매도하기로 하는 상가매매계약서, 학교수업료 및 입학금에 관한규칙 등의 법규명령 등은 약관에 해당하지 않는다고 한다(한삼인, "약관의 규제에 관한 법률의 판례분석," 비교사법 제12권 제2호(통권 제29호), 373면)

4) 약관규제법 제4조.

5) 권오승(2005). 소비자보호법. 법문사, p.138.

6) 이은영(1999). "약관규제법,"「제3판 주석민법(채권각칙)1」. 한국사법행정학회, pp.89-90.

7) 한삼인, "약관의 규제에 관한 법률의 판례분석," 비교사법 제12권 제2호(통권 제29호), 373면.

8) 사업자는 계약체결에 있어서 고객에게 약관의 내용을 계약의 종류에 따라 일반적으로 예상되는 방법으로 명시하고, 고객이 요구할 때에는 당해 약관의 사본을 고객에게 교부하여 이를 알 수 있도록 하여야 한다. 다만, 다른 법률에 따라 행정관청의 인가를 받은 약관으로서 거래의 신속을 위하여 필요하다고 인정되어 대통령령이 정하는 약관에 대하여는 그러하지 아니하다(약관규제법 제3조). 약관의 명시·교부의무가 면제되는 대통령령이 정하는 약관은 여객운송업, 통신업, 전기·가스 및 수도 사업에 해당하는 업종의 약관을 말한다(동법 시행령 제2조 제1항).

9) 약관규제법 시행령 제2조 제2항.

10) 현대호(2003). 소비자계약관련입법의 체계화방안연구. 한국법제연구원, 11, pp.49-50.

11) 권오승(2005). 소비자보호법, p.151.

12) 의결 제2004-086호, 2004. 12. 28 사건번호2004약제0262(○○○○시설이용안내 및 시설임대관리사용계약서상 불공정약관조항

13) 의결 제2002-073호 2002. 10. 15 사건번호 2002약제1401((주)○○○○결혼정보회원약관상 불공정약관조항

14) 할부거래법상 매수인이 할부금을 나눠서 내는 기한이익을 주장하지 못하는 경우는 두 가지인데, 그 중 한 가지가 '할부금을 다음 지급기일까지 연속하여 2회 이상 지급하지 아니하고 그 지급하지 아니한 금액이 할부가격의 10분의 1을 초과하는 경우'임. 따라서 위의 약관 조항은 1회 연체한 경우로서 이에 해당되지 않으므로 약관법에 위배됨.

15) 공정거래위원회 보도자료, 2007. 5. 22

12 **소비자상담** 둘러보기

이 종 혜

서울대학교 가정대학 소비자아동학과를 졸업하고, 동 대학원에서 소비자학 석사와 박사학위를 받았다. 현재 전주기전대학 교수로 재직하고 있다.

소비생활을 하면서 뭔가 억울한 일을 당했다고 느꼈을 때 "소비자고발센터에 고발할테야"하고 말한 경험을 소비자라면 누구나 한두 번쯤 가지고 있을 것이다. 소비자고발을 소리내어 외치고 실행에 들어갔든 마음속으로 중얼거리다가 그만 두었든간에 '소비자고발'은 생활에 필요한 대부분의 물품을 시장에서 구매하는 요즘의 소비자에게 든든한 지지자의 역할을 한다. '소비자고발'이라는 단어가 주는 약간은 살벌한 느낌을 따라가면 '소비자상담'이라는 전문용어와 마주하게 된다. 이 장에서는 소비자상담을 주제로 소비자상담이란 무엇이고 누가 어떤 문제로 상담을 하고 있는가를 살펴보고, 소비자상담을 통해 소비생활의 한 단면을 살짝 엿보기로 한다.

소비자상담, 내 소개를 해 볼까?

현대를 살아가는 소비자는 날마다 끊임없이 구매하고, 구매한 물품과 서비스를 사용하며 폐기하고 또 구매하는 반복적인 소비생활을 하고 있다. 소비자상담은 이러한 소비생활의 전 과정에서 소비자에게 발생한 문제를 해결해 주거나 문제를 사전에 예방하기 위한 정보제공과 소비자교육의 역할을 한다. 소비자상담은 일반 심리상담과는 달리 소비생활에서 발생되는 문제를 해결하기 위한 불만호소, 피해구제, 정보제공, 조언, 교육에 초점을 두고 있다이기춘 외, 2000.

구매나 소비과정에서 문제가 생겼을 때 소비자들은 아무것도 안하는 무대응행동부터 법적대응을 하는 것까지 다양한 대응행동을 할 수 있다.

소비자들의 불만호소행동은 크게 사적인 것과 공적인 것으로 구분할 수 있다Day & Landon, 1977. 사적대응은 가족이나 친구에게 자신이 겪은 부정적인 경험을 말하거나 문제가 된 브랜드나 점포를 바꾸는 정도의 대응을 하는 것이다. 공적대응은 판매자에게 항의하거나 한국소비자원이나 소비자단체와 같은 제3의 기관에 호소를 하거나, 법적 대응을 하는 것을 말한다. 소비자들이 문제가 발생했을 때 '소비자고발' 혹은 '소비자고발센터'라는 단어를 떠올리고 행동하는 것은 제3의 기관을 통해 자신의 불만을 해결하고자 하는 공적 대응의 한 예이다. 대부분의 소비자들은 소비자문제가 발생하였을 때 무대응이나 사적호소행동을 하지만 최근에는 공적행동을 하는 소비자들이 점점 증가하고 있는 추세이다.

공적대응을 하기로 마음먹었을 때 이용할 수 있는 기관으로 기업의 소비자상담실, 소비자단체, 한국소비자원, 소비자가 살고 있는 지역의 소비생활센터 및 기타 관련기관을 들 수 있다. 많은 기업들이 자신의 제품에 불만을 가진 고객의 불만처리를 잘 해결해 줄 경우 다음에 다시 그 기업의 제품을 구매할 확률을 높이고, 긍정적인 구전효과를 위하여 고객상담실 등을 통해 자사제품에 문제를 느끼는 소비자를 대상으로 소비자상담을 하고 있으며박찬수, 2006, 각 지방자치단체도 소비생활센터를 중심으로 활발히 소비자상담을 하고 있다.

다양한 기관의 소비자상담실 중에서 기업의 소비자상담실을 통해 소비자문제가 해결된다면 가장 바람직하겠지만 많은 소비자들이 기업에서 제공하는 소비자상담서비스에 만족하지 못하고 보다 중립적인 제3의 기관을 찾아 소비자상담을 하고 있다. 이때 이용할 수 있는 곳으로 우선 소비자단체의 소비자상담실을 꼽을 수 있다. 소비자단체협의회 소속의

10여 개 중앙단체와 180여 개에 이르는 각 지역의 소비자단체지부를 통하여 소비자상담을 할 수 있다. 두 번째로 이용할 수 있는 곳은 한국소비자원이다. 한국소비자원은 1987년 설립되어 소비자상담 및 정책개발, 정보제공 및 소비자교육 등 다양한 역할을 수행하고 있다. 그리고 각 지방자치단체에서 운영하고 있는 소비생활센터를 이용할 수 있다. 이들 기관에서는 소비자상담에 필요한 전문적인 능력을 갖춘 소비자상담 전문가들이 일반 소비자를 대상으로 소비자상담을 하고 있다.

소비자상담은 소비과정에서 문제를 경험한 소비자들이 전화, 인터넷, 서신, 방문 등을 통해 접수한 소비자문제를 내용에 따라 처리함으로써 소비자문제를 해결해 주는 일련의 과정이다. 이 과정은 크게 정보제공과 피해구제로 분류된다. 정보제공은 소비자가 궁금해 하고 필요로 하는 정보를 제공해 줌으로써 문제해결의 실마리를 제공해주는 역할을 하는 반면, 피해구제는 소비자와 사업자의 의견조율과 관련 법률을 검토하는 등 복잡한 과정을 거치게 된다. 소비자로부터 접수된 내용을 상대기업 담당자의 확인을 거쳐 관련 법률에 따라 중재안을 내놓게 되는데, 소비자상담기관에서 내놓은 중재안을 소비자와 사업자 모두 수락할 경우 소비자상담은 일단락되게 된다. 한국소비자원의 경우 접수에서 처리까지 한 달의 처리기간을 정하고 있다. 그러나 소비자나 사업자 한쪽이라도 불복할 경우 한국소비자원의 분쟁조정위원회를 거치게 된다. 소비자문제 전문조정위원들의 조정안에 합의한 경우에는 재판상의 화해의 효력을 갖게 된다. 그러나 합의하지 못할 경우에는 정식 소송절차를 거치게 된다.

소비자상담, 내 자랑을 해볼까?

소비자들은 얼마나 많이 소비자상담을 하고 있으며, 최근에 빈번한 소비자상담의 주제는 무엇인지 한국소비자원의 자료를 중심으로 살펴보자.

얼마나 많은 사람들이 소비자상담을 할까?

한국소비자원의 2006년 자료에 의하면 한 해 동안 약 40만 건의 소비자상담이 이루어지고 있다고 한다. 이것은 하루에 약 1,100여 건 정도의 상담이 이루어지는 셈인데, 소비자들의 의식향상과 인터넷의 도입 등으로 인해 소비자상담건수는 해마다 증가하는 추세를 보이고 있다표 참조. 민간 소비자단체의 경우에도 한국소비자원과 비슷한 추세를 보이며 2006년 한 해 동안 41만 4,300여 건의 상담을 한 것으로 나타났다월간소비자, 2007년 3월호.

연도별 소비자상담 건수

단위: 건, (%)

구 분	2000년	2001년	2002년	2003년	2004년	2005년	2006년
상담건수 (전년대비증가율)	337,026 (46.5)	414,256 (22.9)	444,993 (7.4)	321,934 (3.4)	272,942 (△15.2)	294,574 (7.9)	309,545 (5.1)

출처: 2000~2006 소비자피해구제 연보 및 사례집, 한국소비자원

어떻게 소비자상담실 문을 두드릴까?

소비자상담실을 이용하는 가장 편리한 방법은 전화를 이용하는 것이다. 이밖에 직접 방문을 하거나 서신, 팩스 등을 이용하여 소비자상담을 할 수도 있다. 소비자상담에 인터넷이 도입된 이후로 소비자상담에서 인

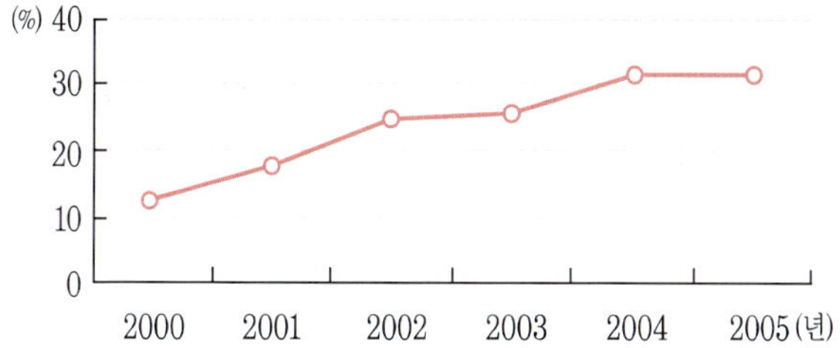

소비자상담 중 인터넷 접수의 비율

터넷을 이용하는 비중이 30%가 넘을 정도로 증가하고 있다. 소비자들은 생애 처음 겪는 불쾌한 경험이거나 궁금한 내용이자만 소비자상담실의 입장에서는 하루에도 같은 문제가 여러 건 문의가 들어오는 것일 수도 있다. 이러한 문제를 해결하기 위해 한국소비자원에서는 2001년부터 단순하고 반복적인 정보제공의 경우에는 ARS 시스템을 이용하여 문제를 해결하고 있다그림 참조.

어떤 물품이 소비자상담의 대상이 되고 있나?

소비자들이 일상생활에서 접하는 상품과 서비스의 목록은 일일이 헤아리기 어려울 정도로 다양하다. 그 다양한 품목 중에서 소비자들은 주로 무엇 때문에 소비자상담을 하게 되는 것일까? 최근 5년간 소비자상담 순위에 든 품목을 정리해 보면 그 답을 찾을 수 있다표 참조. 2000~2005년 연도별 소비자상담 상위품목을 비교해 보면, '이동전화 서비스', '기타건강식품', '양복세탁'이 해마다 5위 안에 드는 품목으로 나타나고 있음을 알 수 있다. 이외에 가옥임대차, 할인회원권, 어학교재, 휴대폰 등도 주요 상담품목으로 나타나고 있다.

소비자상담품목을 자세히 보면 패션에만 유행이 있는 것이 아니라 소

연도별 소비자상담 상위품목

순 위	2000년	2001년	2002년	2003년	2004년	2005년	2006년
1	이동전화 서비스	기타건강 식품	할인회원권	기타건강 식품	이동전화 서비스	이동전화 서비스	인터넷 서비스
2	기타건강 식품	이동전화 서비스	기타건강 식품	어학교재	기타건강 식품	인터넷 서비스	이동전화 서비스
3	양복세탁	어학교재	어학교재	할인회원권	할인회원권	휴대폰	휴대폰
4	가옥임대차	할인회원권	이동전화 서비스	이동전화 서비스	양복세탁	양복세탁	양복세탁
5	인터넷 서비스	양복세탁	양복세탁	양복세탁	기타회원권	신용카드	자동차중개

출처: 한국소비자보호원(2005). 월간소비자시대, 5월호

비자문제를 발생시키는 품목에도 유행이 있음을 알 수 있다. 세계 최강의 정보통신국답게 최근에는 이동전화서비스, 인터넷서비스, 휴대폰이 소비자상담의 1, 2, 3위를 차지하여 소비자상담의 최신 경향을 반영하고 있다. 반면에 양복세탁과 기타건강식품은 장수상담품목으로 소비자상담실의 꾸준한 사랑(?)을 받고 있는 품목이다. 이들 품목은 소액다수 피해라는 소비자문제의 고전적 특성을 잘 반영하고 있다이기춘 외, 2001.

소비자들은 다양한 판매방법의 발달로 인해 집에서 구매하거나 전화 한 통으로 물건을 구입할 수 있는 편리함을 얻은 대신 그로 인한 문제 또한 많이 경험하고 있다. 방문판매, 전화판매, 전자상거래, TV홈쇼핑과 같은 특수판매로 인한 소비자상담이 전체 상담의 절반정도를 차지하고 있다그림 참조.

특수판매와 관련하여 약방의 감초격으로 소비자상담에서 빠지지 않고 등장하는 품목이 건강보조식품, 할인회원권, 어학교재이다. 이러한 품목들은 주로 방문판매의 형태로 다양한 연령층의 소비자들을 대상으로 끊

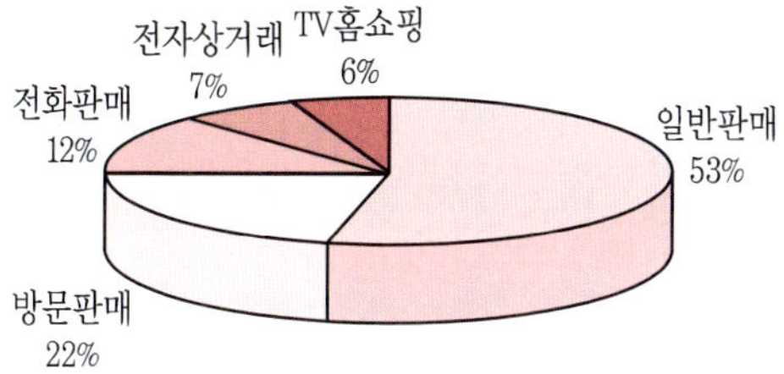

판매방법별 소비자상담 비율

임없이 판매방법을 진화하면서 소비자상담실의 단골메뉴로 등장하고 있다. 낯선 대학생활을 처음 시작한 대학 새내기를 위한 어학교재나 화장품에서부터 외롭고 소외감을 느끼는 어르신을 대상으로 무료관광이나 경로잔치를 빙자한 건강보조식품 판매까지 다양하고 기발한 판매방식을 통해 소비자문제를 일으키고 있다.

접수된 소비자상담은 어떻게 처리되나?

소비자들은 억울하고 답답한 마음에 소비자상담실 문을 두드린다. 이들의 답답한 문제를 해결해 주기 위해 소비자상담실에서는 어떤 기준을 가지고 소비자문제를 해결할까? 소비자상담기관은 소비자로부터 접수된 소비자상담을 해결하기 위하여 소비자문제에 직·간접적으로 적용할 수 있는 각종 법률 검토를 통해 소비자문제 해결을 시도한다. 이때 소비자상담실에서 매뉴얼로 이용하는 대표적인 것이 '소비자분쟁해결기준'이다. 이것은 재정경제부 고시로 소비자분쟁 발생 시 가장 기초적인 중재기준으로 사용되고 있다. 1985년 제정 당시에는 총 40개 업종 194개 품목의 기준안으로 시작하였는데 2006년 13차 개정을 거치면서 125개 업종, 559개 품목으로 확대되었다신용묵, 2007. 소비자분쟁해결기준은 소비생활의 변화로 인해 새롭게 나타나는 소비자문제에 적극적으로 대응하는 측면에서 새로운 품목들이 계속 추가하고 있는데, 이 품목들을 통해 소비생활의 변화를 엿볼 수 있다.

한 예로, 요즘은 애완견을 구매하는 것이 일반화 되었지만 이웃끼리 정으로 주고받던 강아지에서 상품화된 애완견으로 탈바꿈하던 1990년대 말에는 애완견을 분양 받은 후 애완견이 죽거나 심하게 아픈 문제로 인해 다툼이 빈번하였다. 그리하여 1999년 제6차 개정에서 애완견판매업을 신설하였고 관련내용은 몇 차례 수정을 거치게 되었다. 학습지나 도서를 구입할 때 사은품을 받은 후 취소할 경우 사은품반환을 둘러싼 문제가 발생하자 2004년 11차 개정 시 사은품 반환기준을 마련하였다. 새롭게 등장하는 업종에 맞춰 주차장업, 위성방송 및 유선방송, 독서실 운영업, 비만관리업 등이 2005년 추가되었고 몸짱 열풍에 따라 헬스장·휘트니스장 관련 상담이 증가하고 있는 추세이다.

소비자상담의 결과는 어떻게 나올까?

공적기관을 통해 소비자상담을 요청하는 소비자들의 경우 소비자문제 해결에 적극적이며 자신이 당한 피해에 대해 환불 또는 정신적 피해보상까지 요구하는 경우가 종종 있다. 지렁이가 나온 컵라면을 먹고 정신과 치료를 받은 것에 대한 위자료를 받아낸 소비자도 있지만한국일보, 2007. 10. 25, 일반 소비자상담에서 정신적 피해보상까지 받기는 쉽지 않다. 소비자상담이라고 해서 무조건 소비자의 요구를 반영하는 것이 아니라 관련 규정에 따라 다양한 해결방안을 제시하는데, 이때 적용하는 '소비자분쟁해결기준'은 최소한의 기준이기 때문에 상담결과를 받고 아직도 억울하다고 느끼는 소비자들이 있기도 하다. 소비자상담을 통해 소비자는 단순한 정보제공에서부터 무상수리, 유상수리, 교환, 환급이라는 해결책을 얻게 된다. 2005년 한국소비자원의 소비자상담 처리결과를 보면, 2만여 건의 피해구제 결과로 기타6,372건, 환불4,821건, 계약해제 · 이행4,718건, 배상3,201건을 받은 것을 알 수 있다(장은경 · 황정선, 2006).

소비자상담, 예전의 내 모습이 궁금해?

한국소비자원에 접수되는 상담품목은 시대에 따라 변화를 거듭하는 품목과 꾸준히 상담이 이루어지는 단골품목들로 구분하여 볼 수 있다. 세탁소관련 분쟁이나 건강식품관련 상담은 소비자상담실의 단골 품목이다. 이러한 품목들은 피해입증이 어렵거나 사업자가 영세하여 보상을 회피하는 등의 이유로 소비자상담이 빈발한 품목이다. 이에 반해 시대를 반영하여 최근 들어 소비자상담실의 문전성시를 이루는 품목은 인터넷 서비스분야이다. 인터넷 사용자의 증가와 인터넷쇼핑의 활성화는 곧바로 관련 소비자상담으로 이어지는데, 이와 관련한 새로운 수법들이 늘어나고 있다. 한 예로, 인터넷쇼핑몰을 개설하여 상품대금을 결제 받은 뒤 사이트를 폐쇄하는 수법의 새로운 소비자문제가 발생하여 2005년에는 인터넷쇼핑몰 '리치투유'의 피해자 630명이 집단으로 한국소비자원을 통해 피해구제를 받기도 했다.

소비생활 변화에 따른 소비자상담의 변화를 시대별로 살펴보기로 하자. 한국소비자원이 개원한 1987년 이래로 1990년까지 주로 접수된 품목은 가전제품, 기계공구, 출판, 문구, 완구류 등이었고, 특히 가전제품에 대한 불만이 많았다. 당시 한국소비자보호원은 소비자에게 제품정보를 알리는 의미에서 소비자시대를 통해 상품비교테스트 결과를 알려주었는데, 이때 선정된 제품은 주로 선풍기, 전기다리미, 보온도시락 그리고 200L짜리 양문형 냉장고 등이었다주간동아, 2007. 1. 9.. 세계 1등의 가전제품을 생산하고 전 세계에 수출할 정도로 우리나라 가전제품의 품질이 향상된 데에는 기업의 노력과 함께 끊임없이 문제를 제기한 소비자들, 그리고 함께 고민한 소비자상담실의 역할이 크게 기여하였을 것이다.

1991~1995년에는 학습교재나 어학교재 피해상담이 주를 이루었으며, 8만 9천여 건의 학습교재 피해상담이 이루어졌다. 학습교재는 주로 방문판매로 이루어졌는데 관공서, 공공기관을 사칭하거나 카탈로그와 배달물건이 다른 경우, 임시 접수를 완전계약으로 처리, 학습지도를 조건으로 계약했음에도 이행하지 않거나, 구입할 때까지 앉아서 떼를 쓰는 네거티브 방식의 판매로 인한 피해 등이 주요 내용이다. 이로 인해 '방문판매 등에 관한 법률'이 제정되는 계기를 마련하였으며, 소비자상담 시 방문판매법률에 정해진 철회권을 행사하기 위한 내용증명을 보내는 방법에 관한 상담이 반복적으로 이루어졌다. 한국소비자보호원현, 한국소비자원에서는 내용증명을 소비자 스스로 작성할 수 있도록 도와주는 프로그램을 개발하기도 하였다.

1996~2000년에는 학습교재의 뒤를 이어 건강식품과 부동산임대차가 주요 피해상담품목으로 등장하였다. 당시에 집주인이 임대계약사항을 제대로 지키지 않거나 임대관련제도를 잘 몰라 임대인들이 피해를 보는 경우가 많았다. 임대차보호법 등의 설명이나 정보제공을 통해 임대인 보호

에 소비자상담실이 많이 기여를 하였다. YMCA 소비자보호실에서는 임대차문제에 관한 특별대책위원회를 구성하여 소비자보호에 앞장서기도 하였다.

이 시기에 건강식품 관련 접수는 계속 증가하는 추세를 보이고 있다. 판매사원의 집요한 강요로 반강제로 구입했다가 해약하려면 개봉을 했다는 이유로 제대로 환불받지 못하는 경우를 비롯하여 과장광고나 부작용의 문제 등이 계속 발생하였다. 소비자들이 내용증명을 통한 철회권행사를 하는 경우가 증가하자 방문판매원들도 다양한 방법을 통해 철회권행사에 대응하기 시작했다. 대표적인 것이 철회기간을 놓치게 하기 위한 전화따돌리기이다. 소비자가 해약을 위해 전화를 하면 판매사원이 퇴사를 하였다거나 외근중이라 연락이 안 된다고 하고, 휴대폰에 발신전화번호를 보고 받지 않아 소비자에게 주어진 철회기간을 놓치도록 하는 수법을 쓰기도 하였다. 또, 개봉한 상품은 반품이 안 된다는 점을 이용하여 무조건 뜯거나 사용하도록 유도하기도 하였다.

2001~2005년에 새롭게 부상하고 있는 품목은 이동전화서비스이다. 이동전화서비스 가입자가 약 4천만 명에 이르고 있으며 인터넷서비스 이용자 수는 약 3천만 명이 넘는 시대가 되면서 사업자 간 치열한 경쟁과 과다한 상품 및 첨단 서비스개발로 소비자의 욕구를 자극하면서 소비자상담건수도 덩달아 증가하고 있다. 주요 피해유형은 다양한 가격체계를 이용한 부당요금청구, 명의 도용, 통화품질 불만, 미성년자 계약 등이다. 최근에는 휴대폰 사용 연령이 점차 낮아지면서 청소년들의 과다사용으로 인한 분쟁이 사회문제화되고 있다.

계절별로도 소비자상담이 달라지기도 하는데 여름철에는 헬스·콘도회원권, 해외여행 캠프, 해외단기연수, 민박 숙박, 식품안전 등과 관련한 피해상담이 많고, 신학기에는 어학교재, 이사철엔 이사화물, 추석이나 설명절에는 택배 관련 피해가 단골메뉴로 나타나고 있다부산일보, 2007. 7. 4.

소비자상담, 요즘의 난…

소비자상담 창구에서 이루어지는 다양한 소비자들의 이야기, 분쟁해결기준의 변천사 등을 통해 지금 여기에 살고 있는 우리들의 소비생활을 엿볼 수 있다.

소비생활의 상업화와 소비자상담

이전에는 가족간의 협력이나 친척의 도움, 이웃간의 상부상조로 이루어지던 것들이 상업화되면서 소비생활에도 많은 변화가 일어났고 결과적으로 소비자상담의 대상이 되고 있다. 대표적인 예가 애완견 및 가족서비스관련 소비자문제의 발생과 소비자상담이다.

불과 얼마 전만 해도 강아지를 낳으면 이웃끼리 나누어 주고 키우던 것이 핵가족화와 소자녀화 등으로 인해 애완견을 통해 가족과 같은 애정과 지지를 느끼는 사람들이 늘어나고 있다. 이러한 현상은 애완견 관련 산업의 성장을 가져왔고, 이제 애완견은 고가의 분양금을 내고 사고파는 상품이 되었다. 그런데 구매한 애완견이 구입하자마자 질병에 걸리거나 죽는 경우가 빈번히 발생하고 그로 인해 소비자와 판매자 간의 실랑이가 시작되고 결국에는 소비자상담실 문을 두드리게 되는 것이다. 애완견관

애완견 피해유형별 현황

(단위: 건, %)

구 분	품질	계약해제	부당행위	계약이행	안 전	기 타	계
건 수	153	13	14	2	1	3	186
구성비	82.3	7.0	7.5	1.0	0.5	1.6	100.0

출처: 한국소비자원(2000), 인터넷상담속보

련 소비자상담건수가 증가하자 1999년 분쟁해결기준이 마련되었고 몇 차례 개정되었다. 애완견 피해발생의 대부분을 차지하는 애완견 구입 직후 질병 및 폐사는 비위생적인 시설에서 애완견의 대량사육과 공급이 이루어지는 유통구조상의 많은 문제 때문으로 인해 분쟁이 빈발하고 있다 표 참조.

결혼정보업이나 산후조리원도 상업화의 한 예이다. 마당발로 소문난 이웃이나 친지가 서로 적당한 혼처를 소개해 주던 과거의 관행에서 전문적으로 결혼상대자를 소개해주는 서비스업이 생겨나게 되었다. 이곳을 통해 많은 미혼남녀가 배우자를 찾기 위한 만남이 이루어지고 있다. 신뢰가 기본이 되는 만남에 이윤을 추구하는 기업의 서비스가 접목하면서 이를 이용하는 소비자들 간에 다양한 문제가 발생하고 있다. 예로부터 중매를 잘하면 술이 석 잔이고 잘못하면 뺨이 석 대라고 했는데 요즘은 중매를 잘못할 경우 소비자상담실 접수대상이 되고 있다. 이에 따라 2002년 공정거래위원회에서는 소비자피해가 빈발한 분야에 결혼정보업을 추가하여 중요한 정보가 제공되는 용역의 구체적 내용과 기본요금·추가요금 등 요금체계, 중도해지 시 가입비 환불기준을 공개하도록 고시하였다.

출산율이 급격히 감소하면서 출산 및 유아관련 서비스산업에도 많은 변화가 이루어지고 있다. 아기가 태어나면 집에 금줄을 걸고 친정어머니가 미역국 끓여주며 몸조리 해주던 시절은 이미 지나가 버렸다. 요즘의 산모들은 철저한 영양관리와 산모 및 신생아관리를 전문적으로 해주는 산후조리원 이용을 통해 한여름에도 찬바람 들어갈까 씻지도 못하고 누워 지냈다던 어머니의 산후조리 이야기는 먼 나라 이야기인양 산전 요가와 산후 체조 및 마사지, 인터넷카페를 통한 정보교환이 이루어지는 쾌적한 산후조리원에서 산후관리를 받고 있다. 그러나 상업화를 이룬 이런 시설을 이용하면서 만만치 않은 비용과 그에 못 미치는 안전문제 등으로 인해 소비자상담이 끊이지 않고 있으며, 2002년 결혼정보업과 함께 산후조리원도 소비자상담 분쟁해결기준에 추가되었다.

정보통신 강국과 소비자상담

국내 인터넷서비스 이용자수가 2005년 기준 32,507천 명을 넘고, 휴대폰 이용자수는 38,342천 명(장은경·황정선, 2006)에 이르면서 이와 관련한 소비자상담은 폭발 일로에 있다. 2006년 한 해 동안 한국소비자원에서 이루어진 상담 중 3위 안에 드는 품목이 모두 정보통신관련 상담일 정도로 소비자들은 이와 관련한 문제를 많이 경험하고 있다. 인터넷관련 소비자상담은 품질문제, 계약에 관한 문제 등이 주를 이루고 있다. 인터넷 서비스 제공업체들은 포화상태에 이른 시장에서 점유율을 높이기 위해 무리한 약속을 통해 소비자를 유치하고 있다. 그 과정에서 처음에 약속한 내용을 지키지 않아 해지를 원할 경우 해지절차를 복잡하게 하거나 이런 저런 이유로 해지를 지연시키려는 방법들이 동원되고 있다. 또한 빛의 속도보다 빠르다는 광고와는 달리 날로 조급해지는 소비자들의 속도에 대한 갈망을 충족시키지 못해 소비자문제를 일으키기도 한다.

휴대폰과 관련한 상담은 휴대폰기기의 품질과 관련한 문제, 이동통신서비스를 제공하는 업체의 요금과 관련한 문제들이 주를 이룬다. 휴대폰의 기능이 점점 다양해지고 복잡해짐에 따라 잦은 고장을 일으키는 제품들이 소비자문제로 제기되고 있다. 또, 이동통신서비스업체의 고객유치를 위한 치열한 경쟁 속에서 자신에게 적합한 요금체계를 찾기 위해서는 백 개가 넘는 가격체계 중에서 선택을 해야 하는 소비자들, 청소년들의 과도한 휴대폰 사용으로 인한 문제 등을 야기하고 있다. 과거에 가사일에 오랫동안 시달린 주부들이 주로 걸리던 손목터널증후군이 문자메시지를 많이 이용하는 청소년에게도 나타날 정도로 과도한 휴대폰 사용과 이에 따른 소비자문제가 심각하다뉴시스, 2007. 7. 27.. 이처럼 인터넷 강국의 이면에는 관련 소비자상담의 증가라는 새로운 현상도 함께 존재하고 있음을 알 수 있다.

소비자상담, 미래의 나는?

스스로 자급자족하던 시대의 소비자들은 소비자문제나 그로 인한 소비자상담이라는 것이 필요가 없었을 것이다. 하지만 현대를 살아가는 소비자들에게 대부분 물품과 서비스를 시장에서 구매를 통해 얻기 때문에 그와 관련한 다양한 소비자문제의 경험은 예고될 수밖에 없고 소비자상담 또한 그 중요성을 더해가고 있다. 소비자분쟁해결기준이 2년에 한 번 정도의 주기로 개정되고 계속 새로운 품목을 추가할 정도로 소비생활이 다양해지고 있으며 이는 결국 소비자상담의 증가로 연결되고 있다. 이것은 소비자상담의 영역이 그만큼 다양해지고 있음을 반영하는 것이다.

과거의 소비자들은 정보의 비대칭으로 인해 많은 피해를 입는 약자라는 인식이 지배적이었지만 요즘의 소비자들은 때로는 사업자와 대등한 관계를 유지할 정도로 넘쳐나는 정보 속에서 어떻게 자기에게 필요한 정보를 선별할 수 있는가에 소비자정책의 초점이 맞춰지고 있다. 이러한 분위기를 고려해 볼 때 미래의 소비자상담은 소비자문제가 발생한 후에 처리하는 것에 집중하기보다는 소비자에게 필요한 정보를 미리 제공해 주고, 소비자교육을 통해 문제를 사전에 예방하는 쪽으로 진화해 가리라 기대해 본다.

Reference

Day, Ralph and E. Muzaffer Bodur(1977), "A Comprehensive Study of Satisfaction with Consumer Services," in Consumer Satisfaction, Dissatisfaction, and Complaining Behavior, R. Day(ed.), Bloominggton, IN: *Indiana University School of Business*: 64-74.

강창경(2006). 소비자보호 입법정책의 방향. 한국소비자원.

박찬수(2006). 마케팅 원리. 법문사.

소비자단체협의회(2007). 월간 소비자, 3월호.

이기춘 · 박명희 · 이승신 · 송인숙 · 이은희 · 제미경(2000). 소비자상담의 이론과 실무. 학현사.

이기춘 외(2001). 소비자학의 이해. 학현사.

신현묵(2007). 소비자분쟁해결기준 해설. 한국소비자원.

장은경 · 황정선(2006). 2006 소비자동향. 한국소비자원.

한국소비자원(2000~2006). 소비자피해구제 연보 및 사례집.

한국소비자원(2007). 월간 소비자시대, 5월호.

인터넷 자료

뉴시스(2007. 7. 27). 손목저린 이유 이거였구나!

부산일보(2007. 7. 4). 그들〈사기꾼〉은 유행따라 새 패턴으로 당신 지갑을 노린다.

주간동아(2007. 1. 9, 568호). 성년되는 소보원 커졌다 세졌다.

한국일보(2007. 10. 25). '컵라면에 지렁이' 위자료 250만원 판결.

한국소비자원 인터넷상담속보

헬스회원권관련 소비자피해다발(2007. 5. 29)

추석택배이용시 소비자피해예방요령(2006. 9. 22)

신학기 어학교재 화장품 기만상술 주의(2006. 2. 23)

애완견 피해상담 45일 동안 2백 94건(2000. 3. 21)

13 소비자불만, 기업이 먼저 해결한다

이 은 희

서울대학교 가정대학 가정관리학과를 졸업하고, 동 대학원에서 소비자학 석사와 박사학위를 받았다. 현재 인하대학교 소비자아동학과 교수로 재직하고 있으며, 대표적인 저서로 ≪소비자상담≫, ≪소비자와 시장환경≫ 등이 있다.

고객만족경영은 대세인가? 그렇다면 소비자불만은 줄어들었는가?

기업들이 고객의 중요성을 재발견하고 고객만족경영을 시작한 1990년대 이후 적지 않은 시간이 흘렀다. 그동안 국내에서도 수많은 기업들이 고객만족경영을 도입하여 다양한 활동을 해왔다. 고객의 소리도 듣고 각종 고객만족 조사를 통해 개선영역과 구체적 개선점을 도출하여 이를 실행으로 옮기는 노력을 해왔다. 이렇게 고객만족경영은 기업의 구성원들을 고객중심적 사고로 전환시키는 데 이바지했을 뿐 아니라, 고객과의 접점을 포함한 여러 영역에서 어느 정도는 실질적인 개선을 이루는 데 공헌을 해 왔다고 할 수 있다최정환, 2007.

그러나 실제로 고객만족의 성공사례는 그다지 많지 않으며 기업의 자기만족으로 변질된 경우도 많다. 일본 텔레마케팅협회의 모리타는 "고객을 만족시켜야 할 CSCustomer Satisfaction가 실제로는 Cooperate Satisfaction, 즉 기업의 자기만족에 불과한 경우가 많다"고 지적한다. 이 협회는 콜센터 소장으로 새로 부임한 고객담당부서 책임자들을 대상으로 연수를 실시하고 있는데 "좌천된 것으로 생각하는 사람도 많고 잠시 거쳐가는 자리로 생각하는 이들이 대부분"이라고 한다http://blog.naver.com/jyyw750/30911447. 즉, CS를 중시한다면서 고객 대응부문의 기업 내 위상이 아직 낮은 것이 현실인 것이다.

또한 연간 100만 건 이상으로 추산되는 소비자 피해는 줄어들 기미를 보이지 않고 있다. 이로 인해 소비자들은 큰 고통을 겪고 있으며, 기술적으로 복잡한 상품들의 출현, 다양한 판매방법의 등장으로 소비자피해는 더욱 증가하는 추세이다.

[고객경영] 고객만족으론 부족하다, 감동시켜라

–통신 전자업계 '소비자 섬기는 경영' 급속도로 확산–

고객의 불만이 조금이라도 발생해서는 안 된다는 최고경영자(CEO)의 강한 의지에 따라, '고객섬김경영'이 전자 · 통신 분야 기업들 사이에서 퍼져 나가고 있다.

○ 민원전화는 자동응답 않고 직접 상담전화 받게

LG전자 남용 부회장은 고객감동을 강조한다. "구매한 상품을 보는 순간 '와우' 하며 놀랄 정도로 만들라"는 것이 남 부회장의 주문. 그러려면 고객에 대한 통찰력을 가져야 한다는 것이 남 부회장의 소신이다. 남 부회장은 격주마다 열리는 경영회의에서 최고 경영진들과 함께 녹음된 고객의 전화상담 내용을 직접 듣는 시간을 마련했다. 험한 욕이나 불쾌감을 적나라하게 드러낸 고객의 목소리를 들으며 임원들은 얼굴을 붉히기 일쑤지만 개선방안을 내놓는 데는 효과적이다.

김신배 SK텔레콤 사장은 올 4월 한 40대 남자가 휴대전화 품질에 불만이 있다며 벤츠 차량을 몰고 본사 사옥으로 돌진한 사건에 대해 "초심으로 돌아가 스스로를 철저히 돌아보는 계기가 됐다"고 겸허히 받아들였다. 이후 SK텔레콤은 가입자들의 작은 짜증까지도 해소할 조치를 취했다. 고객들이 자동응답전화(ARS)에 짜증나는 경우가 많다는 점에 착안해, 직접 상담원이 전화를 받는 '고객불만신고센터'를 개설했다.

○ 경영시스템을 고객만족위주로 전면 개편하라

KT는 올 5월 전사적 소비자불만자율관리프로그램(CCMS)을 도입했다. 민원 최저를 목표로 도입한 이 시스템은 소비자 불만 요인을 사전에 차단하고 적극적으로 해소하는 과정을 체계화해 회사 서비스의 근본적인 변화를 추구하고 있다.

KTF는 아예 회사 전체의 경영 체제를 고객 만족을 중심으로 한 '굿타임 경영'으로 재편했다. 고객 불만 사항에 대해 선(先)조치, 후(後)정산하는 TT(Trouble Ticket) 시스템이 대표적인 사례다. 통화 품질 불만에 대해 24시간 이내 확인 후 통보하는 서비스와 휴대전화 고장을 직접 찾아가 해결해 주는 굿타임 방문 서비스 등도 시행한다.

동아일보, 2007. 9. 17.

기업의 소비자불만자율관리는 해결책이 될 수 있는가?

사업자는 상품을 만든 당사자로서 상품의 결함에 대한 책임이 있으며, 상품에 대해 잘 알기 때문에 가장 효율적으로 피해구제를 할 수 있다. 따라서 사업자에 의한 피해구제는 가장 바람직한 피해구제 방법이라고 할 수 있는데, 사업자 잘못으로 발생한 소비자불만과 피해의 구제를 사업자가 스스로 해결하지 않고 소비자단체나 행정기관 등에 전가시켜 처리토록 함으로써 불필요한 사회적 비용을 초래하고 있다. 또한 이 과정에서 겪게 되는 소비자들의 고통이야말로 가장 큰 사회적 비용이라고 할 수 있는데, 한국소비자원 등과 같은 일부 기관의 경우 워낙 많은 피해건수가 몰리다 보니 상담전화 연결이 잘 안 되어 소비자들의 스트레스가 가중되고 있는 실정이다.

사업자자율소비자불만처리제도는 불만스러운 소비자들이 법정에 가거나 소비자단체 또는 소비자보호기관에 가는 것을 예방할 수 있다. 이는 기업이 소비자들의 피해구제 욕구를 초기단계에 충족시키고, 이를 통해서 비용이 들고 격렬하게 진행되는 법적 소송 및 나쁜 여론을 예방하는 효과를 가져 올 수 있다. 소비자의 입장에서도 대개 소액다수인 소비자 피해를 해결하기 위해 법정에서 소요하는 시간 및 비용과 법 절차의 복잡성은 비실용적이고 큰 부담이 된다. 특히 법적 상환청구가 전자상거래와 같은 국경을 초월한 거래일 때 더욱 그렇다. 따라서 사업자자율소비자불만처리제도가 성공적으로 수행될 때, 소비자들은 큰 혜택을 얻을 수 있으며 좀 더 안심하고 구매를 할 수 있어 구매를 촉진하는 요인이 되기도 한다.

기업 측에서 소비자문제를 스스로 해결하도록 준비하지 않을 때, 정부가 규제를 개발시킬 것이라는 인식은 기업들로 하여금 비규제적 피해구제 제도를 자율적으로 개발시키도록 한다. 캐나다의 자동차중재프로그램 Canadian Motor Vehicle Arbitration Program: CAMVAMP, 케이블TV표준기금Cable Television Standards Foundation: CTSF의 불만처리시스템, 알버타 新주택보증프로그램Alberta New Home Warranty Program 등은 정부규제의 전망에 대응하여 개발되어진 소비자불만처리제도의 예들이다.

일반적으로 시장경제하에서의 규제는 시장규제market forces, 정부규제 government forces, 그리고 자율규제self-regulation로 구분할 수 있다우광명, 2003. 시장규제는 문제의 해결을 시장 자체에 맡겨두는 것으로, 시장 내의 행위자가 금전적 손해나 평판의 저하로 인해 장기적으로 생존하기 어렵게 되는 상황을 통해 시장질서에 순응하게 되는 상황을 설명한다. 시장규제에서는 규제 혹은 규범에 어긋나는 상황이 발생한다고 해도 어떤 법적인 제재가 취해지는 것은 아니다이민창, 2003.

정부규제는 바람직한 경제사회 질서의 구현을 위해 정부가 시장에 개입하여 기업과 개인의 행위를 제약하는 것이다최병선, 1992. 규제에 불응하였을 경우에는 법적인 강제집행이 수반된다. 정부규제는 집행과정에서 정부가 부담해야 하는 집행비용, 감시비용 등이 과다하게 발생하여 집행의 사각지대가 발생하고, 과다한 기회주의적 행위 유인이 발생하거나 산업의 기술변화에 적응하지 못하는 문제가 있다. 이러한 문제점을 보완하기 위해 대안 또는 보완적 대안으로 제시되는 것이 자율규제이다.

자율규제는 특정한 목적 달성을 위한 사업자의 자주적인 조치로서 스스로를 제약하는 제반활동이라고 할 수 있는데, 주로 업계가 협회의 결성을 통하여 스스로 준수해야 할 행동규약을 제정하고 위반행위를 스스로 점검하는 행위로 이루어진다우광명, 2003.

자율규제는 규제속도, 유연성, 시장상황에 대한 민감성, 저렴한 비용 등에서 장점을 갖는다. 이는 자율규제의 형성주체와 집행주체가 시장의 상황과 산업에 대한 정확한 정보와 지식을 보유하고 있기 때문에, 보다 현실적이고 실현가능한 기준과 규칙을 형성할 수 있어 자율규제에 참여하는 동료그룹들의 합의된 집행의지와 암묵적 집행 압력은 규제순응으로 이어질 가능성이 매우 크다. 더욱이 자율규제는 법적인 강제의 범위를 넘어서는 윤리적 도덕적 기준을 형성하는 경우도 있어서 행위의 기준과 범위를 규율하는 수준을 높이는 경우도 있다Gunningham & Rees, 1997.

반면에 자율규제는 자율규제 참여 당사자의 이익에 적합한 기준만을 형성하는 경우도 발생하게 되어, 오히려 피규제 집단의 이익에 봉사하게 되는 경우가 발생한다. 업계가 자율규제를 활용하는 이유는 기업의 사회적 책임을 요구하는 사회적 압력에 적극적으로 대응할 수 있고, 업체 간에 자율규제를 준수함으로써 서비스의 품질을 유지해 고객의 신뢰성을 확보하는데 용이할 뿐만 아니라, 업계의 구조적 변화과정에서 선도적 위치를 점하여 다른 기업의 신규진입을 억제하거나 경쟁을 제한하는 목적, 그리고 정부의 규제입법 의도를 선점하려는 전략으로도 활용될 수 있다최병선, 1992. 이런 이유들로 인하여 자율규제는 그 기준이 미약하고 집행도 효과적이지 않으며, 규제위반에 대한 처벌도 상대적으로 부드럽거나 비밀스럽게 이루어진다는 비판을 받고 있다Gunningham & Rees, 1997.

그러나 사업자자율소비자불만처리제도는 소비자, 기업, 정부 모두에게 혜택을 줄 수 있는 제도이다. 먼저 소비자 측면의 혜택으로는 첫째, 예방적 차원의 제도는 기업이 고객서비스와 신뢰성 표준을 충족시키고 이를 충족시키지 못할 경우 소비자들은 어떤 방식으로든 보상받을 것이라는 것을 소비자에게 확신시킬 수 있다. 둘째, 기업이 소비자문제에 어떻게 반응하는가를 알 수 있다. 셋째, 특정 판매자나 판매자 단체에 의해 발생하는 상품·서비스의 문제가 감소된다. 넷째, 법정에서 불만을 처리하는 것에 비해 비교적 빠르고, 공정하며, 적은 비용의 해결책을 제공받을 수 있다.

다음으로 기업 측면의 혜택으로는 첫째, 소비자문제를 최소화하는 좀 더 효율적이고, 공정하고, 효과적인 운영을 할 수 있다. 소비자, 정부 등에 대해 기업을 더욱 호의적으로 만들 수 있으며, 새로운 법이나 규제 압력을 줄일 수 있다. 둘째, 소비자불만은 피드백되어 상품과 서비스를 개선시키는 데 사용될 수 있다. 셋째, 소비자와의 신뢰관계 구축을 통해 소비자 애호도를 향상시킬 수 있다. 넷째, 비용이 드는 격렬한 법적 분쟁을 줄일 수 있다. 다섯째, 법들을 보완하기 때문에 정부기관이나 규제 기관과의 관계가 향상될 수 있다.

끝으로 정부 측면의 혜택으로는 첫째, 공공정책 목표들이 비규제적 수단을 통해서 달성될 수 있다. 둘째, 전통적 규제제도를 보충하거나 확대한다. 셋째, 법 테두리 안에서 최소 표준과 기준들을 초과할 수 있다. 넷째, 정부 개입의 필요성이 감소할 것이다. 다섯째, 법과 규제를 사용하는 것보다 좀 더 빠르고 비용이 덜 들면서 표준과 기준들이 설정되거나 조정될 것이다.

사업자자율소비자불만처리제도가 갖추어야 할 요건으로는 첫째, 법률에 의해 제정되는 것이 아니라 자발적이어야 한다. 둘째, 개별기업, 사업자단체, 정부 또는 표준단체 등에 의해서 개발되고 실행되어야 한다. 셋째, 개별기업, 여러 기업이나 단체에 전체적으로 또는 많은 부문에 적용 가능해야 한다. 넷째, 소비자들의 압력, 경쟁 압력, 정부 간섭 등에 대한 반응으로 제기되어야 한다. 다섯째, 소비자보호, 경쟁 및 계약법 항목들을 포함하는 합법적 틀 안에서 운영되어야 한다.

기업소비자불만자율관리의 주요 외국의 경향은 어떠한가?

선진 외국의 경우를 보면 미국에서는 사업자단체인 경영개선협회Better Business Bureau: BBB가 자율적 소비자보호활동을 하고 있고, 캐나다에서는 산업성 소비자보호국Office of Consumer Affairs, Industry Canada에서 사업자들이 사용할 수 있는 하나의 표준으로 소비자불만처리제도Consumer Complaints Management System: 소비자불만처리제도를 도입하여 제시하고 있으며, 일본에서는 사업자의 자주행동기준 등을 만들어 사업자들의 자율적 소비자피해 구제를 적극 유도하고 있다. 또한 2004년 7월 6일 국제표준화 기구International Organization for Standardization: ISO는 고객불만처리에 관한 국제규격인 「ISO 10002: 2004」 Quality Management—Customer Satisfaction—Guidelines for Complaints Handling in Organizations를 공표한 바 있다. 특히 최근에 거대 다국적 기업의 자원 이동이 국가 간에 활발해지면서, 다국적 기업이 진출하는 각 국가의 소비자를 보호하기 위해서 기업의 사회적 책임이란 개념이 EU를 중심으로 대두되었으며, 각 국가들은 무역장벽의 또 다른 수단으로 이 개념을 활용하고 있는 추세이다.

캐나다의 소비자불만처리제도는 소비자불만처리에 초점을 맞추어 사업자들이 소비자불만을 자율적으로 처리할 수 있는 방안을 3단계로 제시하고 있다. 즉 예방적 차원, 기업 내부에서의 처리 차원, 기업 외부에서의 분쟁해결 차원으로 나누어 제시하고 있다. 각 차원에 있어서는 개별사업자와 산업 전체에서의 처리방안이 있을 수 있으며, 3차원 중 어느 하나에 초점을 두고 처리할 수도 있고 이 세 가지를 포괄하는 접근방법을 사용할 수도 있다. 3차원 중 예방적 차원의 소비자불만처리는 포괄적인 소비자불만처리제도의 기획실행단계라고 할 수 있다. 이것이 효과적으로 시행되기 위해서는 잘 공표되어야 하며, 일관성 있게 적용되고 감시체계가 잘 되어 있어 원활한 피드백이 이루어져야 한다. 또한 이를 위한 충분한 재정적 지원도 따라야 한다. 다음을 내부처리차원의 소비자불만처리란 소비자문제 및 불만을 처리하기 위해 기업 내부에서 사용하는 기술이다. 이 기술의 예로서 수신자부담 전화서비스, 방문서비스, 내부 옴부즈만 및 소비자불만대응 표준 등을 들 수 있다. 끝으로 외부적 분쟁해결에 의한 소비자불만처리는 기업조직 외부에서 작동되는 것이다. 여기서는 조정mediation, 중재arbitration, 법정tribunal, 위원회council와 외부 옴부즈만 등이 적용될 수 있다. 여기서 조정을 제외한 중재, 법정, 위원회 등을 통한 문제해결과정은 어느 정도 강제성을 띤다.

반면에 일본의 자주행동기준은 기업의 윤리강령 또는 행동규범이 구체화된 것으로 대상범위가 매우 포괄적이다. 즉 소비자, 종업원, 거래선, 주주, 정치·행정 등과의 관계와 반사회적 세력 및 단체에 대한 행동기준, 해외 사업에 있어서 현지와의 관계, 그리고 환경문제, 인권문제, 노동문제 등에 대한 노력과 사회공헌활동 노력 등을 담고 있다. 이 중 소비자대응에 관한 자주행동기준의 내용도 소비자에게의 정보제공, 구매권유 지침,

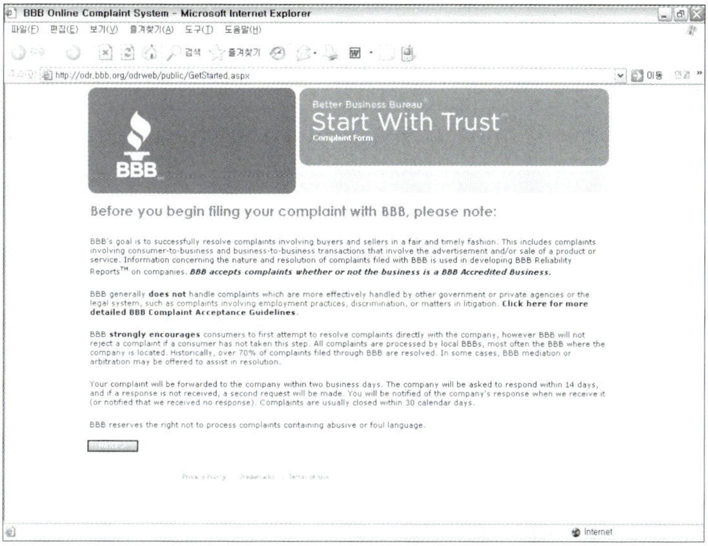

BBB의 자율적 소비자피해구제 홈페이지

캐나다 CCMS 규범

일본의 자주행동기준 규범

ISO 10002: 2004 규범

계약조항, 제품안전, 환경배려, 개인정보보호방침, 상담·고충처리 등의 영역 등을 포괄하고 있어서 캐나다의 소비자불만처리제도와 차이를 보이고 있다. 그러나 일본의 자주행동기준도 캐나다처럼 예방적 차원과 기업 내부의 처리차원을 제시할 뿐만 아니라, 기업 외부의 분쟁해결 차원의 자율적 처리 방안인 '사업자단체에 의한 자주행동기준의 책정 운용'을 제시하고 있으나, 캐나다만큼 사업자단체에 의한 소비자불만 해결이 제도적으로 안정되어 있고 활발하게 이루어지지는 않는 것으로 보인다.

우리나라의 도입 현황과 앞으로의 과제

우리나라에서는 2005년 9월 공정거래위원회와 소비자피해자율관리위원회가 사업자의 소비자불만처리에 대한 표준행동규약을 마련하고 소비자불만자율관리CCMS제도를 공표하였다. 소비자불만자율관리프로그램의 규범은 총5장으로 구성되어 있는데, 제1장은 소비자불만자율관리프로그램의 개요로 목적, 필요성, 적용범위, 용어의 정의, 자율관리프로그램의 단계 등을 담고 있으며, 제2장은 자율관리프로그램의 기본원칙, 제3장은 자율관리 프로그램 실행체계의 구축, 제4장은 자율관리프로그램의 운영, 제5장은 자율관리의 유지·촉진 및 개선으로 되어 있다.

이 제도의 실천사무국으로는 기업소비자전문가협회가 선정되었으며, 2007년 10월 23일 현재 총 58개사가 이 제도를 도입하였는데, 구체적으로 공산품 5개사, 금융 12개사, 서비스 7개사, 식품 22개사 유통 4개사, 전자 6개사, 제약 2개사 등이다.

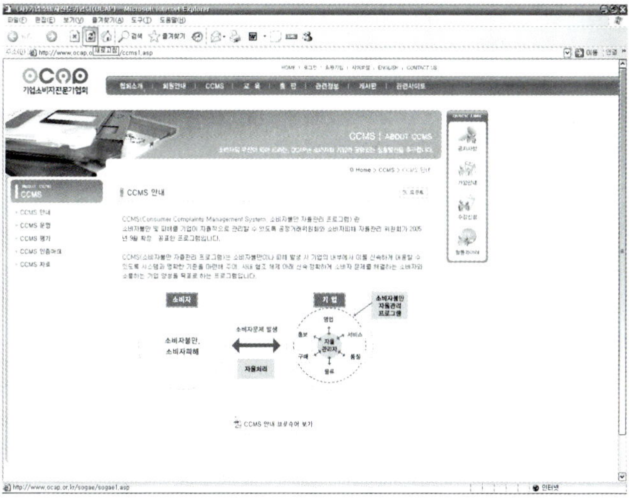

기업소비자전문가협회(OCAP)의 CCMS 홈페이지

2007년 1월 공정거래위원회는 소비자불만자율관리CCMS제도를 도입하여 운영하고 있는 기업들을 평가하기 위한 평가제도를 도입하고 평가기관으로 기업소비자전문가협회를 선정하였다. 2007년 4월 16개 기업이 평가를 신청하였으며, 이 중 9개사가 제1회 인증기업으로 선정되어 2007년 7월 11일 인증수여식을 가진 바 있다. 인증기업들에게는 공정거래위원장 명의의 인증서를 발급하고, 기업들은 이 인증마크를 광고 및 홍보에 활용할 수 있다. CCMS평가 인증기업에게는 인센티브가 부여되는데, 소비자피해자율처리, 법위반제재수준 경감, 우수기업 포상, 인증마크 사용 등이다. 여기서 소비자피해사건 자율처리는 공정거래위원회에 신고되는 표시광고법, 방문판매법 및 전자상거래소비자보호법 위반 사건 중 개별소비자피해사건에 대해 CCMS 도입·운용기업에 우선 통보하여 당사자의 자율처리를 유도하는 것으로, 소비자가 결과를 수락하는 경우

CCMS 인증마크의 두 원은 소비자와 기업을 나타내며, 블루색상은 합리적이고 효율적인 기준을 표현하여 소비자와 기업 모두가 안심과 신뢰로 만족하는 소비자불만 자율관리의지를 의미합니다.

CCMS 인증마크

공정거래위원회의 별도조사 및 심사절차를 면제하는 것이다. 다음으로 법위반 제재수준 경감이란 CCMS 도입·운용기업이 표시광고법, 방문판매법 및 전자상거래소비자보호법 위반으로 공표명령을 받은 경우 단계별로 제재수준을 경감하는 것이다.

앞으로의 과제는 도입초기인 이 제도가 얼마나 실효성을 갖고 있는가를 평가해야 하며, 이를 토대로 실효성을 높이기 위해 유지되어야 할 것과 개선되어야 할 것, 그리고 새로 도입되어야 할 방안 등에 대한 연구가 이루어지고 실행되어야 한다. 현재 공정거래위원회가 위탁하여 기업소비자전문가협회에서 실시하고 있는 평가제도는 소비자불만처리제도의 하드웨어를 갖추고 있는가에 대한 평가이지, 실제로 이 제도를 통하여 소비자불만이 얼마나 잘 처리되고 있는가를 평가하는 것은 아니다. 물론 제도 도입초기임을 감안할 때 기본적인 하드웨어가 갖추어졌는가도 중요하다. 그러나 우리나라의 경우 대기업을 중심으로 여러 기업들의 소비자불만처리시스템이 아주 우수하게 잘 갖추어져 있고, 실제로 이런 기업들은 제도 도입초기에 제도가 왜 필요한가 하는 문제제기를 했다는 점을 감안할 때, 이 제도 도입으로 인한 질적 향상 부분에 대한 평가가 앞으로 이루어져야 할 것으로 사료된다. 그리고 이를 위해서는 어떤 항목에 대해 어떻게 평가할 것인가에 대한 연구가 선행되어야 할 것이다.

또한 평가결과 부여하게 되는 인증마크는 소비자에 대한 홍보가 부족할 경우 소비자들이 마크의 존재성을 잘 인식하지 못하여 실효성이 떨어질 수 있고, 또 인증마크를 부여받은 기업이 사회적으로 크게 회자될 수 있는 소비자피해를 유발했을 경우 인증마크 자체에 대한 신뢰성에 치명적인 손상을 가져올 수도 있다. 따라서 인증마크는 절대로 남발해서는 안 되며 엄격하게 감독하고 신중하게 운영되어야 한다. 또한 등급 또는 자율등급self-classification의 개념을 적용한 인증마크도 기업의 계속적인 발전 노력을 유도할 수 있다는 점에서 생각해 볼만하다.

이에 덧붙여 제도의 발전을 위해 앞으로 고려되어야 할 사항을 제시하면 다음과 같다. 첫째, 이 제도는 이미 우수한 소비자불만처리제도를 갖추고 있었던 대기업들보다는 실제로 소비자피해의 많은 부분을 차지하고 있는 중소기업들에 효과적으로 도입되고 운영되는 것이 더욱 중요하다. 특히 영세기업들의 경우는 개별기업에의 제도 마련이 쉽지 않을 것이므로, 협회에 제도가 마련되도록 지원하여야 할 것이다.

둘째, 인터넷거래 등과 같은 다른 거래로의 제도 확대 방안을 고려해 볼 수 있다. 인터넷거래는 기술적 복잡성 및 이의 급속한 변화, 그리고 글로벌한 특성으로 법률적 규제나 행정기관에 의한 규제로는 사업자의 부당한 거래를 방지하기에 효과적이지 않아 특히 사업자들의 자율규제가 필요하다. 그러나 현재 국내 전자상거래관련 사업자단체 중 B2C거래를 하는 단체는 7개 정도인데, 이 중 2개 기관[1)]이 선언적 윤리강령인 자율규약을 가지고 있고 1개 단체[2)]가 회원들을 대상으로 700 유선전화서비스에 한하여 자율심의위원회를 구성하고 있는 실정이다. 그리고 사업자

자율규제의 위반행위에 대한 효과적인 제재가 이루어지지 못하여 자율규제의 효과성이 제고되고 있지 못하다. 또한 자율규제의 유형이 다양하지 못한데, 특히 사업자단체를 통해 시행하는 모형개발에 미온적이며, 민간 영역에서의 자율규제 역량과 인식이 부족하다우광명, 2003. 따라서 소비자들의 참여 증가와 함께 소비자문제 발생도 증가할 것으로 예측되는 인터넷 거래에 있어 소비자불만처리가 바람직하게 될 수 있도록 소비자불만처리 제도의 도입을 고려해 볼 필요가 있으며 이 경우 어떤 방식으로 도입할 것인가에 대한 연구가 이루어져야 할 것이다.

셋째, 자율규제의 범위를 확대하여 기업외부의 분쟁해결제도를 협회 또는 업계 내에 만든다면 기업 내부에서 처리되지 못한 소비자불만을 업계 차원에서 처리하게 되어 자율규제에 대한 소비자신뢰를 확보할 수 있을 것이다. 혹은 협회에 핫라인을 설치하는 것도 좋은 방안이 될 수 있을 것이다. 미국이나 캐나다 등에서는 경영개선협회BBB: Better Business Bureau가 소비자불만을 처리하는 사업자들의 자율기구로 소비자들의 큰 신뢰를 얻고 있다. 특히 중소기업들의 경우, 기업 내에 소비자불만자율관리제도를 마련하기가 쉽지 않으므로 협회 단위로 혹은 업계 내에 이런 제도를 만든다면 소비자들이 좀 더 안심하고 구매할 수 있게 되어 소비자만족과 구매촉진을 동시에 추구할 수 있을 것으로 사료된다.

넷째, 우리나라에 시행되고 있는 소비자불만처리제도는 캐나다의 경우처럼 소비자불만처리에 초점을 맞추고 있다. 그러나 장기적으로는 일본의 자주행동기준처럼 좀 더 포괄적인 소비자보호 또는 소비자대응에 초점을 맞추는 방향으로 발전해야 할 것이다. 이는 단순히 소비자불만이 잘 처리되는 것에 머무르는 것이 아니라, 좀 더 다양한 측면의 소비자복지 향상을 추구할 수 있다는 점에서 그 의의가 있다.

다섯째, 소비자불만처리제도와 국제 규격들과의 비교를 통해 국제적인 가이드라인이나 국제적 동향을 제도에 반영시키는 노력이 있어야 할 것이다. 이는 최근 미국과의 FTA협상 타결 등을 포함해 앞으로 계속 증가할 것으로 예상되는 국제적인 상품 및 서비스 교류에 있어서, 국내 소비자보호 및 수출제품의 국제경쟁력 향상을 위해 중요한 역할을 수행할 것이다. 국제규격으로는 국제표준화기구의 고객상담부문 국제적 표준화인 「ISO 10002:2004」, 유엔환경계획United Nations Environment Program: UNEP 산하의 국제보고선도Global Reporting Initiative: GRI에서 제시한 소비자보호부문의 가이드라인, 유럽 등 선진국에서 시행하고 있는 기업의 사회적 책임Corporate Social Responsibility: CSR 등이 있다.

Reference

Gunningham, N. & Rees, J.(1997). Industry self-regulation: An institutional perspective. *Law & Policy*, 19(4).

우광명(2003). 전자상거래 사업자의 자율규제 활성화 방안. 국제무역연구, 9(2), 345-367.

이민창(2003). 자율규제의 성공요인과 한계-신문판매공정규약사례를 중심으로. 한국사회와 행정연구, 14(3), 229-258.

이은희(2007). 외국의 사업자 자율소비자불만처리제도에 관한 연구. 소비자정책교육연구, 3(1), 55-77.

최병선(1992). 정부규제론. 법문사.

최정환(2007). 겉도는 고객만족경영 이대론 안된다. LG경제연구원.

http://blog.naver.com/jyyw750/30911447

Part 4
변화하는 소비자

소비자의 힘에 대한 단상

미래의 소비자 교육하기

무엇을 왜 소비하는가: Homo-Consudent

유비쿼터스사회의 소비자프라이버시

14 소비자의 힘에 대한 단상

김 성 숙

서울대학교 가정대학 소비자아동학과를 졸업하고, 동 대학원에서 소비자학 석사와 박사학위를 받았다. 한국소비자보호원 연구원을 거쳐, 현재 계명대학교 경제통상학부 소비자정보학전공 교수로 재직하고 있다.

소비자 힘을 다시 생각하는 이유

많은 사람들은 지금만큼 소비자가 왕인 시대가 없었다고 생각한다. 어떤 사업자들은 소비자가 환불제도를 악용해서 물건을 구매한 후 필요한 때 잠시 사용하고 환불해버리는 악의적인 경우도 상당수 있다고 말한다. 그만큼 소비자가 영악해졌다는 주장이다. 또 다른 사람들은 소비자들이 여전히 나약하다고 주장한다. 소비자들을 대상으로 하는 신종 사기판매 수법은 날로 발전하고 있고 또 기업들의 AS 서비스는 매우 좋아졌지만 만족할 만한 것은 아니라는 것이다. 최근에는 어떤 소비자는 이동통신서비스 AS에 대한 불만 때문에 승용차로 해당업체 건물 현관으로 돌진하는 사태도 발생하였다.[1] 한쪽에서는 소비자는 영악하고 소비자의 힘은 매우 세다고 평가하지만 또 다른 한쪽에서는 아직까지 무지한 소비자가 많으며 사업자들은 보이지 않게 소비자의 권익을 침해하고 있다고 주장한다. 어느 쪽이 맞을까?

이 문제에 대하여 어떤 측면이 더 타당할 것인가를 논할 때 항상 해묵은 딜레마, 즉 '거시적인 안목'과 '미시적인 안목'을 떠올리게 된다. 미시적으로 볼 때 소비자는 늘 소비생활에서 불만족하며, 불량품은 어디서나 존재한다. 매일 새로운 신상품이 등장하며 그것의 성능을 보장할 길은 어디에든 없다. 거시적으로 보면 소비생활은 뚜렷하게 발전하여 왔다. 과거 전자제품의 AS를 받기 위해 며칠을 기다려야 했던 경험이나 서비스 종사자들의 견디지 못할 정도의 불친절과 무성의는 이제 거의 사라져가고 있다. 대다수 기업들은 소비자의 마음을 읽으려고 혈안이 되어 있고, '고객만족'을 넘어서 '고객 섬김'에 이르는 경영을 약속하고 있을 정도다. 그리고 소비자는 자신의 주장을 펼치는 데 있어 장벽은 거의 존재하지 않는다.

그럼에도 불구하고 우리 소비자는 스스로 강하다고 느끼지도 못하고 강한 적도 없는 것 같다. 항상 소비자들은 크고 작은 문제들에 직면하고 있다. 새로운 소비자문제가 발생하거나 불량식품이나 안전사고와 같은 해묵은 소비자문제들이 등장할 때마다 우리는 언제나 늘 선진국은 이렇게 대비하고 있다든지 기업들이 이렇게 잘하고 있다든지 거론하면서 순간적으로 절망에 빠진다. 또 시시각각으로 변하는 소비환경들은 우리 주변의 소비적 삶을 어떻게 변화시킬 것인지, 그리고 우리 스스로는 자신의 소비생활을 주체적으로 만들어가고 있는지에 대해서도 우리는 자각하지 못한다.

이번 장에서는 시장에서 나약하지만 무시할 수 없을 정도로 영향력을 발휘하고 있는 소비자의 힘이 우리의 시장 현실에서 어떻게 작동하고 있는지 그리고 앞으로 변화하는 환경 속에서 어떻게 작용할 것인지에 대하여 생각해 보았다. 단편적인 사례들만으로 소비자의 힘이 충분한지를 논하기는 어렵고 보다 거시적이고 광범위한 관점에서 이 문제를 바라다 봐야 할 것 같다. 이를 위해 우선 소비자 힘의 본질과 설명모델을 정리하였고, 정보화와 글로벌화로 인한 소비자 힘의 변화 양상 및 전망을 제시하였다.

소비자 힘의 본질

소비자의 힘은 어디에서 나오는가. 전통적인 경제이론에서 소비자의 힘은 매우 개별적이고 소비자 한 개인의 힘은 시장에 어떠한 영향력을 행사하지 못한다. 이렇게 얘기하면 소비자는 시장에서 조금도 영향을 미치지 못하는 것으로 오해할 수 있지만 개개인의 소비자들의 의사가 합해지면 생산자또는 사업자에게 영향을 미치게 된다. 따라서 경제학에서는 소비자 개개인의 힘을 개념화할 필요가 없다. 소비자 개개인이 무의식적으로 자신의 선호체계에 의해서 선택을 하면 시장의 '보이지 않는 손'이 작용을 해서 공공의 이익이 달성되기 때문이다. 전통적인 경제이론에서 소비자의 힘은 개개인의 선택행위로부터 표출된다.

현실적으로 소비자의 힘은 전통적인 경제이론과 같이 개개인의 선택행위로만 표출되는 것은 아니다. 소비자의 힘은 상이한 수준으로 존재하고 있기 때문이다. Swagler1985는 '단순히 소비자 힘이라고 말하는 것만으로는 충분하지 않다. 이런 말이 의미를 가지려면 그러한 힘의 정도, 범위 등을 자세하게 밝힐 필요가 있다'라고 했듯이 소비자 개개인이 가지는 힘은 어떻게 조직화되고, 영향력을 발휘하느냐에 따라 그 크기는 달라진다.

그에 따르면 소비자는 3가지 수준의 힘을 가질 수 있다. 소비자 힘의 제1수준은 소비자가 시장에서 자기 자신의 이익을 돌볼 수 있는 개인적인 능력이다. 개인들이 민간기업이든, 공공기업이든, 혹은 정부이든 시장체계로부터 공정한 대우를 받을 수 있도록 대항력을 갖추는 것이다. 소비자 힘의 제2수준은 시장 내 모든 소비자가 시장체계로부터 공정한 대우를 받을 수 있도록 하는 것이다. 마지막 소비자 힘의 제3의 수준은 소비자주권의 실현을 의미한다. 주권이란 온정주의적인 체계 내에서 공정하게 대우받는 것 이상을 의미한다. 소비자주권은 소비자가 체계를 실제로 주도해 나가는 것을 의미한다. 소비자들은 상품들과 서비스들을 여러 대체안 가운데에서 선택할 수 있어야 하며 실제로 시장에서 어떤 상품과 서비스가 필요한지에 대해서 결정할 수 있어야 한다.

소비자 개개인은 무력한가

소비자의 저항은 소비자의 불만족과 좌절에 근거하고 있다. 소비자가 불만족하거나 소비에서 좌절을 경험하면 무력감을 느낀다. Pitt, Berthon, Zinkhan, & Watson[2])은 소비자가 무력consumer impotence한 이유를 다음과 같이 피력하고 있다.

- 소비자는 상품, 최신의 신뢰할 만한 정보에 접근하기가 어렵다
- 소비자는 다른 많은 소비자와 이야기하기가 쉽지 않다
- 소비자는 다른 소비자와 연계하기가 어렵다.
- 소비자는 어떤 회사에서 발생하고 있는 것에 대하여 진정한 영향을 미치기 어렵다
- 소비자는 곤란하고 값이 비싼 법률적 시스템에 대한 자원이나 접근이 어렵다
- 소비자는 복잡하고 기술적인 상품과 서비스를 효과적으로 평가하는 데 필요한 전문성이 결여되어 있다.
- 소비자는 어떤 기업에서 '적합한(right)' 사람들과 커뮤니케이션하기가 어렵다
- 소비자는 공적인 영역에 있는 기업과 대화하기 어렵다

소비자는 시장에서 부당한 대우를 받는가

소비자 힘의 제2수준은 '소비자권리 실현'과 일맥상통한다. 소비자권리란, 소비자의 이익을 주장하고 그것을 누릴 수 있는 수단을 요구하는 것

을 말한다송보경 · 김재옥, 1987. 소비자주권이 시장에서 자원배분을 결정할 정도로 소비자가 얼마나 힘을 행사하고 있는가에 초점이라면 소비자권리는 소비자이익을 확보하기 위한 사회적 요구라고 할 수 있다. 1962년 John F. Kennedy 미국 대통령은 의회에 보낸 교서에서 소비자권리장전Consumer Bill of Rights을 선언하였다. 그 권리는 안전할 권리, 알 권리, 경쟁적 가격으로 다양한 재화와 서비스 중에서 선택할 권리, 그리고 소비자정책의 수립에 대해 정부에 공정한 의견을 개진할 권리를 포함하였다. 소비자권리는 소비자가 시장에서 부당하게 대우받지 않을 권리를 의미하기도 하므로 위의 소비자권리의 보장은 소비자 힘의 제2수준이 확보됨을 의미한다.

소비자권리의 내용도 시대 변화에 따라 추가되면서 현재 우리나라 '소비자기본법'에서 보장하는 소비자 8대 권리는 ① 안전할 권리, ② 정보를 제공받을 권리, ③ 선택할 권리, ④ 의견을 반영할 권리, ⑤ 피해구제를 받을 권리, ⑥ 교육을 받을 권리, ⑦ 단체를 조직 · 활동할 권리, ⑧ 안전하고 쾌적한 소비생활 환경 속에서 생활할 권리이다.

소비윤리적 불매운동

'깨끗한 옷입기 운동'(CCC.Clean Clothes Campaign) 역시 제3세계 근로자들의 노동조건을 문제삼는 소비자 철학을 강조하는 대표적 조직의 하나다. CCC는 '깨끗한 옷입기'라는 명칭 그대로 의류업체의 부도덕한 고용 환경을 고발하는 시민단체. 90년 창립 이래 10여 년간 제3세계 노동자들의 근로환경 개선을 위한 캠페인에 주력해왔다. 특히 미성년 근로자들의 눈물과 한숨으로 만들어진 옷은 사지도, 입지도 말자고 호소해왔다. 교육청의 협조를 얻어 네덜란드 내 1천여 중 · 고교를 방문, 청소년들에게 CCC 교육을 해온 것이 최근 구체적인 성과로 나타나고 있다고 한다. 캠페인 참가자들은 꾸준히 불어났다. 현재 유럽에서 10여 개국 3백여 시민 · 소비자단체가 참가하고 있다. 유럽 외에도 홍콩, 남아공,중남미, 인도의 시민단체들도 합류하고 있다. 세계 각국 약 70만 명의 소비자가 '깨끗한 옷을 입자'는 소비자 윤리강령에 서명했다. "기업을 직접 상대하기도 하지만 우리의 주(主) 표적은 소매상들입니다. 시민들에게 뉴스레터를 보내거나 언론매체를 통해 제3세계 노동자들의 노동현실을 고발하면서 소매상점에서 해당 상품을 사지 말 것을 촉구하지요. 그 결과 유레토, 반빙켈, 준크 BV 등 네덜란드의 큰 의류 수입상들도 자발적으로 CCC에 동참하게 됐습니다. 물론 불매운동이라는 소비자파워 때문에 가능한 일이지요."

중앙일보 시민사회연구소, 2003. 3. 21.

소비자는 시장을 주도하는가

소비자주권consumer sovereignty이란 개념은 허트Hutt, 1936에 의해 처음으로 사용되었는데, 그는 민주사회에서 국민들이 정치적인 주권을 가지고 있듯이 시장경제에서 소비자들이 경제적 주권을 가지고 있다는 의미로 사용했다. 이러한 개념은 사무엘슨Samuelson, 1985에 의해 '무엇이 얼마만큼 생산되어야 하는가에 대한 화폐투표권dollar vote of consumers'로 전개된다. 화폐투표권이란, 소비자들은 수시로 저 상품이 아니고 이 상품을 사겠다는 소비자들의 결정이 투표를 하는 것과 같다는 의미이다. 따라서 소비자주권 개념에서 자유로운 선택권freedom of consumer choice은 가장 핵심적인 요소로 확립된다. 하지만 소비자선택의 자유는 '생산된 소비자제품'이 가계에 의해 분배되는 방법을 의미하기 때문에 소비자주권의 개념을 매우 제한한다. 소비자주권은 '사회 전체의 자원배분이 소비자에 의해 결정되는 상태'를 의미하기 때문에 차원이 다른 개념이자 광의의 개념이다.

소비자 힘에 대한 설명모델

관점의 차이

개혁주의자와 급진주의자

개혁주의자와 급진주의자는 소비자문제가 왜 발생하였는가에 대하여 상반된 견해를 견지한다. 미국의 소비자연맹, 미국소비자연합과 전국소비자리그 등 주요 운동조직이나 소비자교육자, 대학교수, 정부공무원 및 기업구성원 등이 소비자문제에 대한 개혁주의 이데올로기를 견지하여 왔다[3]. 이들에 의하면 소비자문제는 시장의 효율적인 작용이 억제됨으로써 발생한다고 주장한다. 시장이 가장 잘 작동하고 있다면 소비자들은 그들의 구매를 통하여 가장 낮은 가격에 가장 높은 품질의 상품을 제공한 회사를 찾을 수 있고 자유로이 상품을 선택할 수 있다. 그러나 현실의 시장에서는 시장의 효율성을 저해하는 요인들은 얼마든지 존재한다. 예를 들어, 소비자들은 정확하고 공정하며 값싼 정보를 얻는 대신에 광고의 홍수 속에 파묻혀 있다. 더욱이 비양심적인 판매자에 의한 사기도 사라지지 않고 있다. 그리고 신속하며 비용이 들지 않는 피해구제 수단이 없기 때문에 소비자들과 판매자들은 소비자가 겪은 부정적인 경험들을 공유하기 곤란하다. 뿐만 아니라 소비자보호법률이 제정되었을 때 그 법률의 이용과 집행상의 실제적인 장애요인들이 여전히 존재한다. 따라서 개혁주의자들은 소비자문제가 시장경제의 본질적인 문제이기보다는 불완전한 적용의 문제로 판단한다. 따라서 개혁주의자들은 정보의 부족, 피해구제의 한계, 경쟁제한을 주요한 문제의 근원으로 간주한다.

반면, 랄프 네이더와 같은 급진주의자들은 기업이 시장을 조종할 수 있으나 그 반대는 가능하지 않다고 주장한다. 즉, 거의 독점적인 지위에 있는 기업의 힘은 완전경쟁시장가격 이상의 가격과 위해상품 등 중대한 소비자문제를 발생시킨다는 것이다. 따라서 급진주의자들은 소비자문제의 근원을 거대기업들의 독점적 지위와 그것을 지속시키려는 신규진입 억제에 둔다. 급진주의 이데올로기에서 보면 기업의 비행은 고의적이고 범죄성이 있으며 조직적이며 우연적인 결과보다는 만연된 현상으로 대기업의 특징이라는 것이다. 이들은 거대기업의 무책임성을 폭로하거나 무관심한 소비자들을 계몽에 강조한다.

협력자와 저항자

위와 같은 관점의 차이는 소비자문제의 해결방식의 채택에서도 상반된 결과를 초래한다. 개혁주의자들은 소비자문제의 해결을 위해 합의 또는 협력을 추구하는 경향이 있지만 급진주의자들은 저항 또는 갈등을 선호한다. 따라서 소비자 힘을 대표하는 어떤 의견이나 행동들이 때로는 사업자와 협력적으로 또 때로는 대립적으로 비춰질 수 있다. 협력적인 관점에서 소비자문제를 이해하고 원인을 분석하는 협력자들은 '소비자가 시장에서 정당한 대우를 받을 수 있도록 능력을 개발시켜야 하고 훈련되어야 함'을 주장하고 갈등적 관점에서 소비자문제를 해결하려는 저항자들은 '불균형을 이루고 있는 사회구조를 바꾸어 그 사회구조적 격차를 제거해야 함'을 주장한다.[4] 따라서 협력자로서 소비자 힘의 대표들은 다른 경제주체들과 모여 해결방안을 모색하고 대체로 소비자와 기업 측의 분쟁의 조정을 추구한다. 저항자로서 소비자 힘의 대표들은 끊임없이 소비자 이슈들을 제기하고 문제의식에 대한 여론을 형성하며, 그 문제의 원인의 제공자 또는 제공 집단에 대하여 변경을 요구하고 소송을 즐겨 활용한다.

세 가지 설명모델

관점의 차이에 주로 기인하여 소비자 힘을 설명하는 이론으로 세 가지 모델이 있다. 첫 번째 모델은 소비자주권모델이다. 소비자권리, 소비자저항, 소비자단체, 소비자대표 등이 이와 관련된 용어들이고 소비자의 구매력과 관련된다. 두 번째 모델은 소비자 힘에 대한 문화권력 분석이다. 예를 들어 소비자가 힘이 없는 이유는 대중소비문화에서 호도하는 소비의 기쁨에 사로잡혀 있기 때문이다. 세 번째 소비자 힘을 설명하는 모델은 담론모델discoursive model로 시장주도권을 재생산하기 위한 소비자의 권력화된 행위에 대한 것이다[5].

소비자주권모델

소비자주권모델은 소비자불매운동, 소비자의 효용극대화 능력, 소비자의 생산자 힘에 대항하는 잠재력, 소비자운동의 활동, 거래조건의 변화, 소비자주권의 장벽 등이 관련된다. 소비자주권모델에서 소비자 힘이란 자유롭고 합리적인 개인의 선택 능력을 의미한다. 더 나아가 소비자주권 관점은 정보화되었고 자율적인 소비자 단위의 총합은 개인 생산자보다 더 많은 권력을 소유한다고 가정한다. 따라서 집단소송이나 불매운동과 같은 집단적 소비자행동이 소비자 힘을 표현하는 방편이 된다.

문화권력모델

문화권력모델은 소비자문화에 대한 비판에서 시작되었다. 이 모델에서

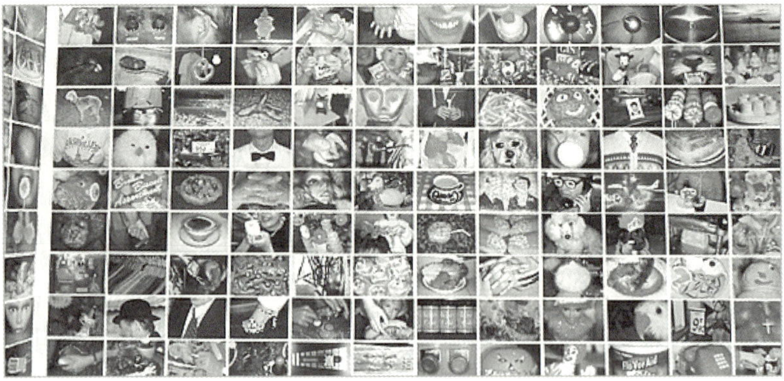

Martin Par의 대중소비사회를 풍자하는 사진

는 시장을 정치적으로 억압적이고 문화적으로 권위적인 힘으로 간주한다. 대중소비를 부추기는 문화권력은 활동적인 소비자를 수동적으로 만들었고 공동체적인 몰입을 개인적인 경쟁 상태로 환원시켰다. 문화권력 관점에서 소비자 힘은 상품을 거부하는 개인의 능력보다 더 낮은 위치에 있으며 소비자는 오히려 그 상품이 함유하는 것을 사용하는 데에 안주해 있다.

권력의 담론모델

권력담론모델discursive model은 소비자와 생산자 간의 교환과 상호작용이 어떻게 시장을 공동으로 창조하고 또 재생산하는가에 대한 질문과 관련된다. 이 관점은 소비자주권도, 시장의 문화권력에 의한 대립관계도 거부한다. 담론모델에서 권력은 어떤 체계에서 담론을 구성하는 능력으로 정의된다. 따라서 담론모델 관점에서 소비자의 힘은 생산자와의 관계에서 어떻게 관계를 형성하고 상호작용을 하느냐에 의해서 결정된다.

소비자 힘의 현실

소비자 힘은 소비자 개개인의 구매력으로, 혹은 조직적인 소비자운동으로 현실화된다. 우리나라 소비자 개개인의 힘에 대한 평가는 관점에 따라서 긍정과 부정의 극단을 포함하듯이 다양하다. 우선 소비자주권모델에서 볼 때 시장에서의 정보 부족에 따른 소비자의 선택능력 저하 또는 무력화 문제는 인터넷 발달 등 '정보화'로 인하여 상당부분 개선되었다. 정보화로 인해 발생할 수 있는 여러 가지 소비자문제들이 없는 것은 아니지만 거래과정에서 소비자들이 필요로 하는 정보가 정보화 이전 시기에 비해서 정보화시기에서는 더 많이 유통되고 더 많이 사용되고 있기 때문에 적어도 정보부족의 문제는 다소 해소되었다. 오히려 정보화로 인한 정보과부하의 문제가 더 심각해지고, 불필요하거나 부정확한 정보로 인한 정보처리비용 문제나 비합리적인 선택의 문제는 새롭게 대두되었다. 그럼에도 불구하고 현재 우리나라 소비자의 선택능력은 구매경험의 축적과 공유, 다양한 정보의 이용과 비교 가능성 등으로 인하여 상당히 증가되었다고 평가된다. 소비자의 선택능력이 어느 정도 향상되었기 때문에 시장에서의 소비자주권 실현은 더욱 기대할 만한 것이 될 것이다.

재벌들이 안티사이트를 선점한 것을 풍자한 만화

출처: 세계일보, 2005.4.22

문화권력 모델에서 볼 때 우리나라 소비자 힘은 뚜렷하게 개선되었다고 판단할 수 없다. 우선 매일 언론에서는 국내 소비자의 명품선호 경향에 대한 비판 기사가 넘친다. 심지어 외국에 우리나라에서만 명품이 비싼 가격에 팔리고 있고 그것이 국내 소비자의 고가명품선호에 따른 기업의 고가정책 때문이라는 어이없는 보도도 있었다. 우리나라 소비자의 쏠림소비현상도 문화권력의 단적인 예라고 할 수 있다. 쏠림소비현상은 전통적인 유행산업인 패션이나 화장품산업은 물론이고 건강식품이나 의료기기, 스포츠산업 등 산업전반에서 폭넓게 나타난다. 이러한 쏠림소비현상은 언론기관의 선택에 따라 좌우되는 것으로 볼 때 문화가 산업을 선도하는, 혹은 반대로 산업이 문화를 점령하는 현상까지 나타나고 있다.

권력담론모델에서 볼 때 우리나라 소비자 힘은 합의적 혹은 협력자의 역할을 하여 왔다. 예를 들면, 최근의 우리나라 소비자운동은 소비자단체들의 협의체가 중심적 역할을 수행하여 왔다. 그리고 소비자운동을 주도하는 소비자단체들은 공정거래위원회에 등록하고 활동하고 있다. 기부문화와 자원봉사활동이 아직 정착되지 못한 우리나라에서 소비자운동단체들은 재정적 자립도나 전문성에 있어서 어려움을 가지고 있다. 이렇듯 열악한 상태에서 소비자단체들이 대기업 더 나아가 다국적기업과 관계를 맺고 담론을 구성할 만한 힘을 가진다는 것은 상당히 힘겨운 일일 것이다. 이런 점에서 글로벌화에 따른 경제문제 해결을 준비하기 위하여 우리 사회가 다양한 소비자운동단체를 육성해야 한다고 생각한다. 권력담론모델에서 볼 때 시장에서의 자원 배분이나 경제정책의 결정에 있어서 소비자 힘이 제대로 역할을 수행하기 위해서 조직화된 소비자의 힘은 절대적으로 필요하다.

소비자 힘의 구현과 참여

소비자 힘의 구현은 소비자참여를 통해 극대화될 수 있다. 소비자주권은 소비자참여가 없다면 무용지물에 불과하다. 경제학이론에 의하면 소비자가 시장에서 무엇을 생산할 것인지를 결정하는 것이 '화폐투표'로 가능하기 위해서는 완전경쟁시장이 먼저 형성되어 있어야 한다. 이러한 상황은 실현불가능하기 때문에 차선의 방안으로 보완되어야 할 것이다. 차선책이라면 소비자가 직접 시장결정에 참여할 수 있도록 개방하는 방법이 있을 수 있다. 문제는 소비자 참여를 어떻게 증진시킬 수 있는가인데, 원론적인 차원에서 '보다 효율적인 소비'의 중요성이 강조되어야 한다. 이는 소비자의 지식, 정보에 대한 지원 없이는 불가능할 것이다.

두 번째로는 기업의 상품개발이나 경영에 소비자를 보다 활발히 참여시키는 것이다. 최근 기업에서 활용하고 있는 주부모니터나 프로슈머 정도로 소비자참여가 완성되었다고 보기 힘들다. 사기업에 소비자가 경영에 참여하는 것이 가능할 것인가에 대한 의문이 제기될 수 있지만 기업의 입장에서 소비자에게 좋은 기업이미지를 줄 수 있고 고정적인 단골고객의 확보, 나아가 쌍방적인 커뮤니케이션이 가능해지기 때문에 새로운 시장의 기회를 확보하는 잠재력을 키울 수 있다. 소비자입장에서 '기업이 잘되어야 상품품질, 서비스개선'이 가능하고 또 대량생산에 따른 소비자가격 하락을 기대할 수 있기 때문에 소비자참여는 '한배를 탄 동지'라는 파트너십이라는 인식하에 증진될 수 있다. 고객서비스란 고객을 무조건 섬기는 것이 아니라 고객과 상호작용하는 것임을 이해할 필요가 있다. 이런 관점에서 소비자 힘을 설명하는 '담론적 모델'은 우리나라 연구에 도입·적용이 시도되어야 할 것이다.

마지막으로 '소비자'를 보다 똑똑하게 해야 하고 더불어 책임 있는 행동을 하도록 노력해야 한다. 이러한 노력은 정부만 해야 하는 것이 아니며 소비자를 상대로 하는 기업이 더욱 앞장서야 한다. 어리숙한 소비자를 상대로 이익을 남기는 시대는 지났다. 또 우리나라 기업이 그렇게 한탕주의식 기업경영을 추구하지 않는다고 생각한다. 기업들은 지속적인 고객충성을 확보하는 것을 목표로 하고 있다. 어리숙한 소비자가 있다면 억지를 부리는 소비자도 있을 것이다. 기업은 어떠한 소비자를 상대로 해야 하는지 깊게 분석하고 합리적인 소비자육성에 투자를 심사숙고할 필요가 있다.

결국 소비자의 의식, 지식 그리고 행동이 함께 향상되어야 최종적으로 소비자 힘은 실현된다. 소비자가 계속해서 비합리적인 선택을 계속한다면 시장에서의 자원배분의 왜곡은 심각해질 것이고, 결국 우리 경제의 소비자복지뿐만 아니라 경쟁력은 향상될 수 없다. 보다 높은 수준의 소비자 힘이 실현되기 위한 소비자역량은 어떤 것이 있는가? 우리 사회가 바라는 소비자의 모습은 자신의 경제수준에서 합리적인 소비가치관을 갖추고 효율적인 선택을 할 줄 아는 소비자, 그리고 사회와 환경에 관심을 가지고 자신의 소비가 어떠한 영향을 미치는지를 고려하며 선택하고 나눌 줄 아는 소비자, 나아가 자신의 행동에 대해서는 책임을 지고 자신있게 의견을 알리고 권리를 주장할 줄 아는 소비자이다. 수많은 소비자의 질타가 없다면, 그리고 수많은 소비자의 호응이 없다면 기업은 치열한 글로벌 경쟁시장에서 생존할 수 없고 또 성장할 수 없으며 정부는 계속해서 기업을 규제하며 막대한 정책비용을 낭비하게 될 것이다. 정부나 기업이 바람직한 소비자를 양성하는 데 투자를 해야 하는 까닭이다.

1) 휴대폰 서비스에 불만을 품은 40대 남자가 벤츠 승용차를 몰고 서울 도심의 SK텔레콤 본사 정문을 들이받았다. 10일 낮 12시 50분쯤 김모(47)씨가 벤츠 S500(시가 약 2억 원)을 몰고 서울 을지로2가 SK텔레콤 본사 1층 현관으로 돌진했다. 이 사고로 건물 입구 회전문이 크게 부서졌으나 인명 피해는 없었다. 목격자들에 따르면 김씨는 이날 승용차 앞뒤 유리창에 '불량 SK'라는 문구를 붙인 채 본사 정문 앞에 차량을 주차해 놓고, 걸어서 건물에 들어가려 했다. 그러나 경비원이 차를 빼 달라고 하자 김씨는 "차 빼줄 테니 비켜라, 다친다"고 말한 뒤, 곧바로 운전석에 올라 현관으로 차를 몰았다고 경찰은 밝혔다(조선일보, 2007. 4. 10일자).

2) Leyland F. Pitt, Pierre R. Berthon, George M. Zinkhan, and Richard T. Watson, *SellerQuake: The Internet and the Birth of Real Consumer Power*.

3) Mayer Robert, N.(1989). *The Consumer Movement: Guardians of the marketplace*. Macmillan Library Reference.

4) 송보경 · 김재옥(1987). 『소비자운동-저항인가 협력인가』, 소비자문제를 연구하는 시민의 모임.

5) Denegri-Knott, Janice, Detlev Zwick & Jonathan E. Schoeder(2007). *Mapping Consumer Power: An Integrative Framework for Marketing and Consumer Research*. Working Paper.

15 미래의 소비자 교육하기

배 순 영

서울대학교 가정대학 소비자아동학과를 졸업하고, 동 대학원에서 소비자학 석사와 박사학위를 받았다. 현재 한국소비자원 연구위원으로 재직하고 있다.

교육은 대표적인 권장재Merit goods[1]이다. 그렇다면 소비자교육도 권장재일까? 정규 학교교육이나 평생교육차원에서 우리 아이들에게 소비자교육을 가르쳐야 할 필요가 있을까?

청소년소비자교육의 필요성은 여러 차원에서 말할 수 있지만, 가장 우선적으로는 청소년들이 처한 소비환경 변화에서 비롯된다.

청소년들이 처한 소비환경이 달라졌다

청소년들이 지금 소비환경은 1세대 전, 아니 10년 전과 많이 달라졌다. 1인 자녀 3인 가족이 증대되면서 가족구매에서 자녀의 영향력이 더욱 증대되었고, 맞벌이나 편부모가정의 증가로 인해 일찍부터 자신이나 집안에 필요한 것을 직접 구매하게 되었다. 또한 입시위주 교육과정의 보상으로 물질을 스트레스해소 대상으로 사용하며 부모나 사회 역시 다양한 차원의 보상으로 이를 방치하고 있다.[2]

그런데 청소년들의 소비자능력은 이러한 소비상황 변화를 받아들여 콘트롤 할 만큼 개발되지 못했다. 42.1%의 청소년이 자신이 충동적 소비를 한다고 생각하고한국청소년상담원, 2005 용돈기입장을 쓰는 청소년은 전체 학생의 3.6%에 불과하다신용회복위원회, 2005. 중학생의 금융지식은 100점 만점에 40점이며청소년금융협의회, 2004, 이동통신으로 인한 소비자피해의 1/3이 청소년 대상이다한국소비자원, 2006. 더욱이 청소년들은 마케팅전략의 영향을 성인보다 많이 받는다. 청소년사이에서 유행하는 포틴스데이fourteenth day는 대형백화점・제과업계 등의 판촉행사로부터 시작해 이들의 선물문화로 자리 잡았으며, 휴대전화를 이용해 즐기는 모바일 성인게임이 중고생뿐만 아니라 초등학생에게도 유행하고 있다.

따라서 오늘날 청소년들은 과거에 비해 소비파워는 현저히 증대되었으나, 소비자능력이 이에 미치지 못하고 있다. 이러한 갭은 자연히 다양한 소비자문제로의 노출 및 발생을 유도하게 된다.

아이들도 소비자교육의 필요성을 인식하고 있다

소비자교육시범중학교 학생들을 대상으로 "학교에서 소비자교육이 필요하니?"하고 질문했더니, 단양중학교 학생들은 소비자교육을 받기 전에는 68%가, 1년 교육 후는 76%가가 필요하다고 응답하였다+8%. 한편 산곡여중의 경우는 76%에서 시작하여 91%로 증가되었다+15%[3)]표 참고.

아이들은 소비자교육의 효과에 대해서도 긍정적으로 평가했다. 교육 후에 충동구매경험이 줄었으며(40%→32%, 단양중학교), 용돈계획을 세워 지출하는 학생이 증가했다(15%→34%, 산곡여중). 또한 소비자불만호소행동에 대해서 인식이 높아지고, 소비자체험활동, 절약생활, 금융교육 등에 대해서 좀 더 많이 배우고 싶어했다진주중학교.

소비자교육시범학교 학생들의 소비자교육 필요성 인식

(%)

<table>
<tr><th rowspan="2">학 교</th><th colspan="2">단양중학교</th><th colspan="2">산곡여자중학교</th></tr>
<tr><th>교육 전</th><th>교육 후</th><th>교육 전</th><th>교육 후</th></tr>
<tr><td>매우 그렇다</td><td>15</td><td>19</td><td rowspan="2">76</td><td rowspan="2">91</td></tr>
<tr><td>대체로 그렇다</td><td>53</td><td>56</td></tr>
<tr><td>대체로 아니다</td><td>16</td><td>15</td><td rowspan="2">24</td><td rowspan="2">9</td></tr>
<tr><td>매우 그렇지 않다</td><td>16</td><td>10</td></tr>
</table>

출처: 한국소비자원, 소비자교육 시범학교 보고서

학교정규교육에서 소비자교육이 다루어져야 할 특별한 이유

학교교육의 주된 기능이 청소년 미래에의 준비뿐 아니라 현재를 바르게 살아가는 능력개발에도 있고, 이러한 능력 중 문제해결과 예방능력을 키우는 것이 중요하다면, 청소년 소비자문제는 교육의 좋은 주제가 된다. 특히 최근 청소년들이 겪고 있는 소비자문제의 양적·질적 심각성에 견주어 볼 때 학교에서 이를 외면할 수 없다.

특히 부모로부터 소비교육을 받을 수 없는 청소년들에게 학교교육이 중요하다. 즉, 학교정규교육이 아니면 가정이나 일상에서 교육을 접할 수 없는 취약계층인 저소득, 다문화 등의 청소년들이 "The poor pay more가난한 소비자일수록 더 많이 지불한다"하지 않도록 이들을 대상으로 한 소비자교육이 더욱 필요하다. 이는 바로 교육의 보편성과도 연결된다.

물론 학교 소비자교육의 성과는 실제적으로 측정되긴 어렵다. 하지만, 경험적·직관적으로 폭넓게 받아들여지고 있다. 중·고등학교 시절 금융의사결정과 관련된 교육을 받은 성인의 경우 어른이 되었을 때 저축과 관련된 의사결정을 보다 효과적으로 내렸다Jumpstart, 2002. 물론 일부 학생들의 경우는 효과를 내지 못한다는 보고도 있지만4), 소비자교육은 학생들의 문제해결력을 신장하고 창의성을 증대시킨다한국소비자원 시범학교 보고서. 그리고 "초·중·고등학교 때 제대로 교육시키면 젊은이들이 몇 년 동안 고민해야 할 재정문제를 일으키지 않도록 할 수 있다미 연방준비제도이사회, 앨런 그리스펀 의장."

소비자교육의 내용 및 목표

일반적으로 소비자교육이란 소비자의 능력개발을 통해 소비자의 자립 형성을 돕는 것이다. 보다 구체적으로는 ① 소비자의 올바른 권리행사를 이끌고, ② 물품 및 서비스선택과 관련된 판단능력을 높이며, ③ 소비자가 자신의 선택에 책임을 지는 소비생활을 할 수 있도록 능력을 키우는 것소비자기본법 제14조이다.

여기에는 크게 4개의 교육영역이 아우러진다그림 참조. 즉, 시장경제를 이해하고, 합리적인 구매와 사용법을 익히며, 소비자문제를 해결 및 예방과 새로운 소비문화를 창조하는 것이다.

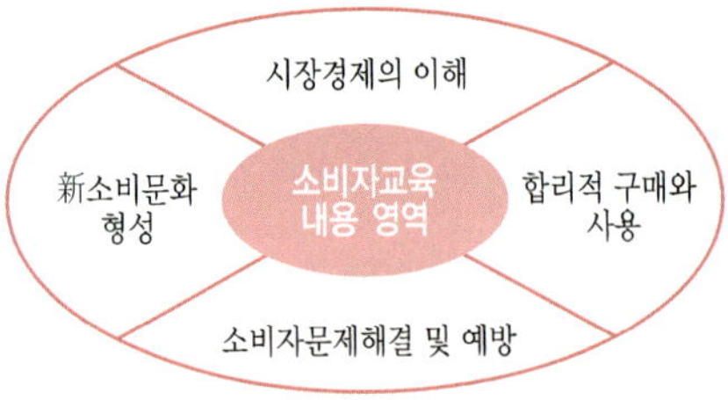

4대 영역	8대 영역
시장경제의 이해	(1) 시장경제원리
	(2) 소비자자원(돈, 신용)관리
합리적 구매와 사용	(3) 소비자정보와 광고
	(4) 구매와 사용법
소비자문제의 해결과 예방	(5) 소비자권리와 책임
	(6) 소비자안전과 건강
신소비문화 형성	(7) 소비와 생활양식
	(8) 친환경소비문화

한국소비자원의 소비자교육 모형

그리고 소비자교육의 단계를 유아기-아동기-청소년기-성인기-노년기로 구분한다면, 자아정체성이 발달하는 청소년시기에서는 소비자의 권리와 책임에 대한 인식을 높여가면서 생활 속에 일어나는 소비현상이나 이슈에 대한 이해와 함께 자연스런 소비습관의 변화를 꾀하도록 하는 교육

중학교에서 가르쳐야 할 소비자교육 내용과 목표

차시	8대 영역	주요 제재	목 표
1	시장경제의 원리	희소성, 기회비용, 필요와 욕구	선택에 있어서 욕구, 필요, 기회비용의 개념을 인식하고, 시장의 3대 주체와 이들 간의 관계를 이해한다.
2		수요와 공급, 가격, 물가	
3	소비자자원관리	돈의 의미와 예산 세우기	재정관리의 중요성을 인식하고, 예산을 세우며, 신용의 의미와 방법 및 책임을 알고 적용한다.
4		신용의 의미, 방법, 책임	
5	소비자정보와 광고	광고의 목적과 진실, 좋은 광고, 나쁜 광고	정보와 상업적 광고간의 차이를 이해하고, 각종 표시제도, 라벨링, 계약, 약관을 읽을 수 있으며, 비판적인 태도로 각종 정보원천을 사용할 줄 안다.
6		소비자정보의 뜻과 활용, 각종 품질표시 이해	
7	구매와 사용법	구매의사결정, 가격 및 품질평가, 비교구매	구매선택과정을 알고 적용할 수 있으며, 가격비교, 품질비교, 안전하고 편리한 사용법 활용 등을 할 수 있다.
8~9		인터넷 쇼핑몰 탐색, 시장조사 합리적 구매 및 사용방법, 사용설명서 읽기	
10	소비자권리와 책임	소비자의 뜻, 소비자의 위치 소비자문제, 권리와 책임	소비자의 목소리가 어떻게 지역사회, 국가, 세계차원으로 나갈 수 있는지 알고, 소비자불평의 단계와 방법을 안다.
11		불만제기방식, 불만편지작성	
12	소비자안전과 건강	리콜제도의 의의, 소비자안전예방 방법	제품안전 및 건강에 대한 정보를 이해하고, 학교나 가정에서 어떻게 사고를 막고 건강을 유지할 수 있는지 안다.
13		안전한 식품 고르기, 올바른 식습관	
14	소비와 생활양식	라이프스타일, 나의 소비생활	소비의 의미와 소비문화현상을 이해하고, 각종 소비유행과 트렌드를 소비자의 눈으로 다시 볼 수 있다.
15		다른 사람들의 소비문화	
16	친환경소비	소비와 환경, 환경라벨 이해	우리의 소비가 환경에 어떻게 영향을 미침을 이해하고 환경친화적 제품을 알고 사용할 수 있다.
17		친환경적인 자원배분, 쓰레기를 줄이는 소비	

주당 2시간 × 17주 × 1학기 = 34시간을 기준으로 함
자료 : 배순영(2006). 학교소비자교육활성화를 위한 교재개발. 한국소비자원.

이 필요하다.

따라서 청소년소비자교육의 목표는 다음의 다섯 가지로 요약될 수 있다배순영, 2006.

첫째, 현대 소비사회에서 소비자가 직면하는 문제들에 대한 이해를 돕는다.
둘째, 소비자권리와 책임에 대한 개념과 전반적인 이해를 한다.
셋째, 돈, 광고, 구매법 등 기본적 소비자지식에 대해 배우고 익힌다.
넷째, 지속가능한 소비, 新소비문화 등 비판적 인식 및 책임지는 태도를 키운다.
다섯째, 금전관리기술, 소비자정보획득기술, 의사소통기술 등 학교 및 사회에서 청소년 소비자들이 알아야 할 기술을 습득하고 익힌다.

그리고 중학생을 위해서 16주 수업을 기준으로 소비자교육 체제와 학습목표를 정리하면 표와 같다.

효과적인 소비자교육 설계는 어떻게 할까?

교육내용 못지않게 중요한 것이 교육의 방법론이다. 소비자교육은 ① 실천적 교육으로서의 특성을 반영하고, ② 교육의 목표인 지적, 정서적, 행동적 발달을 고루 달성하기 위해, 크게 다음과 같은 두 가지 차원의 방법론을 연계·종합하여 실행할 수 있다.

우선 최근 실천적 학문에서 사용되는 대표적인 교육방법론인 창의적 문제해결기법을 교육과정에 도입한다. 이는 '문제인식-가설 및 아이디어 도출-알고 있는 사실 중심으로 문제 탐구-더 알아야 할 사항 조사-대안 발굴 및 선택' 등의 창의적 문제해결단계를 수업전개에 도입하는 것이다.

소비자교육의 효과적인 학습설계

접근 차원	단 계	방 법
감성적 접근	문제 직면	소비생활에서 만나는 각종 문제를 접함 흥미와 필요에 따라 문제를 확인하고 목적을 의식하는 단계
지적(논리적) 접근	생각과 깨달음	대화, 생각그물, NIE 활동계획에 대한 전반적인 틀을 수립하는 단계
	분석과 수용	주제관련 자료, 토론 활동계획을 세우고 활동내용을 조직하고 순서를 정하는 단계
	대안과 적용	Brain storming, 상황극, 다양한 체험활동, 모의분쟁조정, 역할극, 캠페인, 퍼포먼스 등의 창의적 표현 성과를 검증하고 비판, 반성, 수정하여 다음으로 발전해 나가는 단계
실천적 접근	선택 및 기술 개발, 평가	자신의 행동을 선택, 기술을 개발 점검 목록에 의한 평가, 느낌 정리

또한 소비자교육의 목표인 지적지식, 감성적가치 및 태도, 실천적기술 차원을 그림에서처럼 역동적으로 연결시키는 교육설계가 필요하다.

이 두 가지 차원을 연계·종합하여 소비자교육의 효과적인 교수설계 방식을 제시하면 다음 표와 같다배순영, 2006.

따라서 교사와 청소년들은 다음과 같은 세 가지 차원과 다섯 단계로 다양한 소비자교육 주제를 흥미 있게 다룰 수 있다. 첫째, 소비생활에서 만나는 각종 소비자문제를 접하게 하고 흥미를 유발한다감성적 접근. 둘째, 각종 소비자문제에 대한 대화나 질문, NIE자료 읽기 등을 통해 생각과 깨달음을 유도한다지적 접근. 셋째, 주제와 관련된 구체적인 자료를 읽고 토론하며 학습내용을 조직한다지적 접근. 넷째, 대안과 적용점을 찾아내는 단계로, 역할극이나 다양한 체험활동을 통하여 그간의 성과를 검증하고 비판, 반성, 수정한다지적 접근. 다섯째, 자신의 행동을 선택 및 평가하고, 기술을 개발하며, 점검 목록에 의한 평가와 반성을 한다실천적 접근.

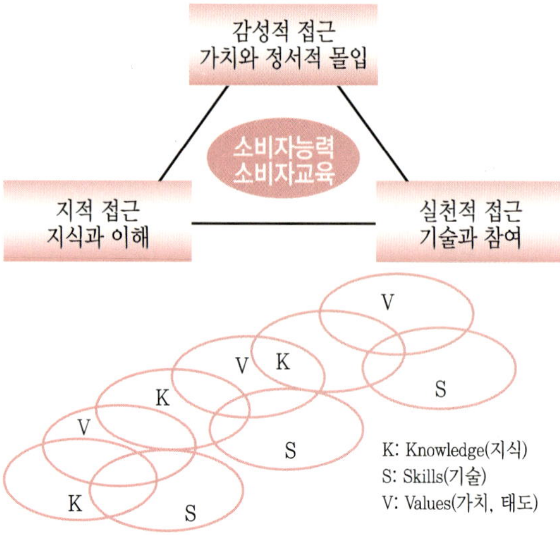

소비자교육의 세 가지 차원과 역동적 접근

출처: Consumer Citizenship Education(2005)

마지막, 소비자교육만의 통합적인 눈

최근 경제교육, 금융교육, 안전교육, 건강·보건교육, 환경교육 등 소비자교육과 관련된 다양한 주제분야들의 교육이 각자의 목소리를 내고 있다. 혹자는 이러한 교육과 소비자교육의 정체성을 혼돈스러워 하기도 하는데, 소비자교육은 이러한 교육을 짜깁기하는 교육이 되어서는 안 되고 '소비자교육만의 통합적인 눈'으로 재편집, 재창조해야 한다.

예를 들면, 휴대폰 소비 하나만 보아도 주도적인 소비자의 눈에는 기술·서비스, 경제, 건강·안전, 환경, 소비자법 등의 다양한 관점을 가질 수 있다. 이러한 다양한 관점을 소비자 질문거리에 넣고 생각, 깨달음, 분석, 평가, 실천 등으로 적용하는 것이다.

기술 · 서비스

- 휴대폰 메인보드 제조 등에 사용된 기술수준은 우수한가?
- 사용중 전원 꺼짐(버그) 문제 등이 발생했을 때 AS는 편리한가?
- 크기나 디자인, 부대서비스 등이 적절한가?

경제 · 시장

- 그것이 내게 필요한가?
- 구매할 수 있는 돈이 있나?
- 부대비용 및 통신서비스의 비용은 적절한가?
- 시장에 얼마만큼 선택가능한 대안이 있는가?

건강 · 안전

- 제품사용 시 어떤 유해물질도 없는가?
- 전자파 등이 소비자안전기준에 적합한가?
- 기준에 적합한 내용물만으로 구성되어 있는가?
- 회사의 제조환경이 안전한가?

소비자법 · 소비자문제해결

- 표시가 제대로 되어 있는가?
- 올바른 계약을 통해 샀는가?
- 외국에서 덤핑된 물건인 것은 아닌가?
- 문제가 있다면 어디서 도움을 받을 수 있는가?
- 피해보상규정은 있는가?

환경 · 지속가능한 소비

- 쓰레기 문제를 많이 유발하지 않는가?
- 포장지가 환경친화적인가?
- 생산에 사용된 재료는 무엇인가?
- 생산과정에서 환경에 유해한 물질이 나오는가?
- 친환경소재를 사용했는가?

합리적 구매 · 소비자정보

- 기업이 제공한 소비자정보를 이해하기 쉬운가?
- 비교정보를 구할 수 있나? 광고는 믿을 만한가?
- 광고가 나의 구매에 어느 정도 영향을 미쳤는가?
- 어떤 구매방식이 가장 합리적인가?

휴대폰 소비에 있어서의 다양한 소비자관점

하지만 이런 모든 통합적 시각 중에서 빠뜨리지 말아야 할 두 가지가 있다. 첫째, 청소년들에게 소비의 사회경제적 의미와 중요성을 일깨워주어야 한다. 자본주의시장경제에서 소비는 '생산', '분배'와 더불어 경제의 3대 축 중 하나이며, 이를 통해 사회의 자원배분이 최종적으로 결정되는 경제적·주권적 행위라는 것이다. 즉, 소비행위는 단순히 개인의 욕구를 충족하기 위해 지출하는 개인적 행위에 머무르는 것이 아니라, 사회경제적으로 매우 중요한 결과를 초래하는 사회적 행위이다.

둘째, 지속가능한 소비·환경친화적 소비의 중요성을 강화하는 방향으로 소비자 사회화가 이루어져야 한다. 일반적으로 소비의 제약요인으로 소득만을 가정하는 경우가 많은데, 이제는 생산과 소비의 양쪽 부문에서 환경비용은 반드시 고려해야 하는 제약요인으로 작용하고 있다. 소비의 환경비용은 생산의 환경비용과 달리 제도로서 강제하기가 어려워 소비자 개개인의 가치관에 기초한 자발적 행위에 기대할 수밖에 없다. 청소년은 가치관이 형성되는 시기이므로 적절한 프로그램을 마련해 교육하면 성인보다 건전하고 건강한 소비문화 의식을 개발하기 용이하다.

1) 어떤 재화의 혜택이 각 개인이 생각하는 것보다 훨씬 더 크게 발생하는 재화, 즉 개인적 혜택뿐 아니라 사회적 혜택까지 발생하는 재화를 말한다. 교육과 마약금지조치 등이 이에 속한다.

2) 10대의 MP3 보유율은 40.1%, 휴대폰보유율은 72.3%이고(대홍기획, 2004; 전국 5대 도시 6,000명 조사) 청소년들의 휴대폰은 대부분 부모의 것보다 고가이다. 또한 청소년 대상 명품소비가 급격히 증가하며 소비행위를 통해 자신의 부나 신분을 과시하는 현시소비의 경향이 나타나고 있다.

3) 더 많은 학생들을 대상으로 조사해야 하나, 전국적인 자료가 현재는 부족한 상황이다.

4) 소비나 금전관련교육을 한 학기 배운 학생의 15%는 수업을 전혀 듣지 않은 학생들에 비해 지식수준이 더 나쁜 것으로 나타나기도 한다(Jumpstart, 2002).

Reference

배순영(2006). 학교소비자교육 활성화를 위한 교재개발. 한국소비자원 정책자료 06-01.

배순영(2006). (소비자교육 교사를 위한) 컨슈머 에듀 콘서트. 한국소비자원.

소비자방송(Consumer TV). 한국소비자원 www.kca.go.kr

신용회복위원회(2005). 청소년용돈조사.

청소년금융협의회(2004). 중학교금융이해력조사. http://www.fq.or.kr/

한국소비자원. 소비자교육(시범학교 보고서). www.kca.go.kr

한국청소년상담원(2005). 청소년의 돈에 대한 가치관과 생활.

Jumpstart, http://www.knowledgeadventure.com/jumpstart

Consumer Citizenship Network, http://consumercitizenship.no

16 무엇을 왜 **소비**하는가: Homo-Consudent

김 경 자

서울대학교 가정대학 가정관리학과를 졸업하고, 동 대학원에서 석사학위를 받았으며, 미국 일리노이대학교에서 소비자경제학 박사학위를 받았다. 현재 가톨릭대학교 소비자학과 교수로 재직하고 있다.

소비하는 대학생-Homo Consudent

오늘날 우리 사회의 대학생은 시장의 주요 타겟집단 중 하나이다. 대학생들의 자유재량 소비액이 늘어나고 있을 뿐만 아니라 그들이 가까운 미래에 사회의 중추소비집단으로 성장할 집단이라는 점에서, 그리고 그들의 소비행태가 다른 집단의 소비를 리드하는 특징이 있다는 점에서 미래시장에 대한 관심을 갖고 있는 기업들에게 대학생 소비자는 그들의 소비규모 이상으로 관심의 대상이 되고 있다.

그러나 대학생 소비자의 소비행태를 바라보는 시선은 그리 긍정적이지 못하다. 대학생 소비자의 소비행태를 조사한 연구들강이주, 2004; 김경자, 2006; 녹색연합, 2004; 서정희, 2004에 의하면 그 비판적인 시각은 주로 소득이 한정적임에도 불구하고 과소비를 하거나 명품지향적인 소비를 한다는 것, 음주와 오락 등 비생산적인 부분에 대한 지출비율이 크다는 것, 제품자체의 본래적 효용보다는 감성적이고 과시적인 효용을 위해 지출한다는 것 등이다.

대학생들의 소비품목 중 통상 긴요도가 높은 것으로 간주되는 주거비나 학비, 식비 등은 부모들이 대리 지출하는 경우가 많아 대학생들은 상대적으로 긴요도가 낮은 선택재 분야에서 주로 지출하게 되고 그러다보니 소위 말하는 '합리적이고 이성적인 소비'를 해야 할 기회가 적다. 특히 대학생 시기는 '미래를 위해 공부에 전념해야 할 시기'라는 사회적 인식이 강해서 이들이 소비에 대해 관심을 갖는 자체가 그리 긍정적인 평가를 받지 못하고 있다.

사회의 시각이야 어쨌든 오늘날 우리 사회의 대학생들은 개인적으로 가장 많은 돈을 소비하는 집단 중 하나에 속한다. 우선 성인의 용돈과 맞먹는 30~50만 원대의 용돈을 지출하고 있고김경자, 2006; 녹색연합, 2004; 심영, 2004, 가방, 구두, 화장품 등 명품시장에서도 주요 고객이다. 이외에 막대한 양의 등록금과 책값, 어학연수비, 학원비를 소비하고 있고 외식과 의류, 화장품 시장에서도 주요 소비자이다. 사실상 가족원별 지출액을 분석해 보면 대학생 자녀가 있는 경우 직장에 다니는 가장이나 가계소비의 많은 부분을 대행하는 주부보다 대학생이 가계지출 중 더 많은 비율을 소비하는 경우가 대부분일 것이다.

이처럼 우리나라 사회에서 대학생 소비자는 가계소비지출 중 가장 많은 부분을 소비하고, 시장에서 기업의 관심의 대상이 되는 소비행태를 보이며 사회적으로도 그들의 소비행태는 10대 소비자와 다른 20대 소비자의 모방대상이 된다. 그들은 수학능력시험을 통해 어렵게 대학에 진학하여 공부하는 학생일 뿐만 아니라 적은 소득에도 불구하고 소비시장에서 당당하게 대접받고 시장을 리드해가는 소비자, Homo-Consudent!이다.

Homo-Consudent: 왜 소비하는가?

Why people buy things they don't need? 소비자들은 왜 불필요한 것들을 소비하는가? Danziger2004는 이에 대한 해답을 얻기 위하여 2000년대 초반 미국인 1,000가구를 대상으로 설문조사를 실시하였다. 소비하는 재화와 소비하는 이유에 대한 다양한 분석을 통해 그가 내린 결론은 이렇다. '사실은 그것이 필요하기 때문이다!' 소비자들은 어떤 제품의 원래 기능기본적이고 본래적인 기능 이외의 효용을 추구하기 위하여 제품을 소비할 경우 그것을 필요에 의한 소비라고 느끼지 않는 경향이 있다. 가령 한 끼에 필요한 영양을 섭취하기 위해 하는 식사는 필요에 의한 것이지만 분위기를 즐기기 위해 하는 외식은 꼭 필요한 것이 아니라고 생각한다. Danziger는 사람들이 꼭 필요하지 않다고 생각하면서도 소비하는 이유를 '삶의 질 향상', '즐거움', '집안 장식', '엔터테인먼트', '정서적 만족', '스트레스 해소' 등 14가지로 요약하였는데, 결국 모든 소비자는 소비할 필요가 있기 때문에 소비한다고 주장하였다.

예전에는 소비가치나 소비욕구 중 신체와 생활의 유지에 기본적으로 필요한 기본적 가치나 기본적 욕구, 또는 Maslow의 생리적 욕구나 안전에 대한 욕구 등을 충족시키는 제품이 필요도가 높은 제품으로 인식되어 왔다. 이 욕구를 위한 지출은 주로 식료품비나 의류, 기본적인 주거비에 대한 지출로서 소득이 변화함에 따라 해당제품에 대한 수요변화가 크지 않고 따라서 소득탄력성이 낮다. 필수재와 선택재를 나눌 때 소득탄력성의 값을 1로 하는 것이 지금은 상당히 자의적인 것으로 해석되고 있음에도 불구하고 소득탄력성의 값 1을 기준으로 재화 및 서비스를 필요도가 높은 품목필수재과 필요도가 낮은 품목선택재으로 분류하는 방법이 많이 사용되고 있다성영애 · 양세정, 1997; 여윤경 · 양세정, 2001.

그러나 오늘날 대부분의 제품은 이 기본적 욕구를 충족시키고 있어 이 속성만으로는 재화나 서비스를 차별화시키기 어렵다. 또한 많은 제품들은 기본적 요구를 충족시키기 위한 것 외에 이미지나 사용편리성, 장식성, 기타 부가서비스 등 다양한 요소를 더해 제품의 전체 속성을 구성한다. 예를 들어, 같은 식료품이라도 값싼 먹을거리와 더불어 고급 레스토랑에서의 식사까지 다양한 범주로 구분될 수 있다. 오늘날 소비자 트렌드에 대한 연구결과들을 보면 예전에 비해 제품의 기능적 가치나 실용적 가치보다 전반적으로 상징적 가치나 사회적 가치, 쾌락적 가치 등을 더 추구하는 추세로 가고 있음을 알 수 있다문숙재·여윤경, 2004; 손상희, 1996a & 1996b, 허경옥 외, 2006; Danziger, 2004; Hirshman & Holbrook, 1982. 전통사회나 산업자본주의 사회에서 상품의 사용가치나 교환가치가 중요한 것이었다면 과학과 기술의 발전으로 제품 자체의 기능에서는 큰 차이가 없는 후기 자본주의에서는 제품이 표현하는 기호를 소비한다.

소비가치와 소비욕구에서의 이러한 변화는 소비자들이 왜 소비하는가를 파악하기 위해 과거와는 다른 접근방식이 필요함을 나타낸다. 물론 Katona1976가 지적한 대로 소비자들은 필요하지 않다고 생각하면서도 어떤 품목을 충동적으로 또는 생각 없이 구입할 수 있다. 이는 경제학의 기본 가정인 소비자의 합리성rationality에 위배되는 것처럼 보인다. 그러나 효용에 대한 판단이 결국은 주관적인 것이고 효용을 위해 어떤 구매를 결정했다면 결국은 소비자가 그것이 필요하다고 인식했다는 의미이다. 소비자가 합리적이냐 아니냐 하는 논쟁보다 소비자가 합리적, 또는 필요한 것이라고 생각하는 기준이나 내용이 어떤 것이냐가 논의의 초점이 되어야 한다.

대학생 소비자들이 소비하는 이유를 파악하는 것도 마찬가지이다. 일반 소비자들이 소비하는 이유와 마찬가지로 대학생 소비자들도 그들이 필요하다고 생각하는 것을 소비하기 위해 돈을 쓴다. 그렇다면 그들이 필요하다고 생각하는 것은 무엇인가? 대학생들의 생활의 필수적인 부분식사와 주거, 교육 등의 상당부분을 부모에게 의존하고 있기 때문에 이들이 소비하는 이유는과거의 관점에서 보면 보다 선택적이고 추상적이며 이차적인 것들이 많을 것이다.

대학생들의 소비욕구와 소비가치에 관한 연구들을 보면 이 사실을 확인할 수 있다. 이규현과 오장균2000은 소비자의 집단정체감이 휴대폰이기 수용에 미치는 여향을 파악하면서 사회정체감 이론을 이용, 어느 집단에의 소속감을 느끼고 집단 내에서 의사소통하기 위한 욕구가 제품수용의 주요한 동기가 됨을 파악하였다. 즉, 휴대폰이기 구매의 궁극적인 이유가 친구나 가족과의 커뮤니케이션을 통해 집단에 대한 소속감을 느끼고 유대감을 형성하는 것이라는 것이다. 이는 청소년기에 특히 강한 집단소속감 지향, 또래동조 지향성이 반영된 것으로 풀이할 수 있다.

서정희2004와 김영신2003은 대학생 소비자의 허영과 강박구매, 쾌락적 쇼핑가치 추구 등 문제적 요소가 있는 행동과 그 관련요인을 파악하려고 시도하였다. 서정희2004는 대학생들이 쇼핑에서 추구하는 가치를 효용적 쇼핑가치와 쾌락적 쇼핑가치로 나누었는데, 분석결과 많은 소비자들이 이 두 가지 가치를 동시에 추구하는 경향이 있다고 주장하였다. 다시 말해 제품의 기본적 효용은 당연시하고 그 외에 제품소비에서 얻을 수 있는 쾌락적 가치도 동등하게 중요시 한다는 것이다. 이는 대학생 소비자들의 의사결정유형을 연구하여 소비자들이 쇼핑자체를 즐기고 충동적으로 행동하면서도 한편으로는 합리적인 선택과 판단을 병행하는 양립행동을 한다는 김영신2003의 연구결과와 유사하다.

반면 김경자2006는 2006년 수도권 대학생들을 대상으로 지난 한 달 동안 구입한 물건들을 회상하여 그들이 그 물건을 산 이유를 조사하였는데복수응답, 그 결과 대학생들은 주로 '재미'라는 쾌락적 요소와 남에게 보이

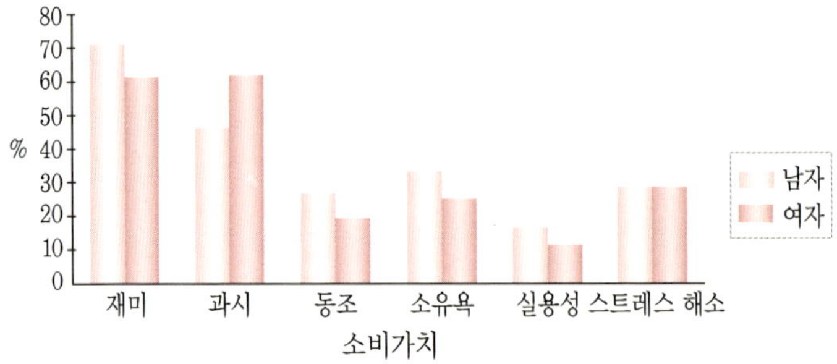

대학생들이 소비하는 이유의 남녀비교

기 위한 과시적 요소를 구현하기 위해 그 제품을 구입했다고 응답했다. 쾌락적 요소는 소비자체를 즐기거나 재미있어 하는 것, 소비를 통해 남에게 존중받고 대우받아 기분이 좋아지기 때문 등의 내용이 포함된다. 과시적 요소는 나 자신의 즐거움이나 정서적 만족보다 타인을 의식하고 타인과의 관계에서 멋있어 보이거나 타인과 차별하여 자신의 개성을 표현하려는 욕구 등을 담고 있다. 대학생들이 소비하는 이유는 간접적으로 대학생들의 소비가치를 표현한 것이라고 볼 수 있는데, 서정희나 김영신의 연구와 달리 집단에 대한 동조나 실용적 요소 등은 대학생 소비자에게서 그리 중요한 소비가치로 언급되지 않고 있다. 또한 남자는 여자보다 재미와 동조, 소유욕 충족, 실용성 취득 등의 이유를 상대적으로 더 중요시했고 여자는 남자보다 과시적 요소를 더 중요시한다.

대학생 소비자: 무엇을 어떻게 소비하는가?

우리나라 대학생 소비자는 무엇을 소비하는가? 이에 대한 자료를 얻

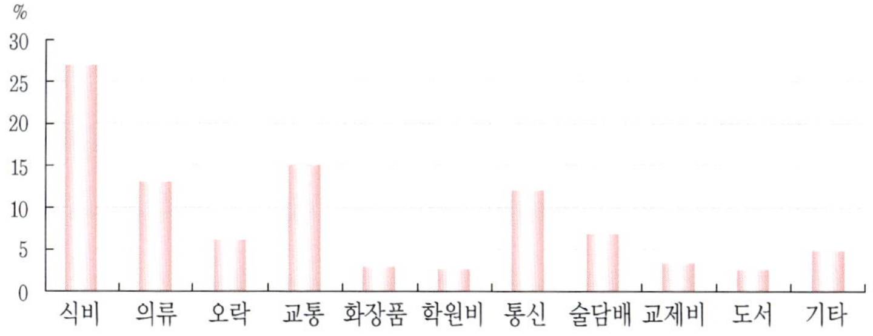

소비품목별 소비지출액 비율

기 위하여 2006년 11월 수도권 23개 4년제 대학의 대학생 1,000명을 대상으로 그들의 수입과 지출, 식생활, 교육, 의류 및 화장품, 여가 및 문화생활에 대한 소비실태를 조사하였다. 조사대상자는 학년과 전공을 고루 포함하였고 남자가 전체의 45.4%, 여자가 54.6%이다.

먼저 조사대상자의 수입과 지출상황을 보면 다음과 같다. 응답자들이 부모에게서 받는 자유재량 용돈은 20만 원 이하가 17%, 20만 원 초과~30만 원 이하가 32%, 30만 원 초과~40만 원 이하가 35%, 40만 원 초과가 16%였고 평균값은 37만 원이었다. 응답자 중 아르바이트 경험이 있는 사람이 68%였고, 이들은 연평균 4.1개월의 아르바이트 기간 동안 월평균 51만 원을 벌어 용돈에 보탰다고 응답하였다. 월평균 소비지출은 42만 8천 원이었는데, 식비에 총지출의 27%를 쓰고 있었고 그 다음은 교통비와 통신비에 많이 지출하고 있다.

식생활

조사대상자 중 매일 아침을 먹는 사람은 27%이다. 반면 10%는 매일 아침을 거른다. 아침은 주로 밥을 먹는데 못 먹게 되면 학교 근처에서

샌드위치나 과자여학생의 경우로 때운다. 외식횟수는 월평균 11회 정도이고 주로 저녁에 친구나 선후배와 학교근처 음식점에서 먹는다. 주말에는 시내신촌이나 대학로, 강남지역로 나가거나 패밀리레스토랑을 찾는다. 1회당 1인 외식비는 5,000원에서 10,000원 사이라는 응답이 56%였고 외식횟수는 여자가 다소 많은 데 비해 외식비는 남자가 다소 많았다. 선호하는 음식은 남녀를 불문하고 가장 선호하는 음식은 한식이고 다음은 양식이다. 단일 메뉴로는 여학생은 스파게티류를, 남학생은 고기와 찌개류를 가장 선호하였다.

식생활 분야에서는 외식의 이유가 끼니를 때우기보다 사람을 만나기 위한 수단이거나 일종의 엔터테인먼트를 위한 것이라는 점이 두드러진다. 밥을 한번 같이 먹는다는 것은 서로에게 관심이 있음을, 그리고 상대를 배려하고 있음을 표시하는 것이다. 이외에도 외식을 하나의 즐거움

대학생들이 외식하는 이유

으로 간주하거나 자신의 세련된 취향을 과시하고 타인에게 대접받고 존중받는 기회로 삼는다는 대학생도 있었다. 하나 흥미로운 점은 서구식 음식점으로 각인된 패밀리레스토랑이나 커피숍 같은 곳에 남자들끼리 가는 경우가 드물다는 것이다. 남자들끼리만 가는 경우 당사자도 쑥스럽고 보는 사람들도 의아한 시선으로 보게 된다고 하는데, 이는 서구에서 먼저 공론화된 동성애 코드가 반영된 것으로 보인다. 한식집이나 중국음식점의 경우 남자들끼리의 모임이 부자연스러워 보인다는 의견이 나타나지 않았다.

대학생들의 식생활분야 소비와 분리시킬 수 없는 것이 음주이다. 특히 남학생들은 외식과 동시에 음주를 하는 경우가 많다. 식사장소와 메뉴도 음주시 술의 종류 및 안주와의 균형을 고려한다. 남여 대학생 모두 맥주35%보다 소주53%를 더 즐기는 것으로 나타났는데, 그 이유는 소주의 가격이 상대적으로 싸다는 것 외에도 맥주는 마시면 배가 부르거나 배가 아파서라는 답이 많았다. 주량은 남자의 경우 소주 1병 반에서 2병 정도, 여자의 경우 소주 1병 정도이다. 외식과 음주비용은 누가 특별한 일이 있어 쏘지(?) 않는 한 각자 추렴하여 지불하는 것이 원칙이다. 외식은 물론이거니와 음주도 그 자체를 즐기기보다 사람을 만나기 위한 수단인 경우가 가장 많았다. 한 대학생은 어떤 사람과의 친밀한의 정도를 '차 한잔 하는 사이', '밥 한번 같이 먹은 사이', '술 한잔 하는 사이'로 나누었다. 처음에는 차 한잔 가볍게 하고, 마음에 들면 밥 한번 같이 먹은 다음, 더 친해지고 싶으면 술 한잔 같이 하는 것이 순서라는 것이다.

의생활과 미용관련 소비

의류는 남여모두 일반 캐주얼을 선호하였다. 의류나 신발은 주로 계절이 바뀔 때마다 한 번씩 구입하는데, 여자 대학생의 경우 '계절이 바뀔 때마다 산다'와 '아무 때나 수시로 산다'의 비율이 비슷하였다. 대학생들이 판단하기에 좋은 옷격식 갖추어 입는 있는 자켓이나 블라우스, 원피스 등은 40%가 백화점에서 구입한다고 하였고, 막 입는 옷은 인터넷이나 다른 아무 데서나 사는 경향이 있다. 옷을 구매할 때 가장 중요시하는 요소는 90% 이상이 디자인이라고 응답하였다. 그 이유는 옷의 가격이나 재료보다 디자인이 내 자신의 이미지와 직결된다고 믿기 때문이다.

화장품 소비행동을 보면 남자는 68%, 여자는 95%가 스킨과 로션 등 기초화장품을 사용하고 있다. 여학생의 경우 피부화장은 파운데이션보다 메이크업 베이스나 파우더를 사용하는 경우가 많고 아이라인이나 아이새도우, 마스카라 등 눈 화장은 대략 1/3 정도만이 하고 있다. 조사결과 남학생도 아주 일부나마 눈썹화장과 피부색채 화장을 하고 있었는데, 조사대상자의 5%는 립글로즈를 바르고 있다. 립글로즈를 바르는 이유는 색채감을 주기보다 입술보습을 위한 경우가 많다고 한다.

의류나 화장품 분야 대학생들의 소비동향을 보면 외모에 대한 관심이 여자뿐만 아니라 남자에게도 확산되고 있음을 알 수 있다. 의류에 관한 관심은 남학생의 경우에도 여학생 못지않았고 성형에 대한 관심도 증가하는 추세이다. 화장에 대해서는 아직 기초 화장에 국한되어 있는 상황이나 피부미백과 보습기능을 중심으로 사용이 늘어날 것으로 보인다. 특히 남학생들의 화장품 사용은 본인보다 여자친구나 누나 등이 대신 구매해주거나 관리해 주는 차원에서 시작되는 것으로 나타난다.

교 육

교육분야에서 대학생 소비자들이 지출하는 비용은 상상외로 크다. 등록금 외에도 오늘날의 대학생들은 학원비, 어학연수 등에 큰 비용을 들인다. 대학 재학 중 어학연수를 다녀왔거나 계획하고 있는 비율은 거의 40%에 달하는데, 보통 1년간의 어학연수 비용은 3,000만 원 내외이다. 대학에 다니는 동안에도 영어공부를 하거나 전공관련 자격증을 따기 위해 학원에 다니는 경우가 많다. 대학진학률이 높아진 데 비해 노동시장의 규모는 상대적으로 크지 않아 대학졸업 후 취업이 어려워지면서 인적자본을 향상시키기 위한 각종 비용이 증가하고 있는 것이다.

교육과 직접적으로 관련된 소비지출로 대학생들은 등록금으로 한 학기 평균 329만 원, 도서구입비로 14만 원을 지불한다. 여기서 말하는 도서는 수업교재만을 말한다. 수업교재 외에는 한 달 평균독서량이 1.5권에 그치고 있어 다른 도서비는 그리 크지 않을 것으로 보인다. 독서량이 적다고 비판하는 시각에 대해 대학생들은 이렇게 말한다. "요즘 대학생들은 책을 읽기보다 인터넷을 읽거든요!" 인터넷에는 각종 신문에서 나온 주요 기사에 대해 스크랩이 되어 있을 뿐만 아니라 사진과 음성 등 시청각적인 요소까지 제공된다. 베스트셀러는 그 내용이 요약이 되어 제공되고 심지어 그 책에 대한 서평과 독서후기까지 제공된다. 굳이 '종이로 된' 책을 '돈을 주고 사서' 읽을 필요가 없는 것이다.

등록금 외에 학원수강료로 월평균 9만 2천 원을 지출한다. 대학에 진학한 이후 학원수강 경험이 있는 사람은 60%인데, 이 중 영어학원을 다녔거나 현재 다니는 경우가 가장 많아 68%이다. 그 외에 전공관련 자격증을 따기 위해 학원을 다니는 경우가 10%, 편입시험을 준비하는 경우가 6%, 제2외국어학원을 다니는 경우가 6%였다. 응답자의 76%는 취업을 위해 외국어회화를 준비하고 있고, 50%는 토익 등 영어시험을 준비하고 있다.

이처럼 대학교육을 위해 많은 비용과 4년이라는 시간을 들이는 것에 대해 대학생들은 어떤 생각을 갖고 있을까? 대학을 다니는 동안 들인 금전적 비용 및 노력과 비교하여 졸업 후 대학졸업장의 가치가 어떨 것인가를 질문한 결과 대학졸업장의 가치가 상대적으로 매우 높을 것이라는 의견은 6.3%에 불과했다. 실제로는 전혀 가치가 없을 것이라는 의견도 8.5%였다. 남학생들은 대학교육을 위해 들인 각종 비용과 대학졸업장의 가치가 대체로 비슷할 것이라는 의견이, 여학생의 경우 대학졸업장의 가치가 다소 클 것이라는 의견이 가장 높았다. 대학교육에 대한 대학생들의 이런 가치관은 대학생들이 대학을 다니는 동안 얼마나 공부를 하는가, 어떤 종류의 공부를 하는가에 큰 영향을 미친다. 전반적으로 67%의 학생이 시험기간이 아닌 경우 학업에 종사하는 시간이 하루에 1시간 미만이라는 사실은 대학생들이 대학졸업장의 가치를 그리 크게 평가하고 있지 않다는 사실과 무관하지 않아 보인다.

컴퓨터 및 통신

컴퓨터와 통신시장은 그 어느 집단보다 대학생 소비자에 대한 관심이 높은 분야이다. 대학생들은 또래집단과의 의사소통에 대한 욕구가 높고 새로운 통신기기에 대한 적응력도 빠르기 때문이다. 특히 휴대폰시장의 경우 휴대폰 기기뿐만 아니라 여러 부가서비스의 주요 타겟도 대학생 소비자이다.

통신비는 대학생 소비자의 지출 중 세 번째로 높은 비율을 차지한다본인이 아닌 부모가 통신비를 지불하는 경우도 포함된 듯. 대학생들의 월평균 통신요금은 5만 2,000원 정도이다. 휴대폰 요금을 지불하는 주체는 부모인 경우가 많으나 대학생의 1/3 정도는 본인이 요금을 낸다.

조사대상자들의 98.8%는 휴대폰을 가지고 있다. 데스크톱 컴퓨터는 66.8%, 노트북은 22.1%, PDA는 2.5%가 가지고 있다. 휴대폰 보유자의 78%는 카메라와 동영상기능을 이용하고, 58%는 휴대폰으로 음악을 들으며, 36%는 휴대폰으로 게임을 한다. 알람이나 스케줄기능은 66%가, 벨소리와 컬러링기능은 39%가, 요금결제기능은 12%가, 방송시청기능은 8%가 이용한다. 요즘 대학생에게 휴대폰은 말 그대로 옴니미디어이다. 통화기능은 물론 오락과 인터넷, 사진기, 금융결제, 음악감상, 방송시청까지 가능하다. 아침에 깨워 주는 모닝콜서비스를 제공하고 스케줄을 미리 알려 주는 개인비서 역할도 한다.

통신서비스의 확장은 대학생들의 수업시간 풍속도와 일상생활을 다양하게 바꾼다. 대학가 강의시간, 수업자료는 파워포인트로 교수가 인터넷에 올려놓는다. 요즘 대학생들은 노트 필기를 하지 않는다. 교과서 옆면에 칠판에 써있는 내용을 적고 복잡한 그림이나 표가 나오면 휴대폰을 꺼내 사진을 찍기도 한다. 친구의 노트를 베낄 때도요즘은 잘 빌려 주지도 않는 분위기이다! 복사대신 다운을 받거나 스캔을 하거나 디지털 카메라로 찍어버린다고 한다. 그룹별로 프로젝트를 하는 경우 인터넷에 카페가 개설된다. 각자 담당한 부분에 대한 보고서는 이 카페에 올려지고 만남시간과 지시사항 등 공지사항도 여기에서 이루어진다.

인간관계에서도 마찬가지이다. 휴대폰과 인터넷 없는 인간관계는 상상

할 수 없다. 대학생들은 하루 평균 9번을 휴대폰으로 통화하고, 29번의 문자를 보내며, 31건의 문자를 수신한다. 거의 매일 인터넷에 접속하여 2시간 정도 인터넷을 한다. 대학생의 52%는 블로그나 카페활동을 하고 28%는 상품을 사고 상품평을 올리며, 48%는 개인 홈페이지를 가지고 있다. 13%는 각종 포털사이트나 블로그에서 적극적으로 댓글달기를 한다. 친구들 정보는 휴대폰이나 싸이월드에 각종 그룹별로 또는 촌수별로 정리되어 있다. 이러다 보니 편지보다 말로, 말보다 짧은 문자로 대화하는 걸 편하게 생각한다.

사이버 세상의 등장이나 휴대폰이 종래의 손으로 쓴 편지나 대면만남의 기회를 줄였다는 점에서 인간관계의 단절과 소외라는 부정적 측면을 우려하는 논조들이 있지만 적어도 대학생 소비자들에게는 그 우려가 맞지 않는 것 같다. 그들은 이러한 서비스를 통해 한층 다양해진 형태의 만남과 관계를 유지한다. 다양한 이모티콘의 발명으로 직접 만나 표현하기 어려운 감정이나 의견을 전달하고 나이나 지역에 상관없이 사람을 만나 관계를 맺고 시간과 장소에 상관없이 쇼핑을 즐긴다.

여가소비

여가는 취업준비에 시달리고 있는 학생들에게 일면 사치재로 보인다. 그러나 실제로 일 년에 거의 5개월에 해당하는 방학과 주 3~4일간의 수업(대학생들은 대부분 일주일에 3~4일만 학교에 가와도 되도록 수업시간표를 짠다)을 감안하면 대학생들은 노인과 전업주부 다음으로 우리나라에서 여가시간이 많은 계층이다. 이 많은 여가시간에도 불구하고 대학생들은 여가다운 여가 또는 그들이 원하는 여가를 많이 누리지는 못한다. 취업에 대한 불안과 소득의 제한 때문이다. 대학생들이 한 달에 쓰는 여가관련 비용TV시청, 독서, 오락, 여행, 운동, 쇼핑, 연극영화 관람 등 포함은 월평균 11만 9천 원이다.

대학생들이 선호하는 여가활동과 실제로 많이 하는 여가활동에는 큰 차이가 있다. 그들이 가장 원하는 여가활동은 여행이고, 그 다음은 연극/영화 관람, 운동, 친구와의 만남순이다. 반면 실제로 가장 많이 하고 있는 여가활동은 연극/영화 관람, 친구와의 만남, 음악감상, 운동 순이었다. 운동은 남학생들이, 연극/영화 관람과 쇼핑은 여학생들이 상대적으로 더 선호하였다. 선호하는 여가와 실제 여가 사이의 괴리가 가장 큰 활동은 여행이었는데, 응답자들은 그 이유가 시간과 비용 그리고 교통상의 제약 때문이라고 대답했다. 시간이 많다고는 해도 과제와 시험, 취업준비 때문에 마음 편히 시간을 낼 수가 없다는 것, 그리고 비용이 부담스럽고 여행지로의 교통편이 편하지 않은 여건 등을 그 이유로 들었다. 그러나 많은 학생들은 졸업 전에 적어도 한 번의 해외여행을 꿈꾼다. 심지어 휴학을 해서라도 여행의 꿈을 이루고 싶어 한다. 졸업 후에는 돈이 있더라도 한 달여의 시간을 내는 것이 쉽지 않을 거라는 이유에서다. 여행은 대학생들이 돈을 아까워하지 않는 품목 중의 하나이다. 이들은 여행에서 새로운 사회와 삶에 대한 동경을 충족시키고 자신의 한계언어를 비롯

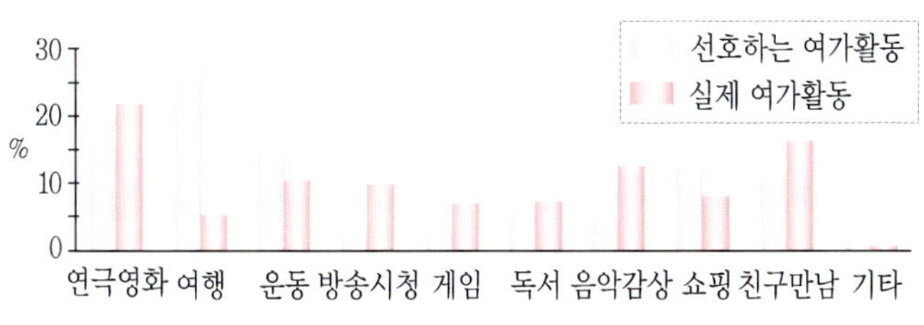

대학생들이 선호하는 여가와 실제 여가

한를 시험해보고 싶어 한다. 실제로 여행비 마련을 위해 많은 학생들이 아르바이트를 하고 있다.

대학생들이 실제로 가장 많이 하고 있는 여가활동분야인 연극/영화 관람에서는 성별 차이가 두드러지게 나타난다. 여학생은 한 달에 2.7회, 남학생은 1.7회 영화를 보는 것으로 나타났다. 또한 남학생은 액션영화를 가장 좋아하고 다음은 드라마와 코미디 영화를 선호하는 데 비해, 여학생은 드라마를 가장 선호하고 코미디와 기타액션과 SF 호러물을 제외한를 다음으로 선호한다. 또한 요즘 여학생들 사이에서는 연극보다는 뮤지컬이 인기 있는 여가활동 대안으로 떠오르고 있다. 특별한 일이 있을 경우 돈을 모아 뮤지컬을 보는 것을 즐기나 실제로 뮤지컬의 경우 관람료가 비싸 원하는 만큼 자주 보지는 못하는 실정이다.

여학생들이 연극이나 영화를 보고 친구들을 만나는 동안 남학생들은 운동을 한다. 사회에서 외모에 대한 관심이 늘어나면서 여자들이 얼굴에 투자하는 시간과 비용을 남자들은 몸만들기에 투자한다. 응답자 중 남학생의 38%가 정기적으로 운동을 하는 반면, 여학생들은 10% 만이 정기적으로 운동을 하고 있다. 또 전혀 운동을 안 하는 남학생은 4%인데 비해 여학생은 19.2%였다. 남학생들이 주로 하는 운동은 농구가 48%로 가장 많고, 다음은 헬스로 38%였다. 운동을 한다는 여학생들은 걷기를 주로 하고44.4%, 다음은 스트레칭32.8%, 헬스21.2%를 하고 있다.

얼짱 및 몸짱 열풍은 대학가에서도 대세이다. 이러한 사회적인 추세 덕분에 대학가에서는 운동관련 동아리가 늘어나고 활성화되는 추세라고 한다. 축구와 농구, 검도, 테니스 등 종래 있던 동아리 외에도 요가와 전통무도인 택견, 헬스, 보디빌딩 동아리가 등장하고 있다. 헬스클럽에

등록하는 대학생들이 많아지고 일부 남학생들은 근육을 만들기 위해 근육강화제일종의 단백질를 먹기도 한다. 외식 때마다 근육생성에 좋다는 닭고기 가슴살만 먹는다는 남학생도 있다.

미래 소비사회의 'King'을 위하여

대학생 소비자는 시장에서 자신들의 재량 소비규모에 비해 과분한 대접을 받고 있다. 젊다는 이유로 그들의 소비행동은 다른 소비자집단의 모방 대상이 되고 가까운 미래의 '큰 손' 소비자라는 이유로 그들의 가치관과 욕구는 주목의 대상이 된다. 그뿐인가? 오늘날 대학생 소비자는 참으로 똑똑한 소비자이다. 자기주장이 강한데다가 소비자법과 소비자권리에 대해 잘 알고 인터넷을 통하여 논리적인 목소리를 낼 줄 안다. 소비규모에 비해서는 대접이 과하게 받고 있지만 전체적으로 받을 만한 대접을 받고 있는 셈이다.

그러나 모든 문제에서 그렇듯이 권리와 역할은 비례한다. 소비시장에서의 대학생 소비자는 노블리스 오블리제noblesse oblise를 실천해야 하는 소비자 중의 귀족이요, 왕이다. 그들의 지식과 젊음과 행동력을 이용하여 소비사회를 바람직하게 이끌어가야 한다. 우리 사회는 전반적으로 생존을 위한 기본적 욕구충족의 단계를 넘어서 이미지와 상징을 소비하는 시대로 가고 있다. 이미지와 상징의 세계에서는 공생을 위한 가치판단의 기준을 정하기가 매우 어렵다. 이는 지극히 주관적인 문제이기 때문에 자칫 '개성'의 존중이라는 미명하에 '공존공영'의 의미는 구태의연한 구시대 산물로 치부되어 버리기 십상이다.

입장을 바꾸면 소비자는 모두 생산자이며 공급자이다. 소비자는 왕이기 때문에 소비자는 금전투표dollar vote를 통하여 원하는 생산물의 종류와 양, 생산방식을 리드하기 때문이다. 소비자가 입후보자에 대한 정보를 잘 알고 올바른 기준을 가지고 뽑지 않으면 임기 내내 고생하듯이 충분한 정보를 섭렵하고 바른 판단으로 제품에 투표하지 않으면 소비자도 그 대가를 치르게 된다. 시장과 제품에 대한 충분한 정보를 가지고 있는 사람은 누구인가? 목소리를 낼 수 있는 논리와 전달도구를 가지고 있는 사람은 누구인가? 행동할 수 있는 열정과 힘을 가진 사람은 누구인가? 대학생 소비자는 이 모든 영역에서 우월하다.

대학생 소비자는 왜 소비하는가? 궁극적으로 그것이 필요하기 때문이다. 여기서 중요한 것은 필요한가 아닌가가 아니라 왜 그것을 필요하다고 느끼는가이다. 대학생 소비자들은 아직은 소득이 적고 시간적·심리적 부담 때문에 소비자로서 필요한 것을 모두 누리지 못하고 있다고 생각할 것이다. 그러나 전반적으로 그들의 소비생활이 트레이딩업되고 삶의 질이 향상된 것은 부정할 수 없다. 왜 소비가 필요한가? 그 소비가 자신의 어떤 욕구를 충족시키는가? 그 욕구의 본질을 되돌아보는 것이 소비자로서의 발전이며 의무이다. 물질적 문명의 발전이 정신적 발전과 동행하지 않으면 문명이 이기가 되기보다 위협이 되듯이다이너마이트를 생각하라! 소비시장에서도 물질과 가치가 공히 발전하지 않으면 물질은 도움이 되기보다 재앙이 될 수 있다. 미래 소비사회의 King, 대학생 소비자가 탄핵당하지 않으려면 미리미리 똑똑한 왕이 되기 위한 준비를 해야 한다.

Reference

강이주(2004). 20~30대 소비자의 강박적 구매성향과 관련 변인과의 관계 연구. 소비자학연구, 15(4), 1-16.

김경자(2006). 대학생 소비자가 인지한 소비품목별 필요도와 구매경험률과의 관계. 한국가정관리학회지, 24(6), 147-160

김기옥(2003) 소유품에 대한 인지를 통해 본 대학생의 소비생활 단면. 성균관대학교 생활과학회지, 6.

김영신(2001). 대학생 소비자의 화폐에 대한 태도에 따른 강박적 구매행동. 소비문화연구, 4(3), 41-65.

김영신(2003). 소비자의사결정 유형 및 관련변수에 관한 연구. 소비문화연구, 6(3), 51-78.

김정숙(1999). 대학생의 과시소비 성향과 영향요인. 소비문화연구, 2(2).

녹색연합 · 국민대학교(2004). 대학생 소비현황 및 환경의식 조사.

문숙재 · 여윤경(2004). 소비트렌드와 마케팅. 서울: 신정.

성영애 · 양세정(1997). 노인 가계와 비노인 가계의 소비지출 구조 및 관련요인의 비교분석. 대한가정학회지, 35(5), 103-118.

손상희(1996a). 남녀 대학생들의 소비문화 행태. 대전대학교 학생생활연구, 5, 23-38.

손상희(1996b). 대학생의 소비주의적 성향과 영향요인. 대전대학교 생활과학연구, 2, 183-200.

서정희(2004). 중 · 고등 · 대학생 소비자의 쇼핑가치 유형과 강박구매: 서울과 울산을 중심으로. 소비자학연구, 15(2), 1-18.

심영(2004). 대학생 소비자의 소비지출태도, 관리 및 행동에 관한 연구. 소비문화연구, 7(3), 17-40.

이규현 · 오장균(2000). 소비자의 집단정체감이 휴대폰이기 수용에 미치는 영향. 소비문화연구, 3(1), 147-164.

Danziger, P.(2004). *Why People Buy Things They Don't need?*. Keorum Publishing Company.

Hirshman, E.C. & Holbrook, M.B.(1982). Hedonic Consumption: Energy, Concepts, Methods, and Propositions. *Journal of marketing*(Sum.). 92-101.

Katona, G.(1976). *Psychological Economics*. Elsevier.

17 유비쿼터스사회의 **소비자프라이버시**

나 종 연

서울대학교 생활과학대학 소비자아동학과를 졸업하고, 동 대학원에서 소비자학 석사를 받았으며, 미국 오하이오주립대학에서 박사학위를 받았다. 현재 서울대학교 소비자학과 교수로 재직하고 있다.

소비자프라이버시에 대한 논의를 시작하며

경험 하나.

아침에 새로 온 전자메일을 체크하다가 이상한 메일을 하나 발견했다. 들어본 적이 없는 회사명으로 발송된 메일은 "XXX회원님은 OOO에 가입하시면서 △△△ 회원으로 동시에 가입되었습니다."라고 시작되었고, 큰 선심이나 쓰듯이 자사 사이트 이용상품권을 무려 일만 원씩이나 주겠다는 내용이 담겨 있었다. 나를 더 짜증스럽게 만든 것은 메일 하단에 있는 다음과 같은 책임회피성 문구(disclaimer)였다. "본 메일은 수신동의 여부를 확인한 결과 회원님께서 수신을 동의하셨기에 발송되었습니다."

경험 둘.

백화점에 쇼핑을 갔더니 자사 카드를 만들면 할인 및 각종 혜택을 얻을 수 있다는 길거리마케터들이 층마다 배치되어서 걸음을 막아선다. 열 번 찍어 안 넘어가는 나무 없고, 지성이면 하늘도 감동한다는데 어쩔 수 없이 귀가 솔깃해진다. 가입신청서를 달라고 해서 읽어보기 시작을 하니까 가입을 권유하는 사람이 친절하게, 그러나 좀 짜증이 난다는 듯이 채워야 하는 부분에 동그라미표까지 쳐주면서 말한다. "읽어보실 필요 없이 여기 여기에 개인정보 적으시고요, 사인만 하시면 되요." 주민등록번호를 포함해서 주소, 전화, 휴대폰 번호 등 주요 정보는 물론이고, 취미생활 등의 시시콜콜한 내용까지 나에 대한 정보를 요구하는 가입신청서 하단에 작은 글씨로 써 있는 개인정보를 제휴사 등과 공유하는 것에 동의하는 것이라는 문구가 마음에 걸려서 물었다. "개인정보를 다른 기관과 공유한다는데 어떤 기관인지 알 수 있을까요?" 길거리마케터는 좀 더 짜증스럽게 대답한다. "저도 정확히는 모르겠거든요. 근데 괜찮아요. 다들 그냥 신청하세요."

우리는 소비자로서 일상을 살아가면서 크고 작은 프라이버시 침해를 경험한다. 언급된 사례와 같은 소비자프라이버시의 침해는 누구나 한번쯤은 겪어 보았을 것이다. 더 나아가서 우리는 대규모의 소비자프라이버시 침해사례를 어렵지 않게 접하고, 부지불식간에 내가 피해자가 될 수도 있다는 사실에 불안해 한다. 가까운 예로, 얼마 전 한 이동통신업체 대리점이 이사를 가면서 휴대폰 가입자들의 개인정보가 담긴 서류뭉치를 트럭으로 폐지업자에게 넘긴 황당한 사건이 있었다. 폐지업자에게 유출된 문서에는 2002~2006년 4년 동안 해당 대리점과 거래를 한 소비자들의 주민등록증 사본들이 포함되어 있었을 뿐만 아니라 각종 개인정보가 낱낱이 적혀있었다고 한다. 2006년 4월에는 한 텔레마케팅업체 대표가 771만 명의 초고속인터넷 소비자 개인신상정보를 불법 유통시킨 사건이 발생했다. 국내 1,240만 명의 초고속인터넷 소비자 가운데 61%가 피해를 입었던 것이다. 유통된 개인정보 한 건 값이 1원에 불과했다. 2007년 3월에는 KT에 부가서비스를 신청한 소비자들 190만 명의 개인정보가 인터넷상에 노출된 사고가 있었고, 5월에는 대부업자들이 대출을 신청한 소비자에 대한 정보를 사금융업체에 불법으로 제공하고 수수료 명목으로 256억을 받은 사건도 발생했다[1].

소비자프라이버시의 문제는 유비쿼터스사회로 진입하고 있는 현재 시점에서 중요한 소비자문제로 대두되고 있다. 2006년 한국정보보호진흥원이 실시한 정보보호실태조사 결과에 의하면 응답자 중 74.6%가 개인정보 및 프라이버시 침해를 우려하고 있는 것으로 나타났다. 2005년 실시된 한국인터넷진흥원의 정보화실태조사 결과에서도 우리 국민은 정보화의 영향으로 사생활침해가 늘어났다고 느끼고 있는 것으로 나타났다. 이번 장에서는 유비쿼터스사회에 소비자프라이버시 보호가 왜 중요한 소비자 이슈인지를 살펴보고, 새로운 권리로서의 소비자프라이버시의 의미와 소비자프라이버시는 어떻게 보호되어야 하는지에 대해 논의해 보고자 한다.

프라이버시, 정보프라이버시 그리고 소비자프라이버시

권리로서의 프라이버시에 대한 본격적인 논의는 미국의 법학자 Warren과 Brandeis가 1890년 〈Harvard Law Review〉에 게재한 "The Right to Privacy"라는 논문에서 비롯되었다고 한다. 하버드대학 출신의 변호사였던 Warren은 부인과 딸의 사생활이 신문에 가십거리로 보도되는 것에 대해 괴로워했고, 당시 무책임한 상업적 언론yellow journalism으로부터 개인의 사생활이 보호되어야 한다고 느끼게 되었다고 한다. 이를 계기로 그는 이후 미국 연방대법관이 된 Brandeis와 함께 논문을 쓰게 되었다. 이들은 위 논문에서 프라이버시를 "혼자 있을 권리right to be left alone"이라고 정의하고, 과학기술의 진보와 사회 환경의 변화에 따라 '권리'로서 프라이버시를 인식할 필요성을 강조하였다. 이후 프라이버시에 대한 초기의 논의에서는 자신의 사생활에 대해 공개할 시간과 장소, 그리고 공개할 상대를 선택할 수 있는 권리가 강조된다.[2]

정보통신기술이 발달하고 정보화사회가 진전됨에 따라 프라이버시의 개념은 사생활을 보호하기 위한 물리적 침해에 대한 관심에서 개인에 대한 정보보호에 대한 관심으로 초점이 옮겨지게 된다. 개인에 대한 정보의 수집, 저장과 사용이 과거에 없었던 것은 아니지만 컴퓨터의 발전은 개인정보의 수집과 저장, 처리하는 비용을 현격하게 감소시켰다. 생활이 정보화되면서 개인의 일상에 대한 정보는 손쉽게 수집되어 거의 영구적으로 저장되었고, 이러한 정보들은 네트워크와 정보처리기술로 결합되어 하나의 유용한 데이터베이스를 구축하게 되었다. 따라서 정보화사회는 물리적으로 사적인 공간에 침입하거나, 개인을 귀찮게 하지 않고서도 개인의 사생활이 침해될 가능성을 내포하고 있고, 이에 프라이버시를 논의하는 데 있어서 개인의 물리적인 사생활의 보호는 물론 개인에 대한 다양한 정보를 보호해야 한다는 문제가 부각되었다. 이 부분과 관련된 프라이버시 문제를 별도로 '정보프라이버시'라고 일컫게 되었다.[3]

소비자프라이버시는 정보프라이버시의 개념을 사업자와 소비자 간의 관계에 적용시킨 정보프라이버시의 하위개념이라고 볼 수 있다.[4] 프라이버시에 대한 논의에 있어서 소비자프라이버시의 개념이 중요해진 것은 기업이 개인소비자에 대한 정보를 수집하는 중요한 주체로 대두하면서다. 시장이 세분화되고 발달하면서 시장에서 소비자의 선택을 받기 위한 기업간 경쟁이 치열해짐과 동시에 정보통신기술과 컴퓨터의 발달은 소비자에 대한 정보를 정교하게 가공하고, 분석하는 것을 통해 저장된 소비자에 대한 정보 중 자신에게 유용한 정보를 취사선택하여 그로부터 판촉과 미래수요의 예측 등 상업적 가치를 이끌어 낼 수 있게 되었다. 예를 들어, 소비자가 슈퍼마켓에서 사는 물품의 유형을 분석하는 것을 통해 그 소비자와 가계의 기호와 취향을 알 수 있고, 병원진료기록을 통해 건강상태를 알 수 있는 등 소비자에 대한 정보는 소비자가 인지하지 못하는 사이에도 수집되고 사용되게 되었다. 소비자에 대한 이러한 하나하나의 정보가 모아지고 분석됨으로써 종합적인 정보로 바뀌어 가는 과정에서 점점 높은 가치를 갖는 정보로 바뀌게 된다. 따라서 사업자는 다양한 방법을 통해 소비자에 대한 정보를 수집하고자 하는 동기를 가지게 되었고, 수집된 정보를 다양한 목적으로 가공하고 활용하려는 동기도 가지게 되었다. 더 나아가서 기업들은 보유하고 있는 소비자에 대한 정보를 판매하는 것을 통해 수익을 올리는 경우도 발생하게 되었다. 이러한 맥락에서 소비자가 소비생활을 영위하는 데 있어서의 권리로서의 소비자프라이버시에 대한 논의가 이루어지기 시작했다.

新소비자권리로서의 소비자프라이버시

소비자권리는 사회·경제적 제도 내에서 소비자가 향유할 수 있는 기본 권리이다. 소비자권리의 개념은 1962년 미국의 J. F. Kennedy 대통령이 연방의회에 보내는 '소비자의 이익보호에 관한 특별교서'에서 처음 언급되었다. 이 교서에서 Kennedy 대통령은 안전의 권리, 정보를 제공받을 권리, 선택의 권리와 소비자의 의견을 반영시킬 권리로 구성된 소비자의 네 가지 권리를 제시했다. 1975년 경제협력개발기구OECD도 소비자보호와 정보에 관한 기본계획에 소비자의 5대 권리를 선언하였고, 1980년에는 국제소비자연맹IOCU도 소비자의 7대 권리를 선언하였다. 소비자의 권리는 세계 각국의 소비자운동과 행정의 목표로 이용되고 있다. 우리나라는 1986년에 개정된 '소비자보호법'에서 4대 권리 이외에 피해보상을 받을 권리, 소비자교육을 받을 권리, 단체를 조직하고 활동할 권리의 세 가지 권리를 더하여 소비자의 7대 권리를 규명하였고, 2001년에 이에 쾌적한 환경에서 살 권리를 추가하여 소비자의 8대 권리를 명문화하고 있다. 4대 권리로 시작된 소비자권리가 사회적 논의와 합의를 통해 7대 권리, 8대 권리로 진화한 것처럼 소비자권리의 내용은 현재 소비생활상을 반영하는 동시에 미래에 대한 지향을 내포하고 있으며, 시대와 환경의 변화에 따라 명문화된 권리를 앞서는 소비자의 요구를 반영해

Consumer Action Handbook(2002)

야 한다.[5] 이러한 맥락에서 다수의 소비자학자들은 소비자프라이버시는 정보화사회에서 소비자가 소비생활을 영위하는 데 있어서 중요한 새로운 소비자 권리가 된다고 강조한다.[6]

소비자프라이버시는 물리적 공간에서의 소비자의 프라이버시와 소비자의 정보프라이버시를 모두 포함하는 개념[7]이며, 절대적인 어떤 개념이라기보다는 소비자 개개인의 경험과 신념에 따라 달라질 수 있다[8]. 하지만 소비자프라이버시를 논한 많은 학자들은 공통적으로 소비자프라이버시의 본질을 구성하는 두 가지의 중요한 요소로 소비자정보에 대한 소비자의 통제권right to control과 소비자의 인지권right to knowledge을 제시한다. 즉, 소비자의 권리로서 소비자프라이버시가 지켜지는지는 소비자가 기업과 상호작용하고 소비생활을 영위하는 데 있어서 자신에 대해 어떤 정보가, 누구에 의해, 얼마나 수집되고 있으며, 수집된 정보는 무슨 목적으로 사용될 것인지를 알고 있는지 여부와 이러한 정보수집과 사용의 과정을 소비자 스스로가 통제할 수 있는지 여부에 달려있다고 할 수 있다. 즉, 소비자의 권리로서 소비자프라이버시가 지켜지기 위해서는 소비자에 대한 정보가 수집될 것인지 말 것인지 여부와 수집되는 정보의 양과 질이 소비자에 의해 결정될 수 있어야 하고, 수집된 정보의 사용에 대한 소비자의 인지와 동의가 필수적이라고 할 수 있다.

Fair Information Principles

1973년에 US Dept. of Health Education and Welfare가 의료기록의 전산화의 영향을 진단하기 위해 구성한 TF팀은 정보의 전산화의 혜택은 계속 발전시키면서, 개인의 프라이버시를 보호하기 위한 두 가지의 목적을 가지고 공정정보관행규정(Code of Fair Information Practices)을 개발했고, 이를 시작으로 다수의 유럽국가들이 개인정보보호를 위한 법규들을 마련하기 시작했다. OECD는 1980년에 "프라이버시 보호와 개인정보의 국가간 정보의 유통에 대한 가이드라인"에서 개인에 대한 정보를 취급하는 데 있어서 '수집제한, 정보내용의 정확성, 목적 명확화, 이용제한, 보안확보, 공개, 개인참여, 책임'의 8가지 원칙을 천명하고, 이 원칙이 공공영역과 민간영역, 조직 내부와 조직 외부에 상관없이 개인에 대한 정보를 이용하는 모든 행위에 일반적으로 적용되어야 한다고 선언했다. 1999년 미국의 공정거래위원회(Fair Trade Commission)는 공정정보관행으로 '통지/인지, 선택/동의, 접근/참여, 정확/보안, 집행/구제'의 5가지 원칙을 개발해서 시행하고 있다.

유비쿼터스사회와 소비자프라이버시 침해

우리 사회에서 말 그대로 '유비쿼터스'하게 사용되고 있는 '유비쿼터스'ubiquitous는 '어디에서나'everywhere라는 의미를 가진 라틴어 ubique에서 유래한 단어로 우리나라에서는 '유비쿼터스 컴퓨팅'ubiquitous computing 또는 ubicomp라고도 불림을 줄여서 지칭하는 용어로 사용되고 있다. 학계에서나 사용되었던 다소 생소한 이 영어단어가 우리의 일상에서 사용되기 시작한 것은 2004년 정부가 IT 산업의 육성을 국가발전의 성장 동력으로 하는 'u-코리아추진전략'을 발표하면서부터였던 것으로 기억된다. 유비쿼터스 컴퓨팅의 개념은 1991년에 제록스사Xerox Palo Alto Research Center에 근무하는

1세대 컴퓨터:	2세대 컴퓨터:	3세대 컴퓨터:
Main Frame Computing	Personal Computing	Ubiquitous Computing
多인 1컴퓨터	1인 1컴퓨터	1인 多컴퓨터

과학자 Mark Weiser가 발표한 '21세기를 위한 컴퓨터'라는 논문에 처음 등장한다. Weiser가 제시한 유비쿼터스 컴퓨팅 환경은 컴퓨터와 정보화 기술이 우리의 일상생활에 공기나 물처럼 의식하지 못할 정도로 스며든 기술환경을 의미한다. 3세대 컴퓨팅이라고도 불리는 유비쿼터스 컴퓨팅은 1960년대와 1970년대의 방 하나를 가득 채웠던 1세대 컴퓨팅인 메인 프레임 컴퓨터와 1980년대와 1990년대의 2세대 컴퓨팅인 개인용 컴퓨터 PC와는 차별화되는 네트워크화되고, 인공지능의 인터페이스를 가진, 언제 어디서나 정보를 처리할 수 있는 컴퓨팅의 새로운 패러다임이라고 할 수 있다[9]. 유비쿼터스 컴퓨팅의 창시자 Weiser는 유비쿼터스 컴퓨팅에 대해 다음과 같이 이야기한다.

> "지난 30년 동안 사람들은 드라마틱한 기기를 개발하기 위해 노력해왔다. 이러한 노력에 있어서 가장 이상적인 것은 너무나 신나고, 멋지고, 재미있는 컴퓨터를 만들어서 컴퓨터 없이는 살고 싶지 않도록 하는 것이었다. 사람들이 가지 않은 길을 나는 '보이지 않는(invisible)'이라고 부르고자 한다. 이 길의 이상향은 너무도 내재되어 있고, 꼭 맞고, 자연스러워서 이를 이용하면서도 이용한다는 생각이 들지 않도록 하는 컴퓨터이다. 이러한 개념을 나는 유비쿼터스 컴퓨팅이라고 부르고자 한다."

Weiser는 유비쿼터스 환경의 특징을 크게 연결성, 사용자친화적 인터페이스, 맥락인지에 기초한 능동적 서비스 그리고 내재성으로 정의한다. 연결성이란 다양한 종류의 기기들을 통해 네트워크에 언제나 접속되어 있어야 한다는 것이고, 사용자친화적 인터페이스는 수많은 정보통신기술이 주변에 편재되어 있긴 하지만 사용자들이 거부감을 느끼거나 방해받지 않도록 효과적으로 일상생활에 통합되어 있어야 함을 의미한다. 더 나아가서 능동적 서비스란 사용자의 상황에 따라 필요한 기능과 최적의 서비스를 컴퓨팅 환경이 알아서 제공할 수 있어야 하며, 따라서 우리가 이미 익숙한 자동화와는 차별이 된다. 컴퓨팅의 내재성이란 고성능의 스마트칩chip이나 RFID[10)]의 근거리통신망을 사용하는 컴퓨터가 주변의 사물 속에 들어가 언제, 어디서나 사용이 가능한 것을 의미한다.

유비쿼터스환경이 이상적으로 실현된다면 환경에 내재된 컴퓨터가 소비자가 있는 곳의 온도나 습도를 파악하고, 이에 따라 스스로 알아서 냉난방서비스를 제공하는 것을 통해 환경을 조절해 준다든가, 방안에 홀로 앉아 있는 소비자의 심리상태를 소비자가 앉아있는 소파가 지각하고, 이러한 정보를 오디오와 조명 시스템이 전송받아서 소비자의 심리상태에 가장 도움을 줄 수 있는 곡을 선곡하여 음악서비스나 조명서비스 등을 제공하는 등의 서비스를 생각해 볼 수 있다. 더 나아가서 소비자의 심리상태는 항상 접속되어 있는 네트워크를 통해 소비자의 건강을 관리해 주는 의료시스템에 전해져서 기록되고 관리될

유비쿼터스 홈네트워크 서비스 예

출처: 삼성 래미안 아파트 광고

RFID 활용과 프라이버시 침해 위험성

출처: RFID 프라이버시 보호 가이드라인 해설서, 한국정보보호진흥원

수 있다. 또한 소비자가 다음 일정을 위해 이동하게 되면, 소비자가 운전하고 있는 차량에 달린 내비게이션 시스템은 소비자의 상태와 도로교통의 상태를 모두 고려하여 최적화된 경로를 선택하고 안내해 줄 것이다.

얼핏 보기에 소비자들의 삶을 매우 편하게 해줄 것 같은 유비쿼터스 사회에서 소비자프라이버시는 왜 소비자권리로 더욱 강조되고 보장되어야 하는 것일까?

문제는 유비쿼터스환경이 지향하는 편리함에 이면에는 프라이버시 침해의 위협이 존재한다는 점이다. 유비쿼터스환경이 이상적으로 실현되기 위해서는 소비자에 대한 정보가 끊임없이 수집되고 분석되어야 한다. 앞서 말한 것처럼 유비쿼터스환경은 맥락인지에 기반한 개인에 대한 맞춤형 서비스를 제공하는 것을 목적으로 하기 때문에 소비자의 환경을 파악하기 위한 위치관련 정보와 소비자의 신원확인과 인증을 위한 정보가 필수적이고, 따라서 이러한 차원에서 소비자의 바이오정보가 많이 이용될 전망이다[11]. 위치정보와 바이오정보는 기존에 수집되던 소비자정보보다는 훨씬 민감한 소비자정보라 할 수 있다. 또한 기존에 기업들이 수집한 소비자정보가 단편적인 신상정보, 소비자의 구매행동과 관련된 비교적 일상적인 정보인 것에 반해 유비쿼터스환경에선 소비자의 건강의료관련 정보나 경제관련정보 등 민감한 정보도 수집되고 기록될 수밖에 없다. 또한, 소비자의 일거수일투족에 대한 동태적인 정보가 끊임없이 수집되고, 기록되고, 축적되고, 분석되서 소비자의 생활과 성향을 파악하는 파생적인 정보로 가공되며, 다양하게 수집된 정보들은 네트워크와 망을 통해 통합될 가능성이 있기 때문에 적절한 보호기제가 확립되어 있지 않다면 소비자의 행동은 물론, 관심사와 생각과 사회관계, 성향, 건강상태, 자산상태에 대한 모든 정보들이 자신도 모르는 사이에 수집되고, 교환되고, 다양한 기업에 노출될 수 있는 가능성을 지니게 되고, 소비자프라이버시 침해의 위협이 증대된다. 앞서 소비자의 권리로서의 소비자프라이버시에 대한 논의에서 소비자프라이버시의 중심은 소비자의 스스로에 대한 정보의 흐름에 대한 인지와 이에 대한 통제권에 있다고 논의한 바 있다. 유비쿼터스 회의 소비자프라이버시의 딜레마는 유비쿼터스환경의 고유한 특성상 소비자가 자신에 대한 정보가 끊임없이 수집되는 것에 대해 인지하지 못할 가능성이 커지고, 정보의 흐름과 이용을 통제하기가 어려워진다는 점에 있다.

유비쿼터스 프라이버시

EU가 유비쿼터스 환경에서 프라이버시 보호를 위해 주관한 프로젝트인 Safeguards in a World of Ambient Intelligence(SWAMI: 2006)에서는 유비쿼터스 사회에서의 프라이버시는 신체적 프라이버시, 영역프라이버시, 통신프라이버시, 개인정보프라이버시, 생각과 신념프라이버시, 행동프라이버시로 구성된다고 설명하고 있다.

Zugenmeir(2004)는 유비쿼터스사회의 소비자프라이버시는 스팸 등과 같이 원하지 않는 타인의 간섭을 받지 않을 'Push Privacy'와 자신의 정보를 강제로 수집당하거나 사용당하지 않을 'Pull Privacy'로 구성된다고 설명한다.

유비쿼터스사회의 소비자프라이버시 보호

유비쿼터스사회의 소비자프라이버시는 100% 순수한 프라이버시권만을 주장하는 개념이라기보다는 현실과 조화를 찾는 권리여야 한다. 유비쿼터스사회의 소비자프라이버시를 논의하는 데 있어서 중요한 점은 소비자프라이버시 침해의 위협은 최소화 하는 동시에 유비쿼터스환경이 소비자들에게 제공할 수 있는 생활의 편리함 등의 순기능은 극대화될 수 있는 조화점을 찾도록 노력해야 한다는 점이다. 이는 역설적으로 유비쿼터스사회의 기술적 발전을 위해서 소비자프라이버시권은 훼손될 수 있다는 논리 또한 올바르지 않다는 것을 의미한다. 소비자프라이버시는 소비자들이 소비생활을 영위하는 데 있어서 기본적으로 존중되고 지켜져야 하는 소비자권리이다. 소비자권리의 보호와 마찬가지로 소비자프라이버시를 보호하기 위한 노력은 정부와 기업, 그리고 소비자 모두의 몫이라고 할 수 있으며, 소비자프라이버시 보호를 위해서는 법·제도적인 노력과 기술적인 노력은 물론, 사회·시장적인 노력이 통합된 종합적 접근이 필요하다.

소비자들은 재화와 서비스를 이용하는 데 있어서 자신에 대한 정보의 통제권이 있음을 항상 기억하고, 이를 행사하기 위해 노력해야 한다. 이는 네트워크를 통한 다양한 서비스를 이용할 때 프라이버시정책에 동의하기에 앞서 프라이버시정책을 꼼꼼하게 읽는 것 등의 소극적인 노력에서부터 시작해서 사이트나 서비스가입을 위해 정보제공을 요구받았을 때 요구된 정보가 서비스제공을 위해 반드시 필요한 정보인지 따져보고 그렇지 않은 경우 사용용도에 대해 질문하는 것, 정보를 제휴기관과 공유한다는 문구를 보았을 때 그 범위와 목적에 대해 정확하게 알 권리를 주장하는 것과 opt-out할 수 있는 권리를 주장하고 요구하는 것, 프라이버시 보호를 위해 개발된 다양한 보호기술[12)]에 대해 관심을 갖고 이러한 기술을 적극 사용하는 것 등의 적극적인 노력이 모두 포함된다. 소비자프라이버시 보호를 위한 노력은 불편하고 귀찮을 수도 있다. 또한 소비자프라이버시를 위해 우리는 가격할인이나 무료배송, 쿠폰 등의 프로모션이나 공짜의 유혹을 포기해야 할 수도 있다. 하지만 유비쿼터스사회에서 소비자프라이버시권이 지켜지지 않을 경우 우리는 스스로도 알지 못하는 사이에 선택의 권리나 알 권리 등의 기본적인 소비자권리도 박탈당할 수 있음을 기억해야 한다.

1) 조선일보(2007. 7. 10). 개인정보 줄줄 새는 나라

2) Jourard, S.(1966). Some Psychological Aspects of Privacy. *Law and Contemporary Problems*, 31, 707-718

3) 정재훈(1997). 민간부문에서의 정보프라이버시 보호. 정보법학회 세미나발표문.

4) Goodwin, C.(1991). Consumer Privacy: Recognition of a Consumer Right. *Journal of Public Policy and Marketing*, 10(1), 149-166

5) Lampman, R.(1988). JFK's four consumer rights: A retrospective view. The Frontier of Research in the Consumer Interest. *E. S. Maynes and The ACCI Research Committee*, eds. Columbia: ACCI.

6) Mayer, J.; 이기춘(2005)

7) 1991년 'Privacy: Recognition of a Consumer Right'이라는 논문에서 경영학자 Goodwin은 소비자프라이버시를 "소비자가 소비생활을 영위하는 데 있어 주변 환경에 존재하는 타자를 통제할 수 있는 능력과 그 상황에 존재하지 않았던 제3자에게 자신의 거래나 행동에 대한 정보가 제공되는 것을 통제할 수 있는 능력"이라고 정의하고 있다.

8) 프라이버시에 대해 중요하게 생각하는 정도는 소비자에 따라서 달라질 수 있고, 따라서 스스로에 대한 정보를 제공하는 데 있어서 어떤 소비자는 보다 기꺼이 제공할 수도 있고, 어떤 소비자는 그렇지 않을 수도 있다. 이러한 맥락에서 Caudill과 Murphy는 소비자프라이버시는 절대적인 개념이 아닌 하나의 연속선상의 개념으로 이해될 수 있다고 설명한다.

9) 미국, 일본, 한국에서는 유비쿼터스라는 용어를 채택한 반면, 유럽에서는 비슷한 개념을 인간화된 컴퓨팅에 초점을 맞추어서 '편재된 인공지능(ambient intelligence)'라는 용어를 사용하고 있다. 이외에도 컴퓨팅(pervasive computing), 노마딕 컴퓨팅(nomadic computing), 내재된 컴퓨팅(embedded computing), 또는 최근에 사용되기 시작한 '에브리웨어(everyware)'까지 다양한 용어가 사용되고 있다.

10) Radio Frequency Identification. 무선인식태그. 태그에 내재된 반도체칩에는 상품이나 사람과 관련된 정보가 저장되어 있고, 주변 환경에 설치된 안테나는 이러한 정보를 무선으로 전달하며, 리더기는 이 신호를 받아 정보를 해독한 후 컴퓨터로 보낸다. 따라서 RFID 태그가 달린 모든 상품은 자동적으로 확인, 추적이 가능하다. RFID는 이미 교통카드, 사원증, 스마트카드 등에 활용되고 있는 기술로 기존의 바코드를 대체하고 광범위하게 적용될 것으로 기대된다.

11) 바이오정보는 사람의 고유한 신체적·행동적 특징을 통한 개인식별정보로서 지문, 서명, 정맥, 패턴, 얼굴, 음성, 홍채 등을 포함하는 정보를 의미한다.

12) 프라이버시 보호를 위한 다양한 기술을 PET(Privacy Enhancing Technology)라 하고, 이러한 예로 한국정보보호진흥원에서 개발한 한국형 P3P 등이 있다, 하지만 현재까지 PET의 소비자 수용은 매우 낮은 수준이라고 보고되고 있다.

| 찾아보기 |

[ㄹ]

[ㅁ]

[ㅂ]

[ㅅ]

[ㅇ]

[ㅈ]

[ㅊ]

[ㅋ]

지은이

이기춘 서울대학교 소비자학과 교수

김경자 가톨릭대학교 소비자학과 교수

김성숙 계명대학교 경제통상학부 소비자정보학전공 교수

김소라 서울대학교 소비자학과 강사

김영신 충남대학교 소비자생활정보학과 교수

나종연 서울대학교 소비자학과 교수

배순영 한국소비자원 연구위원

서정희 울산대학교 아동복지학과 교수

성영애 인천대학교 소비자아동학과 교수

손상희 대전대학교 아동벤처산업학과 교수

송인숙 가톨릭대학교 소비자학과 교수

양덕순 정보통신정책연구원 책임연구원

여정성 서울대학교 소비자학과 교수

이성림 성균관대학교 생활과학부 소비자가족학전공 교수

이은희 인하대학교 소비자아동학과 교수

이종혜 전주기전대학 교수

천경희 대전대학교 아동벤처학과 겸임교수

허은정 울산대학교 아동복지학과 교수

열일곱 가지 소비자이슈

2008년 2월 25일 초판 인쇄 · 2008년 2월 28일 초판 발행

| 지은이 이기춘 외 | 펴낸이 류제동 | 펴낸곳 ㈜교문사

| 주소 413-756 경기도 파주시 교하읍 문발리 출판문화정보산업단지 536-2

| 전화 031-955-6111(代) | 전송 031-955-0955 | 등록 1960. 10. 28 제406-2006-000035호

| 홈페이지 www.kyomunsa.co.kr | 이메일 webmaster@kyomunsa.co.kr | 값 12,000원

| ISBN 978-89-363-0895-7 (03590) *잘못된 책은 바꿔 드립니다.